BIM 技术应用丛书

如何让 BIM 成为生产力

何关培　主　编

张家立　程莉霞　副主编

中国建筑工业出版社

图书在版编目（CIP）数据

如何让 BIM 成为生产力/何关培主编. —北京：中国
建筑工业出版社，2015.10
（BIM 技术应用丛书）
ISBN 978-7-112-18247-3

Ⅰ.①如…　Ⅱ.①何…　Ⅲ.①建筑业-信息管理-研究
Ⅳ.①F407.9

中国版本图书馆 CIP 数据核字（2015）第 134692 号

本书是《BIM 技术应用丛书》之一。全书共分为 6 章，第 1 章为 BIM 生产力
基本概念；第 2 章为企业开展 BIM 生产力建设需要具备的一些基本认识；第 3 章
介绍个人 BIM 应用能力建设；第 4 章为企业 BIM 生产力建设过程中经常会碰到和
需要考虑的一些主要问题；第 5 章介绍业主、设计、施工、运维四类企业开展
BIM 应用的若干关键内容和方法；第 6 章为作者团队根据自身为客户服务的实践
总结的企业 BIM 初始生产力建设实施路线、流程和关键点。本书内容系统全面，
知识性、可读性强，对计划开展 BIM 应用的企业具有一定的参考意义。

责任编辑：范业庶　王砾瑶
责任校对：李美娜　关　健

BIM 技术应用丛书
如何让 BIM 成为生产力
何关培　主　编
张家立　程莉霞　副主编

*

中国建筑工业出版社出版、发行（北京西郊百万庄）
各地新华书店、建筑书店经销
北京红光制版公司制版
廊坊市海涛印刷有限公司印刷

*

开本：787×1092 毫米　1/16　印张：11¾　字数：255 千字
2015 年 8 月第一版　2018 年 2 月第二次印刷
定价：**39.00** 元
ISBN 978-7-112-18247-3
（27499）

前　　言

　　开展 BIM 应用对企业而言是一个投入资源较大、投入时间较长，而效益不容易定量统计、简单获取的过程，从了解 BIM、制定规划、派人学习、试点项目到获得回报、总结提高、全面普及都需要有合理的计划和落地的执行，我们把这个过程称之为"企业 BIM 生产力建设"。计划和执行得好这个过程就有可能缩短，得到比较好的投入产出比；反之就可能会多走弯路，导致效益不佳甚至损失，以致最终整个计划推倒重来。

　　国内企业在前面十多年的 BIM 应用过程中碰到过各种各样的问题，比较典型的大概有这么几类：第一类是派几位没有多少工作经验的员工出去学习软件操作，回来以后成立 BIM 团队，结果发现用不起来或者没有什么效益；第二类是花了几年时间使用某一个软件甚至投入人力物力进行定制开发后，发现无法满足市场需求，只好更换软件重新来过；第三类是一开始就要求全员普及并配备相应软硬件及其他措施，结果不到一年就不得不回到先部分员工进行探索应用的状态；第四类是投资委托咨询机构等第三方进行 BIM 应用甚至获奖，结果是企业员工和团队自身的 BIM 应用能力没有得到任何提升，下一个项目还是不会做。

　　上述第一类现象基本上是受企业自身当年普及 CAD 经验的影响，虽然 BIM 和 CAD 都是一种建筑业信息技术，但两者有很大的不同；第二类和第三类现象基本上是受软件厂商的影响，确定软件和应用规模的时候没有考虑综合因素与技术成熟度问题；第四类基本上是受 BIM 咨询机构影响，误认为看着别人用也能学会。

　　毫无疑问，企业 BIM 应用的根本目的是让 BIM 成为企业的生产力，企业 BIM 生产力是指至少有一个团队能够持续在实际项目的全部或部分应用 BIM 技术提高工作效率和工作质量，为企业贡献更多更好的经济效益和社会效益，并从这样一个团队开始，根据企业经营、市场需求和技术发展情况逐步普及。我们把该项工作叫作"企业 BIM 生产力建设"。显然，企业 BIM 生产力建设不是一蹴而就简单组织一两次软件操作培训的事情，需要一套行之有效的方法和体系。

　　BIM 从目前越来越多的企业开始尝试应用到真正实现全员普及还有一段很长的路要走，期间要解决从业人员的 BIM 应用能力问题、BIM 软件的成熟度问题、BIM 资源的积累问题以及与 BIM 应用相适应的行业管理制度标准问题等，而这些问题的解决却只有不断地研究和应用这样一条路，除此之外，别无他法。加上企业经营和市场竞争本身的需要，绝大部分企业不可能等到万事俱备的那一天再开始考虑 BIM 应用的问题。

　　今天大多数企业面临的问题是，在当前全员普及 BIM 应用条件还不成熟、所有项目所有工作使用 BIM 投入产出还不合算、而行业和市场又有 BIM 应用要求的情形下，究竟应该采取一条什么样的路线来开展 BIM 应用比较合适呢?

此类问题很难有一加一等于二这样简单的标准答案,作者与广州优比建筑咨询有限公司整个团队近五年在帮助业主、设计企业、施工企业开展 BIM 应用和建设 BIM 生产力的过程中积累了一套使企业避免前述风险、产生实际效益、快速形成初步生产力的思路、方法和具体步骤,希望对计划开展 BIM 应用的企业有一定参考意义。

本书共分 6 章,第 1 章为 BIM 生产力基本概念;第 2 章为企业开展 BIM 生产力建设需要具备的一些基本认识;第 3 章介绍个人 BIM 应用能力建设,个人 BIM 能力是企业 BIM 生产力的基础;第 4 章为企业 BIM 生产力建设过程中经常会碰到和需要考虑的一些主要问题;第 5 章介绍业主、设计、施工、运维四类企业开展 BIM 应用的若干关键内容和方法;第 6 章为作者团队根据自身为客户服务的实践总结的企业 BIM 初始生产力建设实施路线、流程和关键点。

正如前面提到的那样,BIM 应用从现状到全员普及还需要很长一段时间、还有很多的工作要做、还有很多困难和挑战需要解决,这些都需要所有行业企业和从业人员的参与和实践,衷心希望本书能够在这个 BIM 普及应用的过程中对同行有所启发、有所提醒乃至有所帮助,同时也诚心接受大家对本书内容的批判和完善,以期共同进步,探索出一条国内企业 BIM 应用的康庄大道。

2015 年 5 月

目　　录

1　概　　述

BIM 是一种基于模型的建筑业信息技术，目前普遍使用的 CAD 是一种基于图形的建筑业信息技术。企业进行项目建设和运维的核心技术由 CAD 向 BIM 升级对企业来说意味着模型在项目建设和运维过程中的作用将不断增加，企业员工使用模型完成管理和专业技术任务的比重将不断增加，实现从目前主要使用图形完成项目任务到未来同时使用模型和图形完成项目任务的生产方式转变，并最终实现企业技术水平、盈利能力和核心竞争力的提升。当然，这里所谓的模型是指信息模型即 BIM 模型，其中模型包含信息的丰富程度决定模型的利用价值。如图 1-1 所示。

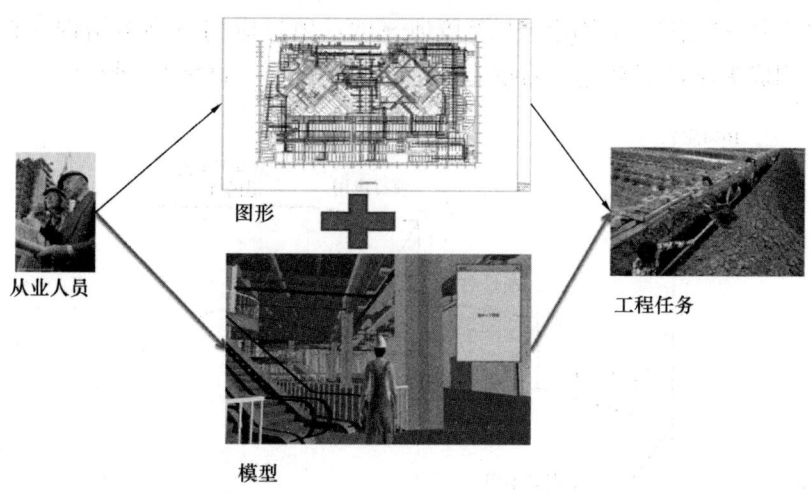

图 1-1　从主要依靠图形完成工程任务到同时依靠模型和图形完成任务的
生产方式转变

BIM 应用的终极目标是要让 BIM 和其他技术及工具一起成为企业的有效生产力。我们可以把 BIM 生产力理解为企业至少拥有一个团队能够持续在实际项目的全部或部分应用 BIM 技术提高工作效率和工作质量，为企业贡献更多更好的经济效益和社会效益。

软件操作培训主要是教会学员掌握软件每一项功能的使用方法，企业 BIM 生产力建设培训主要是教会企业 BIM 团队应用 BIM 技术完成工程任务、解决项目问题、提升工作效率和盈利能力。用一个通俗的比喻可以这样来理解，软件操作培训是教会学员知道一共有多少药、每一种药（软件功能）能治什么病，培训出来的是药师；而企业 BIM 生产力建设培训是教会学员掌握碰到不同的病情应该如何使用合适软件的合适功能把病治好，培训出来的是医师。这就是为什么企业仅仅只是派员工参加各种 BIM 软件培训以后回来无法形成生产力的根本原因。

根据上面的分析大家知道企业 BIM 生产力建设不是一蹴而就简单组织一两次培训的事情，需要有一套严密的体系。

心理学记忆遗忘曲线理论[1]表明，如果学习内容不及时通过实际使用等手段加以巩固提高的话，大部分内容将会在较短时间内遗忘，遗忘的速度和比例的具体数值则跟所学内容的类型和年龄等因素有关，如图 1-2 所示。

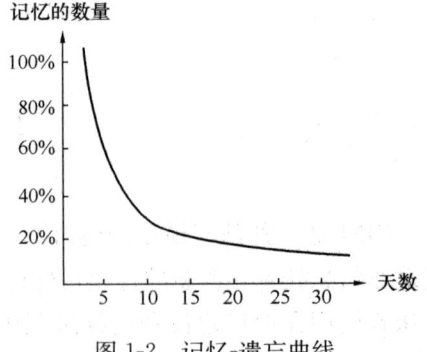

图 1-2 记忆-遗忘曲线

在 BIM 应用培训的实践中我们发现，如果培训结束后三个月内不在实际工作中使用，三个月以后才有机会安排学员使用的话，会产生明显的应用障碍，到时候还需要通过一定的巩固培训或练习才能恢复到培训结束时的水平。因此优比咨询的企业 BIM 生产力建设培训始终遵循“企业建立项目型 BIM 团队→基础培训→试点项目应用→中级培训→试点项目应用→高级培训→试点项目应用→BIM 应用成为学员不会遗忘的技能”这样一个规律，如图 1-3 所示。

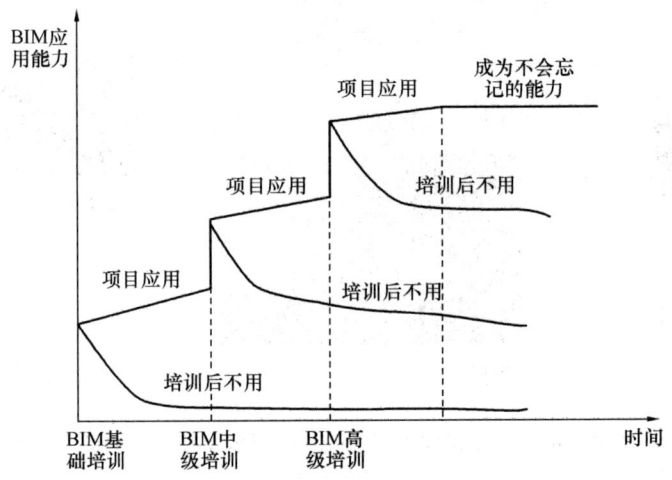

图 1-3 优比咨询企业 BIM 生产力建设培训方法

上述这套结合心理学、工程建设和 IT 技术以及人才培训理论的 BIM 生产力建设培训方法经过过去五年在政府部门、业主、设计、施工、监理等不同类型企业 BIM 生产力建设培训的实践证明其具有比较好的实用性和可行性，可以帮助企业有效避免风险、产生实际效益、快速形成生产力。

企业 BIM 实践的关键是论证和确定在不同的时间、不同的项目、不同的市场环境下用 BIM 做什么以及如何做才能取得最好的效果和效益，企业很容易要求所有员工更换日常工作使用的软件工具，但更换以后会产生什么样的效果呢？工作质量和效率是提升了呢还是降低了呢？这是企业 BIM 应用决策的关键。

根据作者的研究和实践，BIM 应用可以分为效益型、市场型、科研型或战略型以及培训型四类，如图 1-4 所示。不同类型 BIM 应用的目的是不同的，效益型重在 BIM 应用的直接回报，从做好项目的角度获益；市场型重在建立品牌，从提升企业和产品品牌知名度和美誉度的角度获益；战略型或科研型重在企业核心竞争力，从未来发展的角度获益；培训型重在企业 BIM 生产力建设，从人才队伍的角度获益。同一种 BIM 应用在不同的企业或不同的项目情况下其类型不一定完全一致，需要结合对企业和项目的理解来确定。

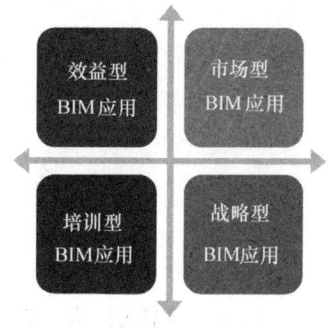

图 1-4　企业 BIM 应用分类

关于 BIM 应用价值的资料国外有宾夕法尼亚州立大学为 buildingSMART 总结的 25 个应用点，附录是住房城乡建设部《勘察设计和施工 BIM 技术发展对策研究》课题研究结题报告中列举的 BIM 在设计和施工阶段的主要应用价值。

行业普遍同意，BIM 技术在未来的全面普及和深入应用将为工程项目从规划、设计、施工到运维、拆除的全生命期带来巨大影响和价值，但限于目前 BIM 软件产品成熟度不足以及行业从业人员 BIM 应用能力水平普遍不是太高，今天还没法完全实现 BIM 应用的所有价值，需要根据企业和项目实际情况选择合适的 BIM 应用方案，否则非常容易出现投入产出不合理的结果。如果把 BIM 的每个应用点比作一味药的话，那么毫无疑问，把药铺里所有的药都开在一起的方子肯定不是一个好方子，对症下药才是良策。

2 BIM 生产力基本认识

2.1 BIM 内省（一）：BIM 发展可能达到的终极高度 是 BIM 成为一种独立使用的工程语言

大家知道，图纸以及以图纸为核心的技术文档是一种工程语言，是工程技术人员表达和交流技术思想的重要工具和手段，是工程设计、机械制造、施工安装、检验调试以及运行维修等各项工作中不可或缺的技术文件[2]。站在工程建设行业的角度可以毫不夸张地说，没有图纸这种工程语言，就不会有这么快速的人类都市化或城镇化。

英文版维基百科对语言如此定义：Language is the human capacity for acquiring and using complex systems of communication[3]（语言是人类获取和使用复杂沟通交流系统的能力——译文为作者所加，供参考）。

语言是人类社会的交际工具，是人类思维的工具，是人类文化的录传工具。自然，工程语言是人类用于工程项目沟通、思维和录传的工具，图纸是目前人类普遍使用的工程语言，也就是说，图纸加上文字能够胜任工程语言作为工程项目沟通、思维和录传的工具这样一种功能。

CAD 是辅助人类高效、高质生产图纸这种工程语言的一种工具，并没有改变图纸这种工程语言的本质，因此 CAD 的普及应用只涉及工程语言生产工具的改变（图板换电脑，也即所谓的甩图板），并没有涉及工程语言本质和内容的改变。

目前建筑业普遍使用的另一种技术可视化（效果图、动画等）只是作为图纸的补充或辅助品，主要目的是帮助项目利益相关方提高理解效率和水平，也没有作为独立使用的工程语言，如果从语言的角度来描述，最多也就是一些"脸部表情"或"手势"之类的身体语言罢了，帮助受众理解图纸这种工程语言所表达的项目部分信息而已，也没有涉及图纸这种工程语言本质和内容的改变。由于可视化所能包含的项目信息非常有限，因此本身不具备成为工程语言的能力。

而 BIM 跟上述 CAD 和可视化相比有本质上不同的地方，尽管截至目前不同国家、地区、企业、个人对 BIM 的定义、软件、标准等的理解和应用还有各种各样的差异甚至争论，但是有一点应该是比较一致的，那就是：BIM 可以包含其所描述的工程项目的所有几何和非几何信息，构成这个项目的一个完整的数字描述或表达。也就是说，BIM 具备成为一种独立使用的工程语言的潜力，即有能力独立完成该工程项目全生命周期内所有信息的沟通、思维和录传的工作。

请注意，我们说的是潜力。目前 BIM 的发展状态离这个目标还相距甚远，以至于是不是有那么一天可以实现这个目标也还需要更多的研究和实践去探索和证明。而事实上，成为一种独立使用的工程语言也是 BIM 发展所能达到的终极高度。

2.2 BIM 内省（二）：BIM 价值能够实现的多少取决于 BIM 成为独立使用的工程语言的能力

目前国内中文 BIM 资料中介绍 BIM 应用价值的资料占了所有能找到的有关 BIM 资料的绝大部分，当然这些资料的高度重复、逻辑不合理和缺乏实证等问题也比比皆是，本节无意重复列举这些内容，而是想从一个最根本或者说最基础的地方出发来谈谈 BIM 价值的来源和可实现性。

大家知道，BIM 这个专业术语有两种不同的含义，一种是指 Building Information Model，即建筑信息模型，可以简称为 BIM 模型或信息模型。另一种是指 Building Information Modeling，即建筑信息模型化或建筑信息模型应用，是指利用 BIM 模型支持建设项目生命期内所有工程任务和非工程任务的工作方法和过程，可以简称为 BIM 模型应用。

但有两个在现实世界里已经约定俗成的现象需要特别说明：首先，一般而言我们所说的 BIM 是指 Building Information Modeling，即建筑信息模型化、建筑信息模型应用或 BIM 模型应用。其次，目前国内行业普遍使用的中文术语"建筑信息模型"也是指 Building Information Modeling，即其实际含义是建筑信息模型化或建筑信息模型应用。也就是说，除非特别说明是指"BIM 模型"以外，绝大部分 BIM 文献资料中的英文缩写语"BIM"或中文术语"建筑信息模型"本质上都是指 Building Information Modeling。

因此通常情况下，无论是英文缩写 BIM 还是中文术语建筑信息模型指的都是 Building Information Modeling，而 Building Information Model 则用 BIM 模型来表示。

BIM 的价值要通过 BIM 模型在建设项目策划与规划、勘察与设计、施工与监理、运营与维护等各个阶段相应工程和非工程任务中的应用来实现，其价值表现为对前述各类任务的效率或质量的提升和改善，从而最终达到提升或改善整个项目以及行业的工作效率或质量的目的。由此可见，BIM 价值实现的基础是 BIM 模型，而 BIM 价值实现的手段、方法或过程是 BIM 模型在项目生命期内各类工程任务中的应用。

根据上述分析和说明，我们可以把 BIM 价值的实现方式简单地表示为下面这个公式：

$$BIM \text{ 价值} = \Sigma BIM \text{ 模型应用}$$

既然 BIM 的价值等于 BIM 模型应用之和，那么 BIM 模型到底有哪些应用呢？可以这么说，有多少种跟某个工程项目有关的工程任务（规划、设计、施工、运维等）和非工程任务（市场宣传、租售、交通指引等），就有多少种 BIM 模型的应用，这些应用涉及项目生命期内的不同阶段和不同利益相关方，而且还会随着行业以及 BIM 技术本身的发展不断变化。这方面的资料很多，此处不再重复。

其实理解 BIM 模型应用的多少除了跟项目相关任务对应以外，还可以从语言（工程语言）本身的作用来分析，我们一起来看一下从这个角度进行分析的情况：

（1）沟通：BIM 模型作为沟通工具的作用大小取决于能够使用 BIM 模型的工程项目利益相关方的数量和可以持续的时间（或者说能够支持每一个利益相关方在多少任务和每种任务的什么深度进行应用），BIM 模型是否可以在所有利益相关方所有任务的所有深度上起到沟通的作用呢？如果能起到，需要具备什么前提条件呢？

（2）思维：大家知道一个人要完成从用母语（例如中文）思维转换到用另外一种语言（例如英语）思维需要做出什么样的努力，工程语言也是一样，工程技术人员要从使用图形进行思维的今天转变为用模型进行思维的明天也需要付出巨大的努力，思维方式不改变，BIM 模型在思维方面的应用就无法实现，当然 BIM 价值实现的数量也会随之减少。

（3）录传：BIM 模型可以在多大程度上、多大范围以及多长时间内起到记录和传播工程项目信息的作用是衡量 BIM 模型应用的另外一个角度。

根据上述分析，上述 BIM 价值公式可以细化如下：

BIM 价值＝Σ BIM 模型应用

＝Σ BIM 模型在项目生命周期内不同任务中的应用

＝Σ BIM 模型在不同任务中的（沟通作用＋思维作用＋录传作用）

从上述公式原则上大致可以得出这样一个结论（要得出科学的结论还需要足够的研究、论证和实践），如果 BIM 模型在工程项目生命期内的所有不同任务中都能够起到完整的沟通、思维和录传该项目所有信息的作用而不需要借助其他工程语言帮忙，那么我们就可以说 BIM 是一种可以独立使用的工程语言。同样的意思也可以表达为：BIM 价值能够实现的多少取决于 BIM 成为独立使用的工程语言的能力。

2.3 BIM 内省（三）：BIM 的可视化能力其价值
如何高估都不会过分

此处所说的 BIM 的可视化能力，不是目前状态下行业都在普遍使用的电脑效果图的那个"可视化"，因为目前还没有合适的专业术语可用，就暂时先借用一下"可视化"这个大家都熟悉的名词。

BIM 的可视化能力是 BIM 模型对人而言信息可视化和对电脑而言信息可计算化的两个核心特点的其中一个，即 BIM 的可视化能力本质上是 BIM 模型对人而言的信息可视化。

"巫医乐师百工之人，不耻相师；士大夫之族，曰师曰弟子云者，则群聚而笑之"。如果把韩愈《师说》里的这段话中的"师"改成"BIM 可视化"，那么我们可以看到现在的情形和一千多年前的情形何其相似。有人介绍 BIM 可视化、碰撞检查等作用，就会有一堆"BIM 专家"出来说水平低，似乎非得讲 BIM 全生命周期之类才显出有水平，弄得同行都不敢说 BIM 的可视化能力了。而从作者的理解来看，BIM 的可视化能力其价值如何高估都不会过分。

凯文·凯利（Kevin Kelly）在其著作《科技想要什么》[5]里面引用哲学家丹尼尔·丹尼特（Daniel Dennett）的一段话"在思维的进化过程中，语言的发明是所有步骤中最令人振奋、最重要的。当智人（人类的祖先，作者注）从这项发明中受益时，人类进入一个跳跃式发展阶段，将地球上的其他物种远远甩在身后"。

接下来凯文·凯利写道：语言使交流与合作成为可能，加速了学习和创造过程。如果某人有了新构想，在其他人了解之前，向他们进行阐述，与之沟通，新构想就能快速传播。不过，语言的主要优点不在于交流，而在于自动产生。语言是技巧，让思维能够自我质疑；是魔镜，告诉大脑自己在想什么；是控制杆，将思想转化为工具。没有语言的理性架构，我们无法获知自己的精神活动，自然就不能思考我们的行为方式。如果大脑无法表词达意，我们就不能有意识地创造，只能偶有收获。无法用语言表达的思想零碎孤立，直到我们用可以自我交流的系统工具驯服思维，这种状况才得以改变。我们的思维需要驯化，我们的才智需要表达工具。

英文维基百科的"language"词条在给语言做完定义以后，紧接着这样解释道：Natural languages are spoken or signed，but any language can be encoded into secondary media using auditory, visual or tactile stimuli, for example in graphic writing, braille, or whistling.（自然语言是用来说和写的，但是任何语言都可以使用声觉、视觉和触觉刺激转化成第二媒体，例如图形、盲文或者哨声。——括号里的中文为作者译）。

可见，语言是使人类能够有意识的、集体性的创造以及传承，从而得以超越所有物种成为地球主宰（且不论这个事实的好坏）的关键因素，那么 BIM 作为一种新的工程语言究竟能够在工程建设行业的发展中起到什么样的作用呢？要回答这个问题还得回到 BIM 这种工程语言和其他工程语言（例如图形）比较的不同特点上来，关于这一点前文已经提及：第一，对人而言 BIM 模型比 CAD 图形的信息可视化程度高，有利于提高人的思维、理解、沟通效率和质量；第二，对电脑而言，BIM 模型的信息比 CAD 图形的信息更丰富、信息组织更有利于计算机自动处理，从而有利于提高计算机处理工程信息的效率和质量。

2012 年初住房城乡建设部《勘察设计与施工 BIM 技术发展对策研究》课题开题之初行业主管领导就提出能否像当年用"甩图板"来描述 CAD 对行业生产方式的改变那样找到一个简单、形象、准确的说法来描述 BIM 可能对行业生产方式的改变，具体内容请参考何关培博客[15]2012 年 3 月 7 日的博文《能找到一句话来形象概括 BIM 带来的生产方式改变吗?》，这个问题到现在虽然还没有得到满意的答案，但是有一个标志可以帮助判断什么叫行业、企业或个人从 CAD 升级到 BIM 了，那就是个人、企业或行业的日常工作从以使用图形为主改变为以使用模型为主，这个标志对不管是政府部门、业主还是设计、施工、运维、教育以及物业用户都是一样的。

回到本文的主题，我们来看图 2-1。

一个人完成工作的行为根据一个人自己做、跟其他人分工合作做以及同其他人协

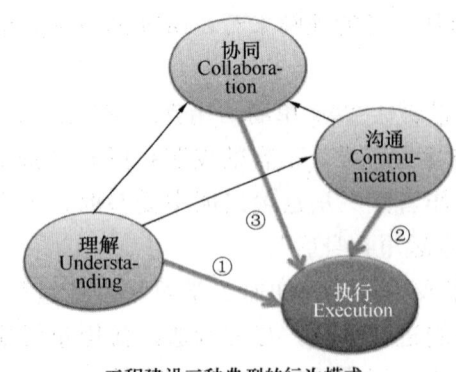

工程建设三种典型的行为模式：
① 理解→执行
② 理解→沟通→执行
③ 理解→沟通→协同→执行

图 2-1　工程建设三种典型行为模式

相应的反馈结果，请见图 2-2：

调一致做可以划分为图示的三种模式，不管是哪一种情形，理解永远是执行的前提，理解正确不一定能保证执行正确，但如果理解不正确，那么执行就不可能正确。工作都是要靠人来完成的，人对需要完成工作的理解效率和质量决定了执行的结果，因此及时和正确理解的作用不言而喻；BIM 的可视化能力对提高人的理解效率和理解质量的作用究竟有多大虽然还需要更多的研究和实践去总结和梳理，但我相信会比我们今天能想象的作用可能还要大。

无独有偶，McGraw Hill 一份 2009 年关于 BIM 价值的调研报告[6]有这样一个问题和

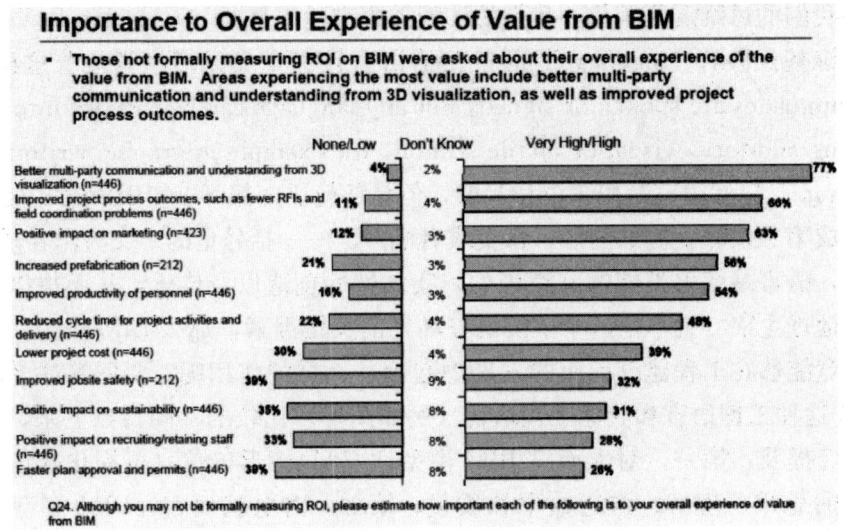

图 2-2　根据经验得出的 BIM 价值重要性

446 份问卷中 77％的人的总体经验证明 "Better multi-party communication and understanding from 3D visualization（3D 可视化改进项目参与方之间的沟通和理解）" 是 BIM 价值的最重要组成部分。

作者的理解，说 BIM 可视化能力的价值占 BIM 价值的半壁江山应该不算过分，事实上对 BIM 可视化能力的价值以及价值实现的研究、实践和宣传还远远不够。

2.4　BIM 内省（四）：BIM 主动应用是驱动 BIM 发展的原始动力

作者在文章《BIM 发展会遵循什么样的技术和市场模型？》（发布时间：2011 年 2

月 25 日，参考文献［15］）里面用图 2-3 来描述 BIM 发展的市场模型，本节计划对此做进一步的探讨。

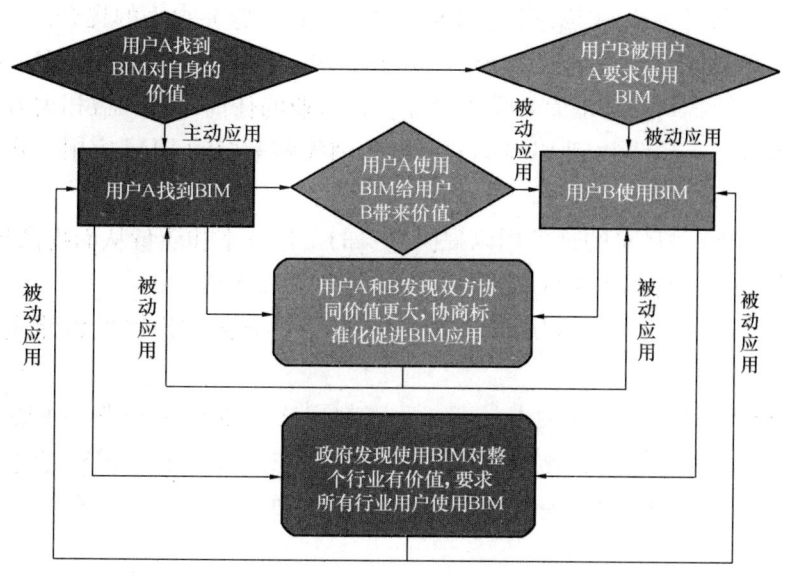

图 2-3　BIM 发展市场模型

在图 2-3 各种使用 BIM 的可能性中，我们可以看到用户找到 BIM 对自身的价值是唯一的主动应用，也是驱动 BIM 发展的原始动力，这个用户可以是项目的任何一个利益相关方。但是这个主动应用发生在不同的利益相关方身上其对行业整体 BIM 发展以及其他相关方的 BIM 应用驱动作用是不一样的，如图 2-4 所示。

建设项目的主要相关方有政府、业主、设计、施工和运维五个方面，在讨论 BIM 发展驱动力的时候，这五个方面可以划分为作为行业主管部门的政府、各类项目服务（包括 BIM 服务）买方的业主以及项目服务卖方的设计、施工和运维三个类型。

政府一旦认识到 BIM 应用对自身工作的价值，就会通过法律、法规、标准、规范等方式要求业主、设计、施工和运维机构等项目其他所有利益

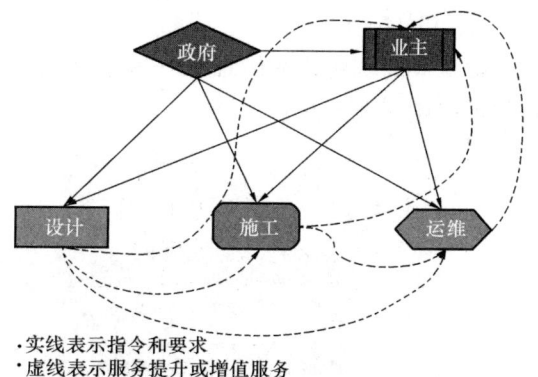

·实线表示指令和要求
·虚线表示服务提升或增值服务

图 2-4　项目主要相关方 BIM 应用驱动路线

相关方应用 BIM，而业主则会通过合同文件方式要求项目的设计、施工和运维等机构应用 BIM。这种方式就是图中的实线箭头。

而设计、施工和运维机构一旦找到 BIM 对自身的价值以后，就会通过提升现有项目服务或提供增值项目服务等方式来对业主以及这些机构互相之间产生影响，从而达到提高自身核心竞争力和盈利能力以及扩大服务范围的目的。当然，这样做的另外一

个结果大家也必须同时清楚，那就是，卖方这样做以后会促使买方认识到 BIM 对自己的价值，从而使得业主通过合同文件来要求卖方按条款提供此类服务，逐步把卖方原来的额外或可选服务变成规定动作，最终推动整个行业服务水平的提升。

从图 2-3 我们可以看到，驱动 BIM 发展的原始动力是用户找到 BIM 对自身的价值；从图 2-4 我们看到，这个原始动力可以来自行业的任何一个利益相关方。而不管是哪一个利益相关方，由于找到 BIM 对自身的价值能够采取的 BIM 应用方式大体上有以下三种类型：

（1）找到 BIM 对自身的价值用以提高自身的工作效率和质量从而提高核心竞争力；

（2）通过合同文件约束某些利益相关方按要求应用 BIM；

（3）通过 BIM 应用为自身找到新的客户以及为已有的客户提供延伸或增值服务从而扩大服务范围。

因此，不管是项目利益相关方的哪一方，都应该多研究并实践一些如何通过 BIM 提升自身工作质量和效率的方法问题，而少谈一些 BIM 是什么、BIM 能干什么这一类的主义，扎扎实实找到推动自身 BIM 发展的原始动力。

2.5 BIM 内省（五）：制造业给我们的启示

制造业是建筑业的近亲，有不少同行在讨论 BIM 的时候也曾经提到过制造业信息化过程对 BIM 发展的启示，作者认为这种探讨应该是十分必要和有意义的。本节从制造业和建筑业两个行业应用的信息技术种类和主要技术的应用模式两个方面谈谈作者对这件事情的理解。

1. 信息技术种类

制造业和建筑业技术信息化（准确地说是以技术信息化为主）使用的信息技术种类现状可以用图 2-5 表示。

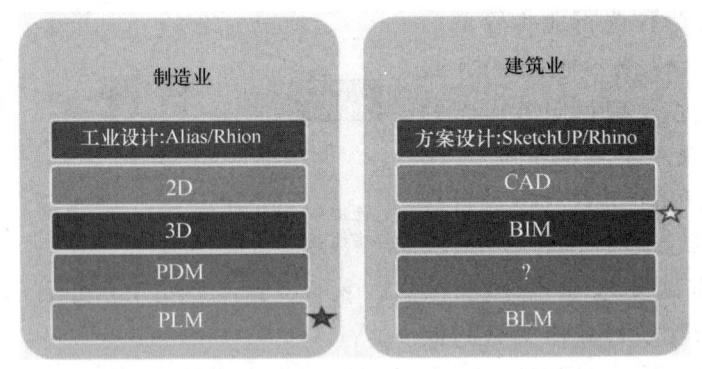

图 2-5　制造业和建筑业使用的信息技术种类

在概念设计阶段，制造业一般叫工业设计，常用软件如 Alias 和 Rhino；建筑业一般叫方案设计，常用软件如 SketchUP 和 Rhino。两个行业在这个阶段的信息技术应用都比较成熟。

在图形和模型工具上制造业习惯称 2D CAD 和 3D CAD，简称为 2D 和 3D；建筑业则把图形工具称为 CAD，模型工具称为 BIM。区别在于制造业的 3D 技术和产品已经相当成熟和得到广泛应用，而建筑业的 BIM 技术和产品都还刚刚起步。

制造业和建筑业都有产品生命周期管理的概念，前者叫 PLM，后者叫 BLM，前者有完整的理论和应用，而后者目前基本上还只是一个名称。

要实现行业信息化今天能看到的高级目标，在合适的时间把合适的信息给合适的人，或者说实现企业内不同部门不同专业之间以及产业链不同企业之间的相关信息共享，制造业的 PDM（产品数据管理）技术不可或缺，而在建筑业今天还不知道这个技术的解决方案是什么，是借用制造业的 PDM 技术，还是研发建筑业自有的技术？但是有一点是清楚的，这个技术也是建筑业实现建设项目生命周期信息共享不可或缺的技术。

综上所述，在信息技术的应用方面，制造业处于上述几种技术都比较成熟的普及应用阶段，建筑业目前还刚刚处在 BIM 技术探索应用的初期，只有方案设计和 CAD 应用比较成熟，而对应制造业的 PDM/PLM 技术则基本上还是一片空白。

2. 应用模式

制造业和建筑业信息技术升级的核心是基于图形的生产方式向基于模型的生产方式的转变，原因很简单，因为两个行业所要生产的"产品"本身都是三维物理存在，而图形只是这个三维物理存在全部或部分的某种形式投影的抽象表达，只有模型可以把这个三维物理存在完整、准确地描述出来。

尽管从图形作为主要工具到模型作为主要工具的信息技术升级过程由于行业、地域、任务、专业等的不同会有大小不同的差异，但其基本模式都可以用图 2-6 来概括。

（1）模式 0：只用图形。这是目前建筑业的主流工作模式。

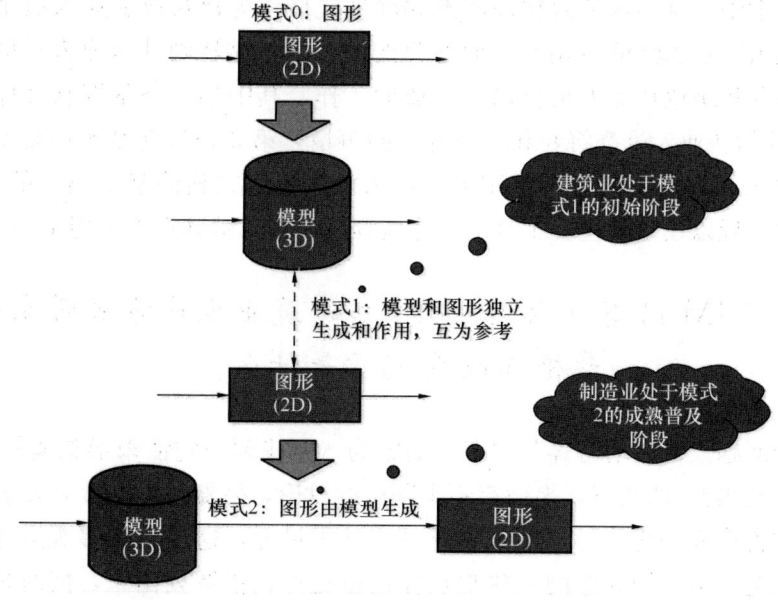

图 2-6　建筑业和制造业信息技术应用模式转变

（2）模式1：图形和模型并行使用，模型和图形互为参照，互相印证。目前国内建筑业应用BIM的企业从比例上看还是少数，且主要的BIM研究实践活动大多还是这种模式，因此从行业层面来看，建筑业处于这个模式的初期。

（3）模式2：模型作为主要工具，图形是模型的输出结果之一，这是目前欧美国家建筑业BIM应用的主流模式。国内制造业这种模式的应用已经相当成熟，正在全面推广普及。

可能会有同行提出疑问，除了上述三种模式外，有没有只用模型不用图形的"模式3"呢？现在看来，要给出这个问题的完整答案为时尚早。

3. 如何实现应用模式升级？

国内制造业从20世纪90年代中期开始成规模地推广普及3D CAD，起步的模式几乎无一例外是上述模式1的2D/3D并行作业方式，实现成规模的由模式1到模式2的转变花了10年左右时间，也就是说，模式2的基本成熟和成规模应用差不多是21世纪第一个十年内才实现的。

如果我们把国内建筑业成规模地研究实践BIM的时间定位在2010年左右的话，那么这个时间差差不多是15年，即建筑业比制造业晚15年。当然，时间并不是我们今天关心的主要问题，我们真正想要了解的是哪些关键因素促使制造业完成了由模式1到模式2的转变或者说升级？下面是作者跟国内制造业同行对这个问题的讨论结果：

（1）基于模型的专业软件功能成熟；

（2）专业人员熟练掌握基于模型的软件工具；

（3）建立一套完整的基于模型的工作方法；

（4）硬件能力支持。

个人理解，这些要素对建筑业BIM应用实现模式1到模式2的升级转换同样至关重要。上述要素中，首尾两条的软件成熟和硬件支持作为建筑业从业人员来说其主要的作用只是提出需求和验证可用性，而本身的实现要依靠软硬件从业人员的努力。中间两条则是需要建筑业从业人员自己去完成的工作，其中第2条掌握软件操作是所有想要应用BIM的从业人员都将要和正在进行的事情，第3条目前基本还是空白。国内BIM发展到今天，相信同行都不难理解，如果没有一套完整的基于模型的工作方法，那么建筑业要实现以模型为主要工具的工作流程即模式2就基本上只能是一个空想。

2.6　BIM内省（六）：BIM给建筑业生产方式带来的 最根本改变究竟是什么？

关于这个问题"何关培博客"中有一篇题为《能找到一句话来形象概括BIM带来的生产方式改变吗？》的文章，上面有不少同行的讨论，另外各类媒体上关于BIM将会对行业带来的价值或变化的讨论说俯拾皆是应该不过分，这里面很多观点都非常具有代表性，我们把其中比较普遍的一些观点在这里花点篇幅罗列出来，同时也跟大家交流一下对这些观点的理解。

（1）观点 1 个人理解：甩图纸。这是不少人对 BIM 可能给建筑业生产方式带来的改变这个问题的回答。通常意义上的甩图纸主要说的是减少纸介质，更多地表现为流程问题。如果要描述不用 2D 图，准确的说法应该是"甩图形"，这个目标估计做不到，也没有必要做到。因为 BIM 也好，CAD 也罢，模型也好，图形也罢，都只是一种工具，对于从业企业和人员来说，哪种工具好用就用哪种工具。这就好比有了汽车、火车、飞机以后，自行车、独轮车、三轮车都还是有用，当然它们之间都会互相受到影响和冲击。

（2）观点 2 个人理解：BIM 不一定要 3D，2D 也可以是 BIM。这种说法我觉得要分清楚两个概念，一个是人的工作界面和输出成果（所谓输入和输出），另一个是软硬件系统内部对工程项目的描述。前者可以是 2D/1D/0D 等任何形式，但后者如果不是 3D，如何保证所描述项目的完整性和一致性呢？如果只有 2D 和信息，就不是建筑信息模型而是建筑信息图形了。BIM 中 Modeling 的意思不是数学建模，而是工程对象（构件、部件、设备、零件等工程项目的组成部分）及其关系的模型和模型应用。因此说 2D BIM 是 BIM 的一个子集应该更准确。

（3）观点 3 个人理解：BIM 最重要的是其中的"I"即信息，Excel 也可以是 BIM。这个观点的核心是想说明在 BIM 里面"I"比"M"重要，其实问 I 重要还是 M 重要就跟问老婆和老妈掉水里先救谁一样，不会有任何结果。我们可以反过来思考，光有数字能把房子造起来吗？这也是图形诞生和持续的伟大意义，以及有图形以后还觉得不够又发展出模型（从沙盘模型、无工程信息数字模型到有工程信息数字模型）的意义和需求所在。Excel 准确地说可以叫建筑信息表格，也属于 BIM 的一个子集。

（4）观点 4 个人理解：3D 以上的 nD 和 xD。一维是线，二维是面，三维是体，四维是时间，其中一维、二维是三维的特例或局部，用这种方式来描述物质随时间的变化规律，是自然科学中的标准术语。工程项目是 3D 的物理存在，现在法定使用的表达方式是 2D 施工图，这两个维度的说法不存在任何歧义。BIM 中的 4D 目前主要用来描述施工进度，其实除了施工阶段以外，项目在规划、设计、运维和拆除阶段都是在随时间发生变化的，因此 BIM 4D 和真正意义上的四维是有区别的，而 BIM 5D 以上的所谓"维度"事实上是对项目不同专业或类型工程属性的描述，跟四维以内的维度不是一个并列概念，空间的三维和时间的第四维是所谓 5D 以上任何内容的基础，是对某一时间点上项目某一元素、元素集合乃至项目整体某类特定属性的描述。当然，上述说明并不影响大家用 BIM 4D/5D 来传达业内同行要传达的意思，这跟中文"建筑信息模型"的习惯说法有些类似，大家都知道这个说法不够准确，但是至今也没有找到更合适的说法，因此就约定俗成了。

要研究 BIM 给建筑业将会带来的生产方式最根本的改变是什么，从弄清楚 CAD 和 BIM 的本质区别是什么入手应该是一条比较可行的路。那么 BIM 和 CAD 相比有什么本质区别呢？个人认为主要有两条，第一条是模型和图形的区别，BIM 是模型，CAD 是图形；第二条是两者信息的结构化程度不同，BIM 的信息结构化程度比 CAD 高，而 BIM 可能给建筑业带来的生产方式改变应该是以 BIM 和 CAD 之间这样两个本质上的不同点作为基础的。从生产方式改变的角度考察，在前述两个不同点中，模型和图形的区别更多是显性的，信息结构化程度的不同更多是隐性的，前者导致从业人员对工程项目理解效率和质量的提高，后者导致工程信息利用和共享的效率和质量的提高。因此我们可以这样理解，BIM 给建筑业带来生产方式的最根本改变将是全体从业人员从完全利用图形完成工程任务到主要利用模型完成工程任务的转变，在这个转变过程中，工程项目生命期内图形的使用范围和频率会逐渐减少，模型的使用范围和频率会逐渐增加。虽然今天我们还找不出类似当年描述 CAD 普及应用时"甩图板"这样的简单明了的口号式语言来描述 BIM 对建筑业生产方式的转变，但其转变的核心内容应该是清楚的，简单地说就是从用图形到用模型的转变。

英语文献习惯把 BIM 给行业生产方式带来的变化描述为：Model Based Design（基于模型的设计），Models Based Construction Management（基于模型的施工管理），Model Based Estimating（基于模型的工程预算），Model Based Scheduling（基于模型的进度计划）等，是同样的意思。

McGraw Hill 2009 年的市场调研报告 "The Business Value of BIM" 对 BIM 的定义是 "The process of creating and using digital models for design，construction and/or operations of projects"，2012 年的市场调研报告 "The Business Value of BIM in North America" 对 BIM 的定义是 "the creation and use of digital models and related collaborative processes between companies to leverage the value of the models"，也从另外一个角度说明了这个问题。

从英国 CPIC（Construction Project Information Committee，建设项目信息委员会）官方网站 BIM 网页的口号"图形已死，模型万岁"中我们也看到这样的预言（图 2-7）。

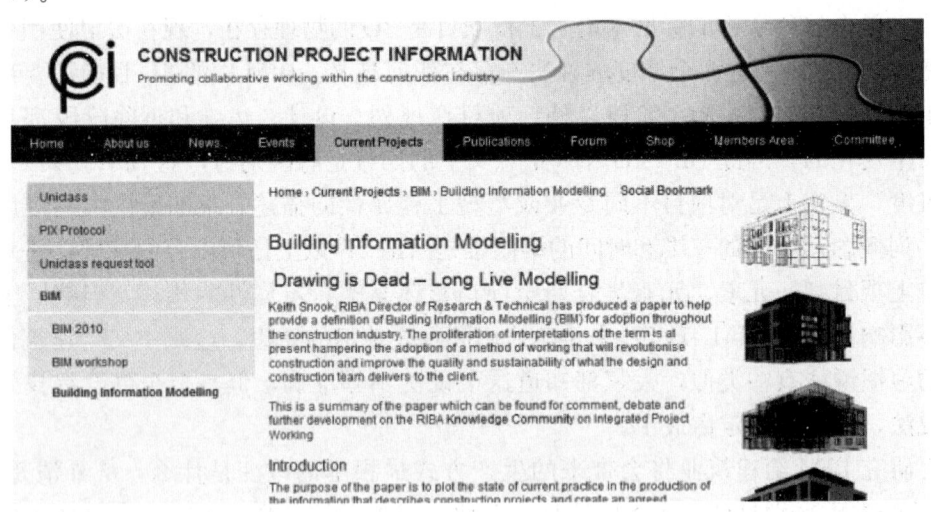

图 2-7 英国 CPIC 官方网站的"图形已死，模型万岁"网页

因此，我们可以这么说：从完全用图形完成工程任务到主要用模型完成工程任务，将会是 BIM 给建筑业生产方式带来的根本转变。

2.7 BIM 内省（七）：BIM 价值实现的唯一途径是与工程任务和其他信息技术相结合

无论 BIM 的功能有多强，也不管 BIM 对工程建设行业可能带来的影响有多大，是革命也好，是改善也罢，如果站在从业人员本身的角度来分析，BIM 归根结底只是一种新的手段或工具。我想这一点同行不会有疑问。

既然 BIM 是从业人员手里的工具，那么其目的当然是帮助从业人员更高效率、更好质量地完成相应的工程任务，包括规划、设计、施工、运维、行业管理等，因此 BIM 有没有价值就得看其能不能帮助前述各类从业人员提高其完成工程任务的质量和效率，能就有价值，不能就没有价值。这是 BIM 应用中第一条要记住的。

除此之外在 BIM 应用过程中还有另外一个现实也须臾不能忘记的是，BIM 既不是第一个也不是唯一一个从业人员手里的信息技术工具，而且 BIM 似乎也没有要代替目前从业人员正在使用的其他信息技术工具的欲望和能力，因此显而易见 BIM 要帮助从业人员提高完成工程任务的效率和质量的唯一途径就是跟现有其他信息技术相结合。

图 2-8 是 buildingSMART 国际等组织提供的被全球同行广泛采用和广为流传的描述 BIM 与工程项目生命期关系的图，原图为英文，中文为作者提供的参考译文，虚线框和虚线框内的编号为作者所加。

根据个人有限的所见所闻，不知道是出于什么原因，也许是理解有偏差，抑或是想完成推销，总有不少 BIM 同行根据这张图把 BIM 说成天下无敌、无所不能了，从而让不少数量的受众也获得了类似的印象，这样的事情多了，对 BIM 的发展和真正的切合实际的 BIM 应用以及全体 BIM 同行而言没有什么好处。本节想谈谈我们对这张图的理解，供大家参考。

图 2-8 由内圈的 BIM、中间圈的信息交换箭头和外圈的项目生命周期工程任务三个部分组成，一般来说，外圈的每一个工程任务都是一个企业、专业或岗位职责范围内要完成的工作，目前的基本现状是每一个工程任务都在使用相应的信息技术完成，也就是说某一个企业、专业或岗位做的事情不是整个外圈，而是外圈的某一个或几个工程任务，即每个从业人员做的工作是图中某一个虚线框内的事情，而不是整个外圈的所有工程任务。为了帮助理解，作者在图上增加了三个虚线框（每个工程任务都可以画一个这样的虚线框），分别代表了设计制图、采购和设施管理三个工程任务，这些工程任务是由不同的企业、专业或岗位来完成的，这些任务在没有应用 BIM 以前，分别使用 CAD、ERP 和 FM 等信息技术手段来完成。

每一个虚线框代表应用 BIM 以后上述工程任务的完成方式，这种方式由三个部分组成，图中分别用①②③表示，1 代表为了完成该工程任务所需要的 BIM 模型及应用，2 代表 BIM 和完成该任务所需的信息技术（也可能不止一种）之间的信息交换，

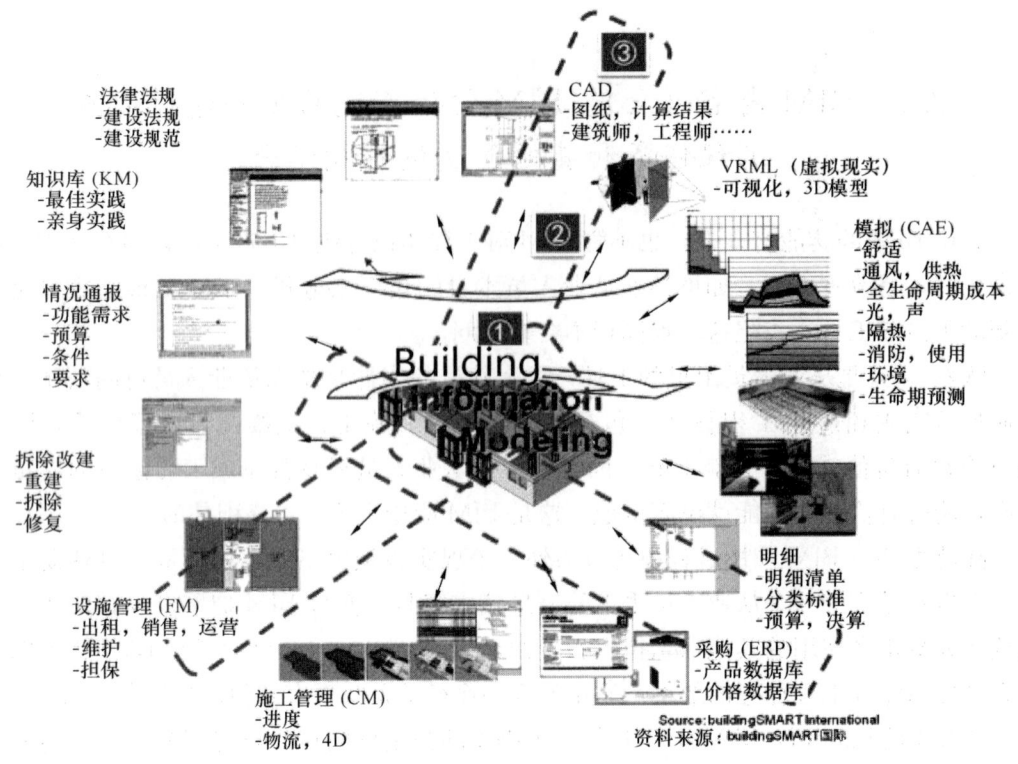

图 2-8　buildingSMART 国际组织提供的 BIM 在工程项目生命期中应用

3 代表完成该任务所需要的信息技术。从中可以知道，要利用 BIM 提高某个工程任务的效率和质量，该团队或个人必须具备上述三种能力，而要利用 BIM 提高项目生命期内所有工程任务的效率和质量，就需要承担这些任务的团队或个人具备完成全部虚线框内三个部分工作的能力。

有一个事实是肯定的，即外圈项目生命期内的各个工程任务不是由单一企业（当然更不可能是单一个人）完成的，所使用的信息技术工具也不是由单一企业提供的，那么一个工程项目生命期内中间圈的信息交换和内圈的 BIM 应用是否可以由一个企业或个人来完成呢？我想答案应该也是不言而喻的。

可见，BIM 价值的实现要与工程任务和任务中所使用的其他信息技术手段，如 CAD、ERP 和 FM 等相结合。

2.8　BIM 内省（八）：BIM 的未来是什么？

大家知道，"我是谁？我从哪里来？我要到哪里去？"是三个基本人生哲学问题，事实上 BIM 同行们也一直在问三个同样的问题："BIM 是什么？BIM 从哪里来？BIM 要到哪里去？"，其中前两个问题各种资料讨论的已经比较多，作者无意在这里重复，本节着重谈谈第三个问题。

2012 年《新鲁班》曾经发起过一个题为"我理想中的 BIM 图景"的讨论，同行们对 BIM 未来有各种预测，在这我们从另外两个角度来谈谈对 BIM 未来会是什么样子这个问题的思考。

第一个角度是 BIM 发展对工程建设行业生产方式变化的影响，可以用图 2-9 来说明。

图 2-9 的横轴表示建筑业生产方式从 100% 使用图形的状态到可能 100% 使用模型的状态演变的过程，这个过程的两个端点（即完全使用图形和完全使用模型）都只是理想状态，现实中未必有这样的状态存在，虽然未来我们还无法完全预知，但过去图形和模型却是一直存在的，无论是电子介质时代还是实物介质时代。纵轴表示在某一个特定时代（或状态）下行业使用图形和模型的百分比。

图 2-9 工程建设行业生产方式变化过程

BIM 的起始位置已经过去了，因此我们很清楚那是一个建筑业生产过程绝大部分时间和任务使用图形，只是极少量使用模型的状态，BIM 的终极位置在哪里，是 50％图形＋50％模型状态？还是 30％图形＋70％模型状态？我们目前还无法判断，但有一点是肯定的，那就是 BIM 的普及应用会使得在项目全生命期过程的所有工程任务中，使用模型的比例会增加，使用图形的比例会下降。

如果就建筑业应用的信息技术层面而言，上述讨论中的图形可以简单地映射为 CAD，而模型主要可以映射为 BIM，之所以说是主要，是因为模型还包括使用比例极小（指使用的时间和作用）的可视化模型。

第二个角度是关于 BIM 作为一种建筑业信息技术本身来说其发展的未来问题。要谈这个问题，除了研究 BIM 本身以外，还需要弄清楚 BIM 发展会对哪些现有的建筑业信息技术可能产生影响甚至融合，这一点应该是比较明确的，即最有可能影响和融合的应该是 CAD 和可视化，同行对这三者的未来关系也有一些研究和预测。在这里谈谈个人对这个问题的思考，我想会有如图 2-10 所示的三种可能。

（1）可能 1：BIM 和 CAD、可视化三者互不影响，独立存在。

（2）可能 2：BIM 和 CAD、可视化三者互相影响，但是仍然独立存在。

（3）可能 3：BIM 融合了 CAD 和可视化变成

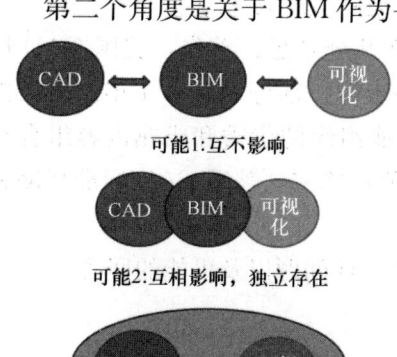

图 2-10　BIM 与 CAD 和可视化的三种可能关系

一种型的建筑业信息技术，这种技术有可能仍旧叫 BIM，也可能叫另外一个新的名字。

有一点需要特别说明，为了叙述方便，上面这段文字把 CAD、可视化两者与 BIM 的关系假设成完全一样了，实际上可能不一定是完全相同的。

2.9　国内 CAD 标准没人用，BIM 标准会有人用吗？

2011 年 5 月 12 日美国建筑师学会（AIA-The American Institute of Architects）、美国施工规范学会（CSI-Construction Specifications Institute）和美国建筑科学研究院（NIBS-National Institute of Building Sciences）联合发布美国国家 CAD 标准的最新版——第 5 版（NCS-the United States National CAD Standard Version 5）。

NSC 以上述组织的三个内容为基础，包括 NIBS 的前言、管理和图形输出指南模块，AIA 的 CAD 图层指南模块，以及 CSI 的 Uniform Drawing System 模块，把这三种资源组合起来以后，NCS 规定了图层名称、图形集组织，以及绘制、标注和图形输出规则。此外还包括了一个扩展的符号库以及大量短语和缩略语。

美国 CAD 标准官方网站 http：//www.nationalcadstandard.org 是这样解释美国 CAD 标准的作用和意义的（【　】内的中文为作者提供的参考译文）：

The United States National CAD Standard（NCS）streamlines and simplifies the exchange of building design and construction data from project development throughout the life of a facility. It coordinates the efforts of the entire industry by classifying electronic building design data consistently allowing streamlined communication among owners and design and construction project teams. Use of the NCS can reduce costs and produce greater efficiency in the design and construction process. 【美国 CAD 标准（NCS）简化了项目生命期内工程设计和施工数据的交换，它通过对工程设计数据进行一致性分类协调整个行业的努力使得业主、设计和施工项目团队的平滑沟通成为可能，使用 NCS 可以在设计和施工过程中降低成本以及大大提高生产效率。】

介绍这么多美国 CAD 标准的情况，是想说明这么几个意思：首先，美国 CAD 标准是成功的、有用的，否则不会在美国 BIM 标准第一版第一部分颁布了 4 年以后又出来一个 NCS 第五版；其次，美国 CAD 标准把三个行业组织的优秀和成熟内容组合在一起，没有推倒重来，充分发挥了社会资源的利用价值；第三，美国 CAD 标准帮助整个行业降低成本、提高效率。

我们来设想一下对国内同行关于 CAD 标准有关的一些问题以及可能的回答：

• 问：您使用 CAD 吗？
• 答：用（假设 100% 都在用）
• 问：您知道 CAD 国家标准吗？
• 答：有这么个标准吗？（知道的人有 1% 吗？）
• 问：您使用 CAD 遵守哪个标准？
• 答：￥#@□&（答案五花八门）

《CAD 工程制图规则》GB/T
18229—2000 是我们国家的 CAD 标准，
"是根据我国计算机辅助设计与制图发
展的需要，结合国内已有的机械 CAD、
电气 CAD、建筑 CAD 等领域的情况以
及有关技术制图国家标准和 ISO/TC10
技术产品文件标准化技术委员会中的
有关资料编写而成的。本标准规定了
用计算机绘制工程图的基本规则。本
标准适用于机械、电气、建筑等领域
的工程制图以及相关文件"（摘自百度
知道），图 2-11 是该标准的封面。

此外与上述标准相关的还有适合
行业的《机械工程 CAD 制图规则》
GB/T 14665—1998、《房屋建筑 CAD
制图统一规则》GB/T 18112—2000、
《电气工程 CAD 制图规则》GB/T
18135—2008 等。

ICS 85.240.10
J 04

中华人民共和国国家标准

GB/T 18229—2000

CAD 工程制图规则

Rule of CAD engineering drawing

2000-10-17 发布   2001-05-01 实施

国家质量技术监督局   发布

图 2-11　国家标准《CAD 工程制图规则》封面

上面最后一个问题五花八门的答
案里面估计会有用企业标准的、有用软件标准的、有用 AIA 标准的、也会有用个人标
准的，不知道有没有用 CAD 国家标准的。但不管我们得到多少不同的答案，有一个事
实是明摆着的，即上面这个系列的 CAD 国家标准使用率非常低。

因此，在住房城乡建设部下达 2012 年工程建设国家标准规范制定修订计划的同
时，同行在网上就提出了本文标题所列的疑问："CAD 国家标准没人用，BIM 标准制
定出来会有人用吗？"这是一个非常重要的问题，这也是 BIM 标准制定过程中必须要回
答的问题，但这不是一个简单的问题。

对于一份非强制性标准（CAD 标准是非强制性标准，即将制定的 BIM 标准也是非
强制性标准）人们愿意使用的前提就一定是用了以后能够产生价值，美国 CAD 标准官
方网站上说的"降低成本、提高效率"就是此类促使美国同行较大比例和程度使用这
个标准的价值，还有一点需要注意的是实现价值的过程是项目数据在不同参与方之间
的交换，而方法则是对这些数据进行结构化管理，实现手段是人们使用的 CAD 软件遵
守这个标准，因为 CAD 标准不是直接能够使用的标准。

那么我们国家的 CAD 标准没有被普遍采用的主要原因是什么呢？我们来看下面图
2-12。

图 2-12 的上半部分是美国 CAD 标准的价值实现路径，通过制定标准→软件遵守标准
→项目成员通过标准交换信息到最终实现成本降低效率提高的价值。下半部分是中国
CAD 标准价值不能实现的原因，中国 CAD 标准也对信息进行了分类，但是由于其一，项

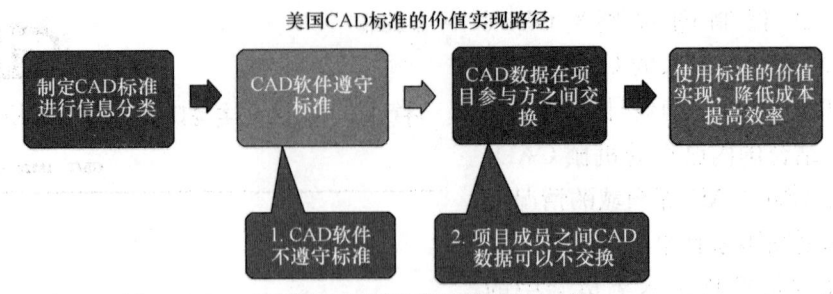

美国CAD标准的价值实现路径

制定CAD标准进行信息分类 → CAD软件遵守标准 → CAD数据在项目参与方之间交换 → 使用标准的价值实现，降低成本提高效率

1. CAD软件不遵守标准　　2. 项目成员之间CAD数据可以不交换

中国CAD标准的价值不能实现的原因

图 2-12　中美 CAD 标准价值实现情况比较

目成员使用的 CAD 软件没有遵守这个标准，更重要的是其二，国内工程建设过程项目成员之间的 CAD 数据可以不进行交换，不存在 CAD 数据必须交换的前提，因此也就有了 CAD 软件可以不遵守国家标准，自己软件用自己的标准就能满足市场需求的事实。

那么为什么国内工程建设过程项目成员之间可以不交换 CAD 数据呢？主要原因有四个：首先国内设计院是全专业综合设计院，项目设计过程一般不用产生跨企业边界的合作，而设计过程恰恰是必须使用 CAD 原始文件的过程，这个原因导致使用率最高的 CAD 标准应该是各设计院的企业标准，而不是国家标准。个人认为这也是促使美国 BIM 标准被普遍采用的根本原因之一，企业尤其是设计企业之间需要交换 CAD 数据（CAD 原始文件），就必然需要行业共同认可的标准，就必然要求相应软件遵守这个标准。其次 CAD 包含的信息主要是可见的数据（即可以直接从图纸获得），没有统一标准会降低效率和增加出错机会，但是不会导致工作失败。第三，设计院跟业主和施工企业之间 CAD 数据（CAD 原始文件）交换从现有工程建设法律和合同体系来看也不是必需的，而且作为 CAD 数据的生产者设计院无论从法律责任、知识产权还是劳动力投入都是不愿意进行这种交换的，虽然事实上这种交换因为各种原因也在很大范围和程度上进行着，但是因为这种交换大多被纯粹看作是设计院的一种友好态度，因此用哪种标准就不会成为一个被计较的理由了。第四，也是最最关键的原因，项目设计完成以后 CAD 数据不交换所引起的价值损失可以被整个行业容忍。

分析了国内工程项目 CAD 数据可以不交换从而导致 CAD 国家标准没有被普遍采用的原因之后，我们再来看看 BIM 的情况会如何（图 2-13）。

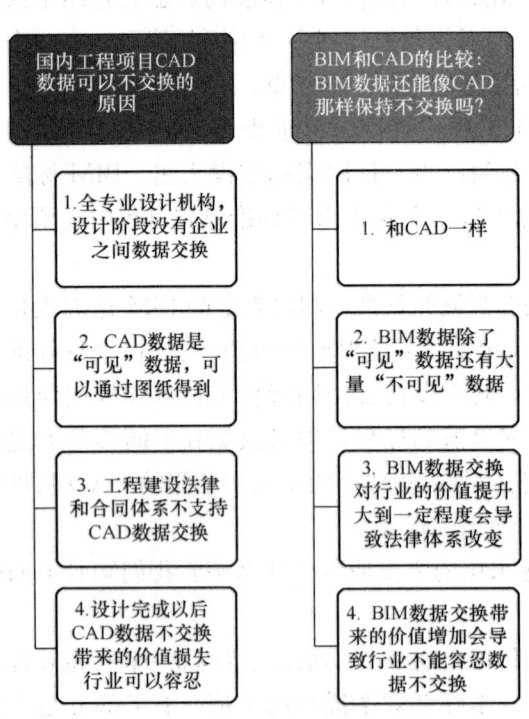

图 2-13　CAD 和 BIM 数据交换情况比较

从图 2-13 可以看到，支持 CAD 数据可以不交换的四个原因在 BIM 这里只有全专业设计院一个和 CAD 一样继续保持不变，而另外三个已经发生变化了，发生变化的三个不同分别是：图中第 2 点：CAD 数据可以通过图纸得到，而 BIM 数据的丰富性使得BIM 数据无法完全通过阅读图纸来获得；第 3 点：现有工程建设法律合同体系不支持CAD 数据交换，但市场价值会驱使市场法则的改变；第 4 点：设计完成以后，CAD 数据不交换行业可以容忍，那是因为由此带来的价值在行业可以容忍的范围以内，如果BIM 数据交换带来的价值大小超出行业可以容忍的范围，交换就将成为不可阻挡的趋势。

有了跨企业边界的 BIM 数据交换需求存在，跨企业边界的 BIM 标准（项目标准、地区标准、行业标准、国家标准等）也就自然成了必不可少的东西。

2.10 应该以什么视野来制定 BIM 标准？

2012 年初住房城乡建设部 BIM 标准制定计划公布以后，BIM 标准就成了网上讨论以及同行交流聚焦的主要话题之一，大家围绕着应该如何制定标准、谁来参与制定标准、怎样制定出有用的标准、如何避免其他信息化标准制定和实施过程中出现的不良结果等各种问题展开讨论、提出建议、畅谈理想，如果大家同意 BIM 将会给工程建设行业所有从业人员带来影响的话，那么 BIM 标准也就无疑一定是工程建设行业全体同行共同的事情。

尽管线上和线下围绕 BIM 标准讨论和交流的问题各种各样，但可以清楚地看到参与讨论和交流的同行的目标却是非常一致的：那就是制定出好的 BIM 标准，制定出有用的 BIM 标准，避免做出没有用的 BIM 标准，避免做出带来不良后果的 BIM 标准（坏的标准）。

目标可以描述得很简单，但真正实现起来却是一件异常复杂的事情。因为即使面对即将制定出来的同一个 BIM 标准，站在政府、科研、业主、设计、施工、运维、软件厂商、设备制造等不同的立场上就会有不尽相同甚至截然相反的评判标准，就算是工程建设产业链里面同一类型的机构，例如施工企业，大企业和小企业、发达地区企业和落后地区企业、经济效益好的企业和经济效益不好的企业之间对 BIM 标准会有不同的要求；再比如软件厂商，国内厂商和国外厂商、有垄断优势的厂商和没有垄断优势的厂商之间也会对同一个 BIM 标准有各自不同的诉求。

考虑到上述因素以后，不要说制定出一个有用的、好的 BIM 标准的目标实现起来面临巨大困难，即使是描述和定义出这样一个标准也绝非易事，但无论如何这又是行业同仁必须面临和解决的问题。因为道理很简单，想要制定出一个好的有用的 BIM 标准，首先必须弄清楚什么样的 BIM 标准才是好的有用的 BIM 标准。

上面的分析已经清楚地告诉我们，如果大家想要一个好的有用的 BIM 标准，就不能只站在自身领域、企业或专业的立场上来思考问题和提供建议，一个好的有用的BIM 标准一定是工程建设行业全体利益相关方博弈和妥协的结果。

既然这个行业的各个利益相关方不能站在各自的立场上来确定什么样的 BIM 标准才是一个好的有用的 BIM 标准，那么大家应该以什么样的视野来定义并最终制定出一个好的有用的 BIM 标准来呢？作者以为只能是"行业"和"BIM"的视野。也就是说，大家只有站在有利于工程建设行业发展和有利于 BIM 发展的立场上，才有可能找到并实现那个好的有用的 BIM 标准，换言之，好的有用的 BIM 标准带来的应该是好的行业发展和好的 BIM 发展。

那究竟什么是行业和 BIM 的视野呢？表 2-1 是作者对这个问题的一个思考归纳。

BIM 标准制定的行业和 BIM 视野　　　　　　　　　　表 2-1

BIM／行业	BIM 理论	BIM 标准	BIM 工具	BIM 应用
政府部门	政府部门支持 BIM 理论研究，BIM 理论研究为行业水平提升打基础	政府部门牵头制定 BIM 标准，BIM 标准规范行业 BIM 工具研发和 BIM 应用，减少重复劳动和错误	—	—
科研机构	科研机构在政府和企业支持下从事 BIM 理论研究，BIM 理论研究为科研机构带来新的研究机会和资源	科研机构协助政府部门制定 BIM 标准，BIM 标准提升科研机构市场影响力	科研机构研发 BIM 工具验证 BIM 理论和 BIM 标准，BIM 工具为科研机构带来市场机会	科研机构通示 BIM 应用实证 BIM 理论和 BIM 标准，以及有关的 BIM 工具
软件厂商	软件厂商支持科研机构或自身从事 BIM 理论研究，BIM 理论支撑软件厂商可持续发展	软件厂商支持和参与 BIM 标准制定，BIM 标准减少软件厂商在 BIM 标准方面的研发投入	软件厂商研发 BIM 工具，BIM 工具为软件厂商带来市场收益	—
专业机构（包括业主、设计、施工、制造、运维等机构）	—	专业机构支持和参与 BIM 标准制定，BIM 标准帮助专业机构提高 BIM 应用效率和质量	专业机构使用 BIM 工具，BIM 工具帮助专业机构实现 BIM 应用	专业机构通过 BIM 应用实现业务价值，BIM 应用帮助专业机构提升核心竞争力
设施用户	—	—	设施用户需要专用 BIM 工具帮助提高设施使用水平，BIM 工具把设施用户作为新的目标市场	—

表 2-1 中列表示行业利益相关者的构成，行表示 BIM 的构成。工程建设行业的利益相关者根据其与 BIM 构成元素的关系可以划分为政府部门、科研机构、软件厂商、专业机构（包括业主、设计院、施工企业、产品制造企业、运维企业等）和设施用户五种类型；BIM 本身根据其价值实现的链条可以划分为 BIM 理论研究、BIM 标准制定、BIM 工具研发和 BIM 工程应用四个组成部分。

不同类型的利益相关者与 BIM 不同组成部分的关系是不一样的，例如政府部门同 BIM 理论和 BIM 标准有关系，但同 BIM 工具和 BIM 应用没有关系；而专业机构跟

BIM 理论没有太大关系，但是跟 BIM 标准、工具和应用都有密切的关系。表中每一个存在关系的方格（例如软件厂商和 BIM 理论，即非空的方格）用这两者之间的相互作用描述这种关系。

表中灰色的列就是本文讨论的 BIM 标准，每一个灰色方格说明五类利益相关方和 BIM 标准之间的相互关系，具体如下：

（1）政府部门和 BIM 标准的关系：政府部门牵头制定 BIM 标准，BIM 标准规范行业 BIM 工具研发和 BIM 应用，减少重复劳动和错误。带来的是整个行业的整体水平提升和健康发展。

（2）科研机构和 BIM 标准的关系：科研机构协助政府部门制定 BIM 标准，BIM 标准提升科研机构的技术和市场影响力。带来的是参与科研机构的技术水平和市场竞争力提高。

（3）软件厂商和 BIM 标准的关系：软件厂商支持和参与 BIM 标准制定，BIM 标准减少软件厂商在 BIM 标准方面的研发投入，以较低成本保证其软件产品遵守 BIM 标准，有利于自身 BIM 产品和其他 BIM 产品之间的信息交换和集成应用，从而提高产品市场竞争力。

（4）专业机构和 BIM 标准的关系：专业机构支持和参与 BIM 标准制定，BIM 标准帮助专业机构提高 BIM 应用效率和质量。带来的是专业机构的核心竞争力提升。

（5）设施用户和 BIM 标准的关系：设施用户和 BIM 标准没有直接关系，有点类似于手机用户和手机标准的关系。

作为工程建设行业的局中人来说，无论您处于什么机构类型，也无论您从事的工作和 BIM 标准之间的关系如何，以及您以何种方式和角色参与 BIM 标准有关的工作，如果能够更多地以行业和 BIM 发展的视野参与 BIM 标准讨论、制定、实施等一系列工作，那么可以肯定我们得到一个好的有用的 BIM 标准的机会就会大一些。

2.11 "2D 实现 BIM 核心能力"不等于"2D 是 BIM"

《建筑工程信息模型应用统一标准》（以下简称《统一标准》）编制组和中国 BIM 发展联盟关于《中国 BIM 标准研究项目申请指南》、《中国 BIM 新标准研究项目实施计划》和《中国 BIM 标准研究课题信息表》等资料陆续发布以后，引起了同行对中国 BIM 标准做法和走向的很多关心和讨论，其中讨论比较多的话题是关于 2D 和 BIM 的问题，有同行认为标准研究和提倡用 2D 实现 BIM 是一种倒退，也有同行认为标准所说"2D 也是 BIM"这种说法是和全球公认的 BIM 定义相违背的，是不正确的，等等。

当把"中国 BIM 标准、2D、BIM"三件事情放在一起的时候就不是一件那么简单能说明白的事情了，牵涉的面很广，引起的歧义和讨论甚至争论也自然比较多，因此有必要把作者参与上述工作过程中的理解和认识跟同行们做一个交流，希望能够帮助大家比较全面和系统地了解其中的背景材料以及编制组的思路和计划。

讨论之前先做一个统一说明，2D 和 3D 在很多时候不是可以区分得很清楚的，很多时候是同时存在的，本文为了叙述方便，我们简单地把 CAD 技术产品以及在此基础上开发的专业应用软件称之为 2D，把 AECOsim/ArchiCAD/Revit/Tekla 等 BIM 软件以及在此基础上开发的专业应用软件称之为 3D。

1. 我国建筑业从业人员在用什么软件完成各自的工程任务？

这个问题比较好回答，我国建筑业从业人员目前主要使用以 CAD 为平台的专业应用软件，CAD 平台以国外软件为主，专业软件绝大部分为国内软件，这些专业软件覆盖面广、门类齐全、与我国工程建设的有关法律法规、标准规范紧密结合，大大减轻了从业人员的劳动强度，提高了工作效率和质量。

《中国 BIM 标准研究项目申请指南》（以下简称《指南》）引进了一种叫作 P-BIM 的工作方式，这里的 P 就是指完成国内工程建设各种专业任务的能力，同时为了避免大家对 P-BIM 的误解，《指南》第 3 页专门准备了一段文字对 P-BIM 进行解释（图 2-14 线框里面的文字）。

> 上述三个层次的 BIM 均简称为 P-BIM。P-BIM 概念的引入，并不是要改变 BIM 的内涵和本质，而是中国 BIM 标准编制的技术路线和工作方法，是表达通过"P"实现 BIM 的过程，结果仍然是 BIM。

图 2-14　《中国 BIM 标准研究项目申请指南》对 P-BIM 的解释

这里我们把软件的能力拆成了 P 和 BIM 两个部分，P 表示满足国内从业人员完成专业任务的能力（简称专业能力），BIM 表示 BIM 能力（我们在后文讨论），目前普遍情况是国内的专业应用软件 P 的能力强，BIM 的能力弱，国外软件正好相反。中国 BIM 发展联盟技术总监李云贵先生把这种现状戏称为国内软件上不了天，国外软件落不了地，并形象地把使用国外软件的情形比喻为坐豪华邮轮旅行，最后一公里需要游泳上岸。

2. 这些专业应用软件能在短时间之内全部更换吗？

整个工程建设行业在各个岗位上使用的各类专业应用软件的数量应该有数百种，全体从业人员每天都不同程度地依靠这些软件来完成自己的日常专业工作任务，其中大部分软件是以 CAD 技术和平台产品为基础的。那么有没有可能在短时间内把这些软件都更新成基于 BIM 技术和平台产品的软件呢？

我们从以下两个不同的角度来探讨这个问题的答案。

首先，从技术角度分析，这些专业应用软件本身不是一夜之间长出来的，而是长期研发和应用积累出来的，融合了我国工程建设行业各个专业领域大量的专业知识、工程实践和标准规范，以及从业人员的软件使用习惯。无论是把所有专业应用软件移植升级到 BIM 技术和平台产品，还是让从业人员更换目前已经使用习惯的 2D（基于 CAD）专业应用软件，都不是短时间可以完成的事情。

其次，从经济角度分析，要求所有从业人员更换新的基于 BIM 技术的专业应用软件以及新软件要求的新硬件，同样也不是一件短时间企业有能力承担的事情。

因此，从整个行业角度考虑，无论技术上还是经济上使用现有专业应用软件完成各自的工程任务会是一个长期存在的现实，不是短期可以完全更新过来的。所以，中国 BIM 的推广普及以及以此为目的的 BIM 标准的编制必须考虑这个现实，考虑这个现实以后碰到的问题就是以现有专业应用软件为基础是否可以通过 BIM 技术和方法来提高行业的工作效率和质量呢？或者说是否可以以现有国内专业应用软件为基础实现 BIM 技术和方法的部分能力和价值呢？

当然，上面基于整个行业角度的分析丝毫不妨碍有条件的企业立即全部或部分采用基于 BIM 技术和产品的专业应用软件。

3. BIM 的核心能力是什么？

关于什么是 BIM 的核心能力的问题我们一起来看两份资料：

第一份资料是美国 buildingSMART 联盟主席 Deke Smith 先生 2012 年 6 月在给住房城乡建设部《勘察设计和施工 BIM 技术发展对策研究》课题组考察团介绍美国 BIM 发展情况时使用的一张图（图 2-15）。

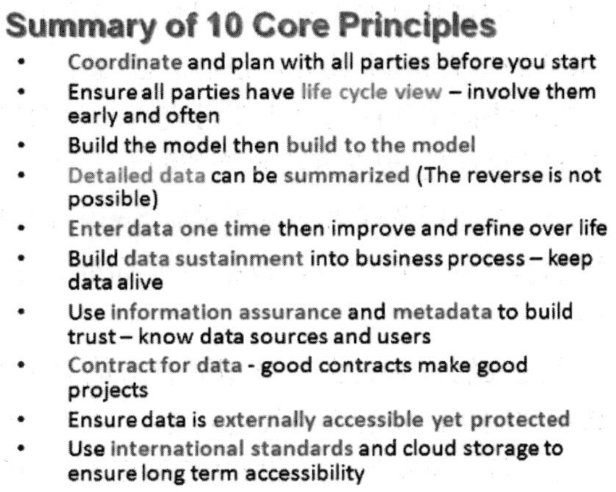

图 2-15 这张片子总结了 BIM 的 10 个核心原则，其中的关键词（灰色部分）如下：

Summary of 10 Core Principles

- Coordinate and plan with all parties before you start
- Ensure all parties have life cycle view – involve them early and often
- Build the model then build to the model
- Detailed data can be summarized (The reverse is not possible)
- Enter data one time then improve and refine over life
- Build data sustainment into business process – keep data alive
- Use information assurance and metadata to build trust – know data sources and users
- Contract for data - good contracts make good projects
- Ensure data is externally accessible yet protected
- Use international standards and cloud storage to ensure long term accessibility

图 2-15　美国 buildingSMART 联盟主席 Deke Smith 先生"BIM 的 10 个核心原则"

（1）协调；

（2）生命周期视角；

（3）照模型建造；

（4）详细数据，概括；

（5）一次性输入数据；

（6）数据维持；

（7）信息保证，元数据；

（8）数据合同；

（9）被保护前提下的外部访问；

（10）国际标准。

上述 10 个 BIM 核心原则里面第 3 条"照模型建造"跟 3D（图形和模型）有关。

第二份资料是美国国家 BIM 标准（NBIMS），其 BIM 成熟度模型把 BIM 能力划分为以下 11 类：

（1）数据丰富性（Data Richness）；

（2）生命周期（Lifecycle Views）；

（3）变更管理（Change Management）；

（4）角色或专业（Roles or Disciplines）；

（5）业务流程（Business Process）；

（6）及时性/响应（Timeliness/Response）；

（7）提交方法（Delivery Method）；

（8）图形信息（Graphic Information）；

（9）空间能力（Spatial Capability）；

（10）信息精细度（Information Accuracy）；

（11）互用性/IFC 支持（Interoperability/IFC Support）。

BIM 能力成熟度模型的 11 个指标或要素中第 8 项"图形信息"和第 9 项"空间能力"跟 3D（图形或模型）有关。

根据上述资料以及对我国工程建设行业软件应用现状的分析，我们可以把 BIM 的核心能力归纳为三个部分：

（1）信息共享能力（主要对应 Smith BIM 核心原则 10 和 NBIMS BIM 能力 11）：是 BIM 的核心和 IT 能力，包括信息内容、格式、交换、集成和存储等。

（2）协同工作能力（主要对应 Smith BIM 核心原则 1、5 和 NBIMS BIM 能力 5）：是 BIM 的应用过程和方法和管理能力，包括与传统方式不同的流程优化、辅助决策等。

（3）专业任务能力（主要对应 Smith BIM 核心原则 5 和 NBIMS BIM 能力 4）：是 BIM 的目标和专业能力，包括专业标准、完成专业任务的效率、效果和所付出的代价等。

由此我们认为上述三种 BIM 核心能力是现阶段为实现应用 BIM 技术提升全行业工作效率和质量需要解决的关键问题。

4.《统一标准》编制组和中国 BIM 发展联盟采取的 BIM 标准技术路线

就"信息共享能力、协同工作能力、专业任务能力"三种 BIM 核心能力来说，国内专业应用软件主要缺少前两种，我们形象地称其为上不了天；而国外 BIM 软件主要缺少的是后一种，称其为落不了地。编制组采取的技术路线简单地说就是帮助国内软件上天，即增强信息共享和协同工作能力；帮助国外软件落地，即增加专业任务能力。这样的做法不同的产品会出现三种成功的可能：

（1）国内软件实现基于 BIM 技术的改造（包括重新开发基于 BIM 技术的新软件和新版本），打通天地线（即同时具备信息共享、协同工作和专业任务三种 BIM 核心能力）。

（2）国外软件实现与中国工程实践需求结合的本地化，打通天地线。

（3）国内软件和国外软件在空中某个地方对接，打通天地线。

当然也存在不成功的可能性，就是还是目前大家看到的这个样子：每个任务都有相应软件去完成，软件之间没有数据共享。

目前引起同行争论的 2D BIM 主要是指上述第 1 种情况，有人认为在 3D 和 BIM 全面到来的时候《统一标准》编制组还提出 2D 实现 BIM 的途径是一种倒退。我想到现在这个问题应该基本解决了吧，而且应该不难理解，上述三种成功的可能无论是哪一种，都是在目前基础上的一种进步。

到这里，标准研究课题的目的和意义也就不言自明了：即广泛邀请国内各类工程企业和国内外软件厂商用实际案例证明每一个软件经过改进（包括少量新开发）以后的"信息共享、协同工作和专业任务"能力。

这样一条技术路线在《中国 BIM 标准研究项目申请指南》、《中国 BIM 新标准研究项目实施计划》中被冠以了"P-BIM"这样一个说法，正如这两个文本说明的那样，这样做并不是要改变 BIM 的内涵和本质，在 3D 环境中实现 BIM 是行业共同的目标，而全行业通过改善国内现有专业应用软件的信息共享和协同工作能力来实现 BIM 的核心能力和价值是最终实现 3D BIM（或者准确地说实现 BIM 的所有能力和价值）的其中一条无法跨越的途径，原因我们在上面已经都分析过了，不再重复。

5. "2D 实现 BIM 核心能力" 不等于 "2D 是 BIM"

《统一标准》编制组和中国 BIM 发展联盟提出的"二维工作方式实现 BIM 核心能力或价值"指的是"2D 实现 BIM 核心能力"的一种工作方式，既不是要重新定义BIM，也没有"2D 是 BIM"或者"2D 也是 BIM"之类的提法。

希望上面这些文字能对同行了解《统一标准》编制组和中国 BIM 发展联盟有关 BIM标准编制的背景、目的、方法和路线有所帮助，并请同行们一如既往地关心、支持、思考、讨论这个涉及全体从业人员切身利益和行业发展的中国 BIM 标准的编制工作。

2.12 创建一个能用的 BIM 模型绝非易事

"成王败寇"的思想无处不在，这个思想的最大问题在于"王"只有一个，然后各行各业都在想方设法创造出属于自己的那个第一，让身在其中的人们去自我炫耀与陶醉。从本国第一个直至本村第一个在维也纳金色大厅的自娱自唱，以及各地层出不穷的第一高楼、第一怪楼无一不是这个思想的充分体现。

这个思想在设计领域表现为很多人都觉得画施工图是雕虫小技，在 BIM 应用上则表现为没学几天 BIM 就认为 BIM 建模这件事情水平太低不值一提。以至于很多情形下企业一见面就问，谁能做别人不能做的事情？其结果就是我们的施工图质量大都不能让人满意，而所谓的 BIM 模型在应用过程中则大都存在各种各样的问题。

工程建设行业当前普遍使用两类图形图像成果支持各项工程任务：第一种是做出来用的施工图（图形），第二种是做出来看的可视化模型（以及在此之上的效果图、动画等）。BIM 模型是现在还没有普遍使用的第三种，是做出来用的信息模型。施工图和可视化模型每个元素本身的属性以及元素之间的关系只要最终呈现出来的结果能够满足要求就可以交差，哪怕一条线下面压着另外三条线，一个面后面还有几个块，看起来连在一起的元素实际上并没有连在一起等都没有太大关系，但如果一个 BIM 模型也有类似的看起来好像是那么回事，实际上不是那么回事的情况，就无法成为一个真正能够拿来用的 BIM 模型。

根据我们在校核其他企业（包括设计企业、施工企业、专业 BIM 咨询企业）BIM模型过程中得出的经验，即使不把大体量、高难度项目 BIM 模型规划、组织、集成等相对难度大一点的工作包括在内，仅就相对基础和纯粹的 BIM 建模工作，要创建出一个能够拿来用的 BIM 模型也不是一件简单的事情。下面是我们在校审 BIM 模型过程中经常碰到的其中一些问题。

例一：门窗不全，楼梯踏步数、标高限制、楼梯样式、踏步高度与宽度等错误

修改前见图 2-16；

修改后见图 2-17。

图 2-16　修改前模型

图 2-17　修改后模型

例二：坡道没有建模

修改前见图 2-18；

修改后见图 2-19。

图 2-18　修改前模型

图 2-19　修改后模型

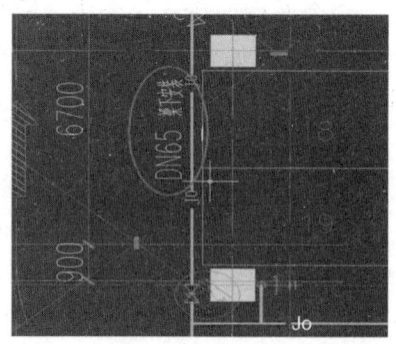

图 2-20　CAD 平面图

例三：管道尺寸不正确

CAD 平面图见图 2-20；

修改前见图 2-21；

修改后见图 2-22。

例四：缺少管件

CAD 平面图见图 2-23；

修改前见图 2-24；

修改后见图 2-25。

有一个事实我想同行都清楚，存在上述例子中

28

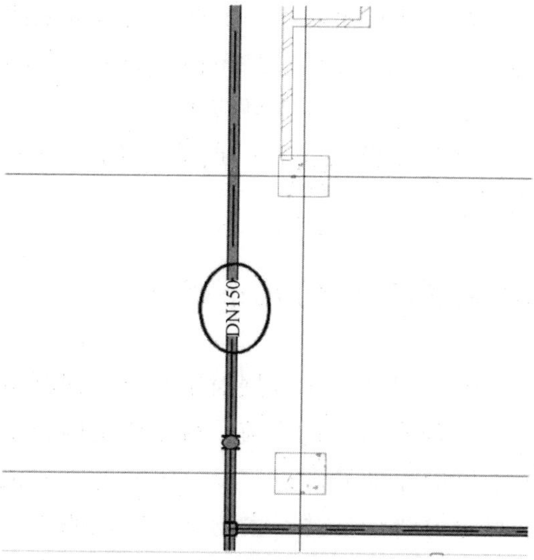

图 2-21　修改前模型

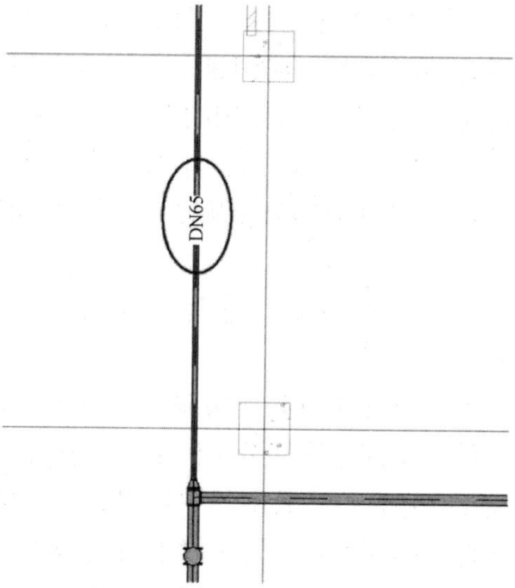

图 2-22　修改后模型

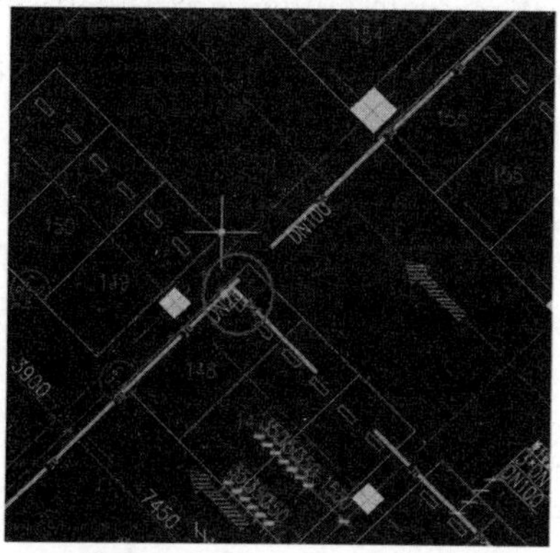

图 2-23　CAD 平面图

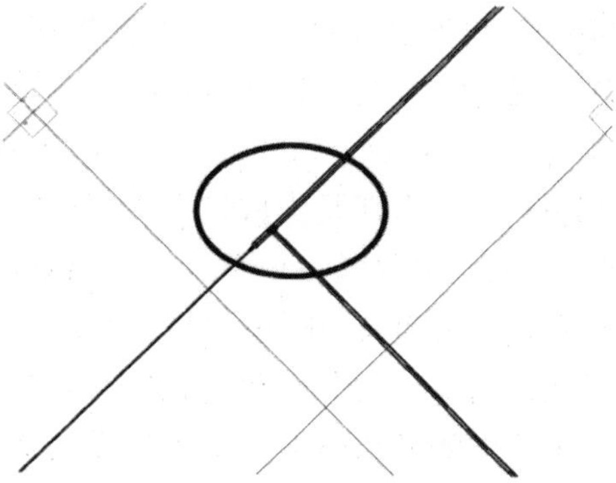

图 2-24　修改前模型

的任何问题以及例子之外其他问题的 BIM 模型都无法成为真正能用的 BIM 模型，尽管 BIM 应用的模式和发生建模错误的原因有很多种，但创建能用的 BIM 模型需要具备的必要条件基本可以归纳为图 2-26。

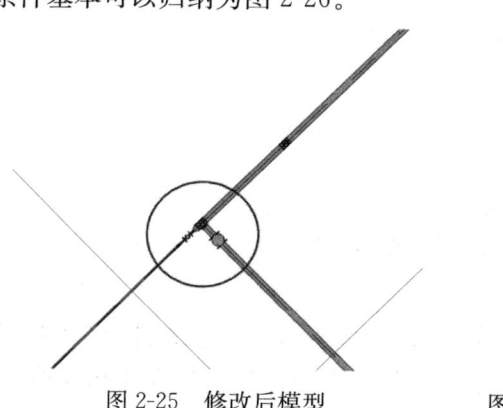

图 2-25　修改后模型

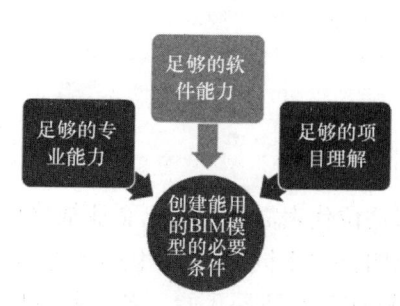

图 2-26　创建能用 BIM 模型的必要条件

万丈高楼平地起，任何水平的 BIM 应用的基础都是必须要有一个真正能够拿来使用的 BIM 模型，而创建一个能用的 BIM 模型绝不是那么简单的一件事情，如果一个项目连一个可以拿来使用的 BIM 模型都没有，还谈什么高水平的 BIM 应用呢。

不管是什么门派、什么专家、什么模式、什么技术路线，有一点是无法改变的，那就是 BIM 应用只能从创建能用的 BIM 模型开始。

2.13 美国 BIM 同行给我印象最深刻的几个观点

2012 年 6 月随住房城乡建设部《勘察设计和施工 BIM 技术发展对策研究》课题组 BIM 考察团跟一部分美国 BIM 同行做了一次比较广泛和深入的交流，可以说是内容丰富、获益良多，其中每一家都有一个给我个人印象最深刻的观点，属于听完就进入记忆深处的那种，任何时候不需要查看任何记录都记得清清楚楚。生物学研究表明人类都是有选择的记忆的，那就把我个人本能记住的这些观点拿出来分享给大家，供大家参考。

观点一："BIM 发展和实施过程中可能的最大风险是 overselling"。这是美国 buildingSMART 联盟主席 Deke Smith 先生在双方交流结束以后的互动环节对我们上述问题的回答，我理解这里"overselling"的最好中文翻译就是"忽悠"。

观点二："What you get out of BIM is a result of what you put into BIM（你能从 BIM 那里得到的东西是你放进 BIM 那里去的东西的一个结果）"。这是佛罗里达迪斯尼 Imagineering（想象工程）团队在介绍资料里面的一句话，个人对此有两个层面的理解：首先，不劳而获在哪里都是天方夜谭；其次，有没有 BIM 项目从业人员都在把项目建设和运营需要的资料和信息以某种形式放进某一种"容器"里面，区别只在于不同的"容器"能够拿出来的东西和需要放进去的东西其好坏、多少、快慢、对错等性价比或投资回报率上的异同，而市场规律是性价比高或投资回报率好的"容器（技术、方法、工具等）"会替换性价比和投资回报率低的"容器"。

观点三："我们是软件工具制造商，不是我们自己使世界变得更精彩，我们只是制造工具辅助设计师使世界变得更精彩"。这是 Autodesk 负责全球企业战略的副总裁 Jon Pittman 先生为考察团介绍 Autodesk 企业战略的开篇词，写到这儿忽然想起邱闯先生前几天关于 Autodesk 英国同事的一条微博（图 2-27）。

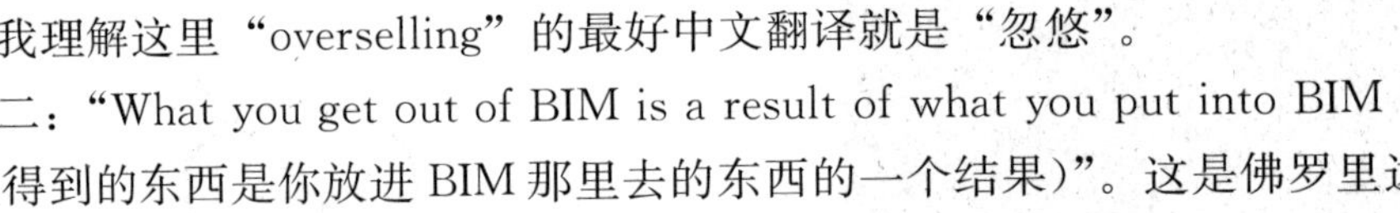

@邱闯JCM：英国autodesk公司代表侃侃而谈BIM的发展方向，PPT做的也非常好，但是似乎建设业界内并不买账，认为由软件业来决定业界发展是不对的，甚至危险的。

6月26日06:06　来自新浪微博　　　　　　　　　　　　　转发(17)　评论(13)

图 2-27　软件公司企业战略和个人行为

看来这位代表需要上一上企业战略课了。

观点四："不同软件产生的数据存放在 Excel 表里面"。这是美国 HOK 公司的 VDC/BIM 团队在回答我们"各专业使用不同软件产生的信息如何存放和存档？"问题时的答案，对此我的理解是：把有用的信息存放在绝大多数人可以方便利用的格式上，而需要使用这些信息的人不仅仅是工程专业人员。

观点五："我们要为下一代从业人员准备好他们愿意在这个行业里工作的环境"。这是斯坦福大学 CIFE 中心主任 Martin Fischer 先生在介绍 CIFE 的研究背景和研究目标时特别强调的一个内容，今天的中学生是在一个什么环境下成长起来的？他们每天的生活都离不开互联网、云计算、iPhone/iPad 等，等到他们大学毕业参加工作的时候，如果建筑业仍然是今天的工作环境的话，这批中学生也就是未来的从业人员就会抛弃我们这个行业，而去选择工作环境和工作方法让他们更喜欢的其他行业。

2.14 美国同行给我印象最深的 BIM 应用效益评估研究和实践

BIM 应用效益无疑是所有从业人员关心的主要议题之一，因为这是任何一种新技术或新方法得以被行业普遍采用的必要条件。

到目前为止，能够看到的有关 BIM 应用效益的资料不是很多，其中被最广泛引用的资料之一要数斯坦福大学 CIFE 中心根据 32 个项目的 BIM 应用得到的如下统计数据了：

(1) 消除 40% 预算外更改；

(2) 造价估算控制在 3% 精确度范围内；

(3) 造价估算耗费的时间缩短 80%；

(4) 通过发现和解决冲突，将合同价格降低 10%；

(5) 项目工期缩短 7%；

(6) 及早实现投资回报。

美国 BIM 标准（NBIMS-US）从 BIM 本身的应用水平作为着眼点，使用 BIM 能力成熟度模型（BIM Capability Maturity Model）对 BIM 应用水平进行评价也是一个被行业广泛引用的资料，该方法通过数据丰富性（Data Richness）、生命周期（Lifecycle Views）、变更管理（Change Management）、角色或专业（Roles or Disciplines）、业务流程（Business Process）、及时性/响应（Timeliness/Response）、提交方法（Delivery Method）、图形信息（Graphic Information）、空间能力（Spatial Capability）、信息精度（Information Accuracy）、互用性/IFC 支持（Interoperability/IFC Support）等 11 个关键指标的达成程度得到 BIM 应用的成熟度得分，有兴趣的读者可以阅读美国 BIM 标准第一版的相应内容，也可以参考"何关培博客"2009 年 11 月 13 日的博文《算一算，您的那个 BIM 到底能得多少分？》。

除此之外，还有一些针对某个特定项目 BIM 应用价值的统计数据，总体而言比较笼统，而且基本上只给出最后的数字结果，较少看到介绍这些数字结果来源过程的资料。况且即使是这样的资料也不是很多，这与 BIM 可能给行业带来的影响和价值相比应该称得上是严重不匹配。

2012 年 6 月 20 日在斯坦福大学 CIFE 中心的夏季年会上美国 SERA Architects 介

绍的一份研究和实践 BIM 应用效益评估的资料令本人眼前一亮，这是该公司根据自己做过的 20 个项目的数据进行的统计分析资料，该资料用 2D、BIM 设计和所有参与方用 BIM 三种工作模式对设计时间、施工时间、资料请求单数量、Email 数量和变更成本等五项指标进行了统计分析，每项指标从两个方面进行说明：

（1）每 1000 平方英尺的统计数据；

（2）一个 50000 平方英尺典型项目的实际数据。

作者认为这个工作方法和思路对我们有非常直接的借鉴意义，图 2-28～图 2-37 是我个人根据会议笔记整理的，细节可能会与原始材料有出入，供大家参考，并期望尽早看到我们自己的 BIM 应用效益评估资料。

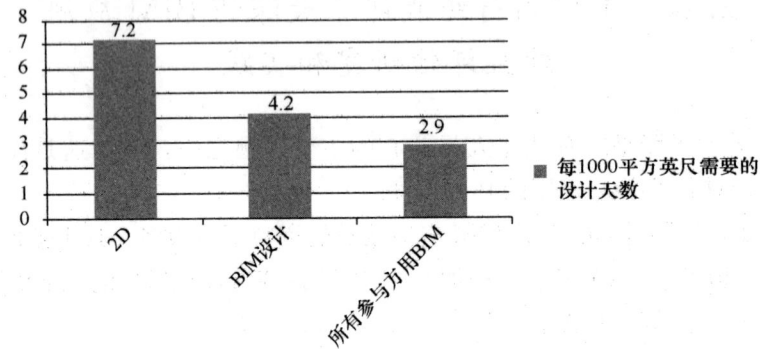

图 2-28　每 1000 平方英尺需要的实际天数

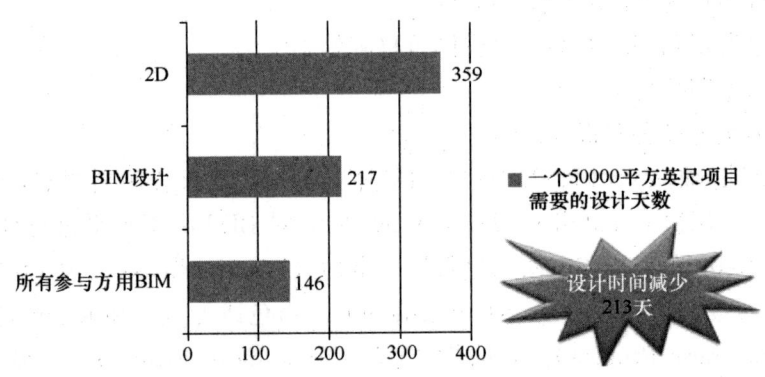

图 2-29　一个 5 万平方英尺项目需要的设计天数

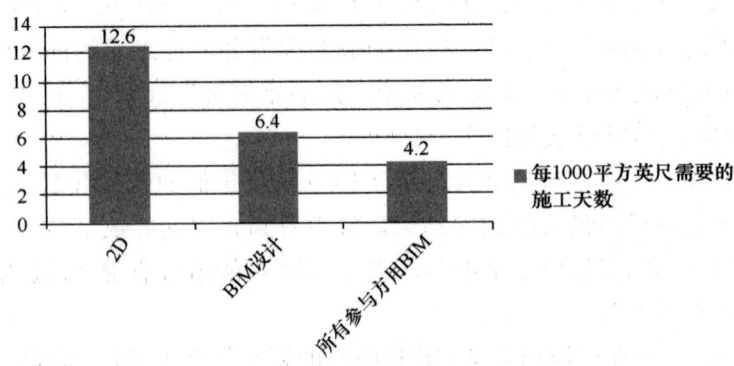

图 2-30　每 1000 平方英尺需要的施工天数

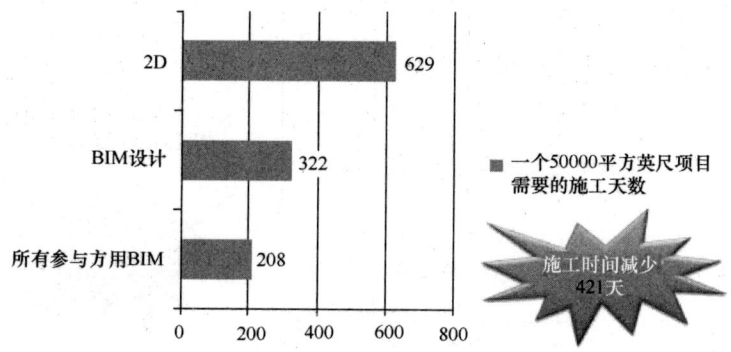

图 2-31　一个 5 万平方英尺项目需要的施工天数

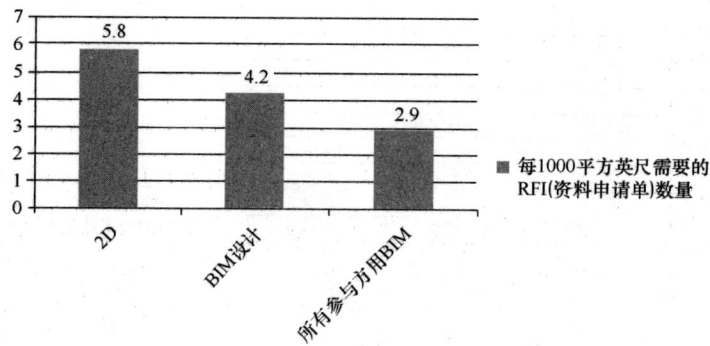

图 2-32　每 1000 平方英尺需要的资料申请单（RFI）数量

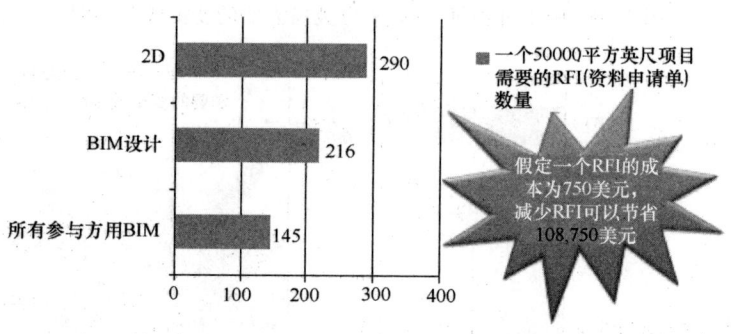

图 2-33　一个 5 万平方英尺项目需要的资料申请（RFI）单数量

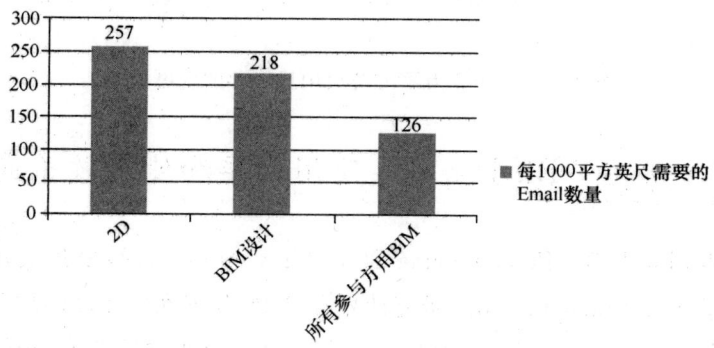

图 2-34　每 1000 平方英尺需要的 Email 数量

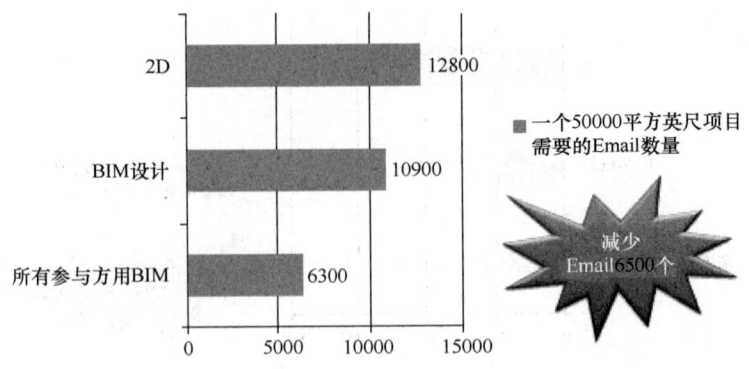

图 2-35　一个 5 万平方英尺项目需要的 Email 数量

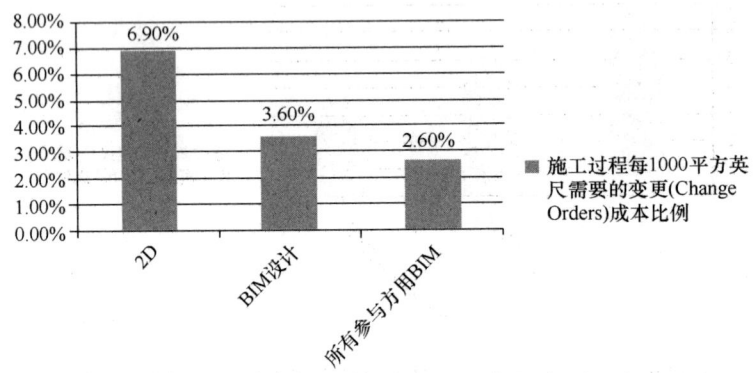

图 2-36　施工过程每 1000 平方英尺需要的变更成本比例

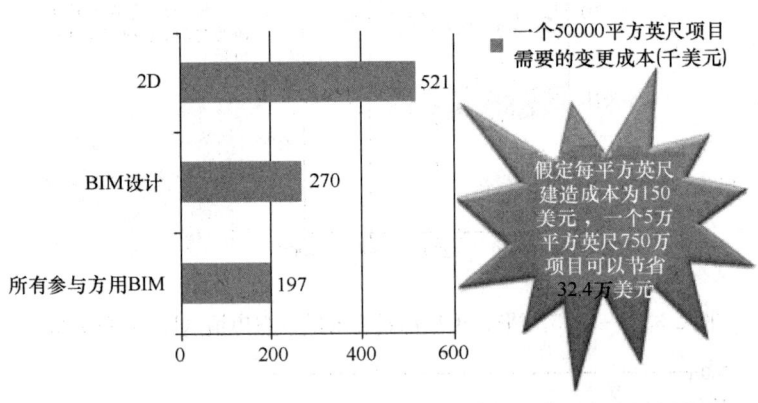

图 2-37　一个 5 万平方英尺项目需要的变更成本

2.15　哪些"BIM 应用"使用频率和使用效益最高？

宾夕法尼亚州立大学（Pennsylvania State University）计算机集成建造（CIC-The Computer Integrated Construction）研究计划在 2009 年发布的 BIM 项目执行计划指南（BIM Project Execution Planning Guide，下称指南）中通过行业专家访谈、最佳实践

分析和文献综述等方法总结了 25 种"BIM 应用"（BIM Use），该指南已经成为 2012 年 5 月发布的美国国家 BIM 标准第二版（National BIM Standard-United States Version 2）实施文档（Practice Document）的一部分，前述 25 种 BIM 应用按照项目阶段排列见表 2-2。

美国国家 BIM 标准（NBIMS）第二版发布的 BIM 25 种应用　　　　表 2-2

| PLAN规划 | DESIGN设计 | CONSTRUCT施工 | OPERATE运营 |

Existing Conditions Modeling现装建模
Cost Estimation成本预算
Phase Planning阶段规划
Programming规划文本编制
Site Analysis场地分析
Design Reviews设计方案论证
Design Authoring设计建模
Energy Analysis能量分析
Structural Analysis结构分析
Lighting Analysis日照分析
Mechanical Analysis设备分析
Other Eng.Analysis 其他分析
LEED Evaluation LEED评估
Code Validatlon规范验证
3D Coordlnation 3D协调
Site Utilization Planning场地使用规划
Construction System Design 施工系统设计
Digltal Fabrlcation数字化加工
3D Control and Planning三维控制和规划
Record Model记录模型
Maintenance Scheduling维护计划
Building System Analysis建筑系统分析
Asset Management资产管理
Space Mgmt/Tracking空间管理/追踪
Disaster Planning灾害计划

主要BIM应用
次要BIM应用

指南发布后，研究团队对上述 25 种 BIM 应用的实际使用情况进行了在线调研（http：//bim.psu.edu/），调研对象为 2009 年 10 月～2009 年 12 月在下载指南过程中提供联系信息的近 1000 个行业从业人员，共收到 175 份回复，以下是主要调研问题和统计结果。

问题一：How frequently does your organization use each BIM Use defined in the BIM Project Execution Planning Guide?（贵组织使用《BIM 项目执行计划指南》中定义的每个 BIM 应用的频率如何?）

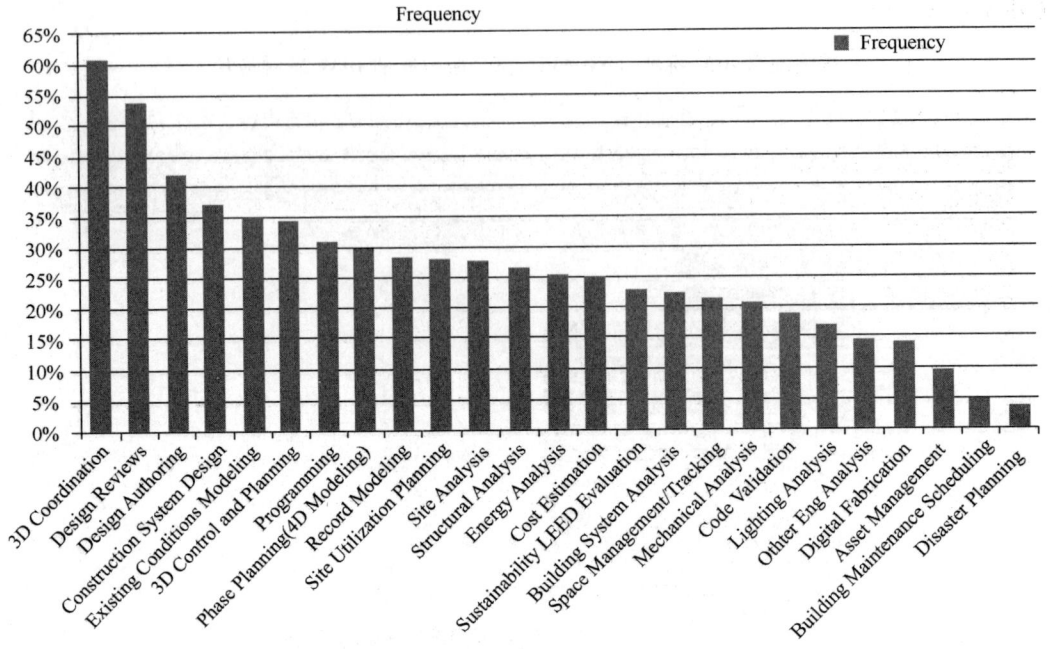

图 2-38　25 种 BIM 应用的使用频率

从图 2-38 的统计结果我们可以清楚地看到每个 BIM 应用在受访者中的使用频率，其中三维协调（3D Coordination）、设计复核论证（Design Reviews）和设计建模（Design Authoring）的使用频率最高。

问题二：What is your organization's perceived level of benefit to the project for each use?（贵组织对每个 BIM 应用对项目的效益水平如何认识?）共设置 5 个选项，用分值表示为：−2 非常负面，−1 负面，0 中性，1 正面，2 非常正面）

图 2-39 我们看到，受访者认可的每个 BIM 应用的效益平均值也是三维协调和设计复核论证两者最高，而且没有负面以下的结果。但是其他 BIM 应用的使用频率和认可效益两者之间的排名顺序并不完全一致，图 2-40 是把两个调研结果放在一张图上的结果。

表 2-3 给出了使用频率和使用效益的排名结果。

25 种 BIM 应用使用频率和使用效益排名　　　　　　　　表 2-3

BIMUSE	Frequency	Rank	Benefit	Rank
	％	1～25	−2～+2	1～25
3D Coordination	60％	1	1.60	1
Design Reviews	54％	2	1.37	2
Design Authoring	42％	3	1.03	7

BIMUSE	Frequency	Rank	Benefit	Rank
	%	1~25	−2~+2	1~25
Construction System Design	37%	4	1.09	6
Existing Conditions Modeling	35%	5	1.16	3
3D Control and Planning	34%	6	1.10	5
Programming	31%	7	0.97	9
Phase Planning (4D Modeling)	30%	8	1.15	4
Record Modeling	28%	9	0.89	14
Site Utilization Planning	28%	10	0.99	8
Site Analysis	28%	11	0.85	17
Structural Analysis	27%	12	0.92	13
Energy Analysis	25%	13	0.92	11
Cost Estimation	25%	14	0.92	12
Sustainability LEED Evaluation	23%	15	0.93	10
Building System Analysis	22%	16	0.86	16
Space Management/Tracking	21%	17	0.78	18
Mechanical Analysis	21%	18	0.67	21
Code Validation	19%	19	0.77	19
Lighting Analysis	17%	20	0.73	20
Other Eng Analysis	15%	21	0.59	22
Digital Fabrication	14%	22	0.89	15
Asset Management	10%	23	0.47	23
Building Maintenance Scheduling	5%	24	0.42	24
Disaster Planning	4%	25	0.26	25

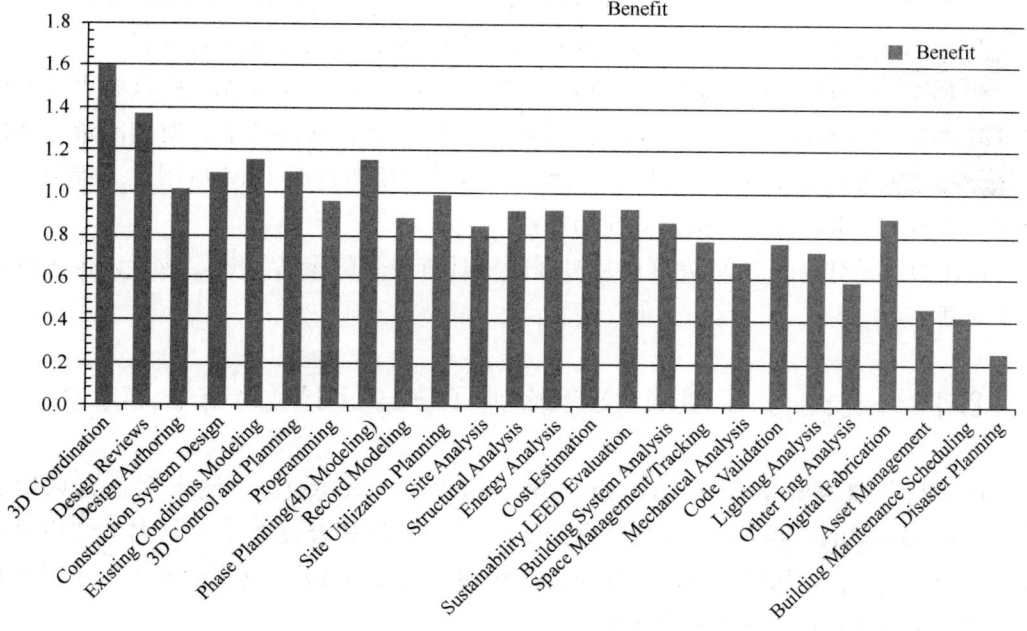

图 2-39　25 种 BIM 应用的使用效益

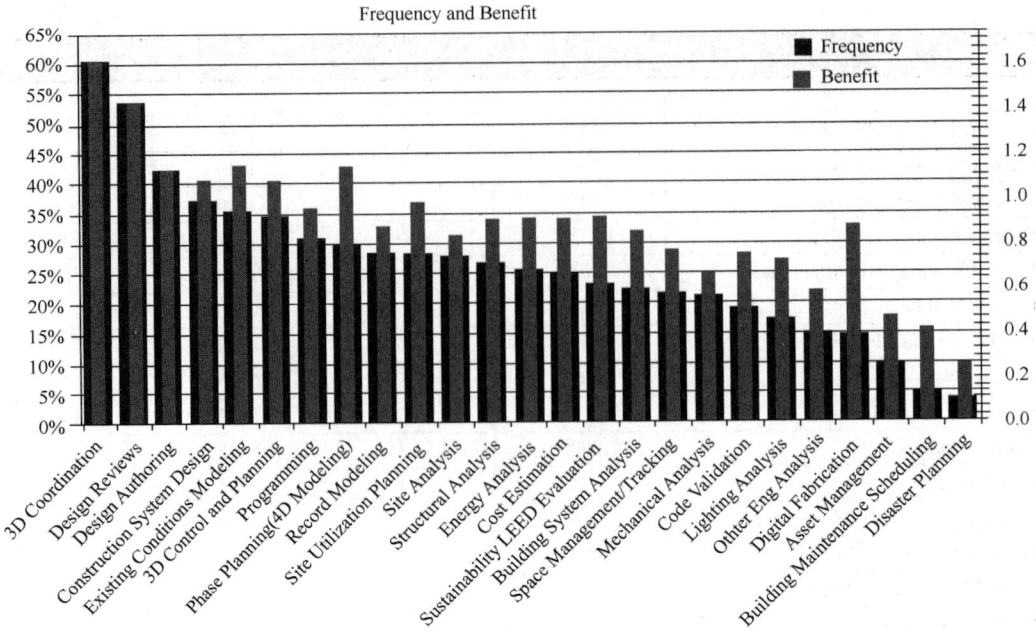

图 2-40　25 种 BIM 应用的使用频率和使用效益比较

从 BIM 应用使用频率和使用效益两者的排名可以看到两种不同的情况，第一种情况是有些 BIM 应用的使用效益排名比使用频率排名低，例如，数字加工（Digital Fabrication）使用效益排名为 15，而使用频率排名仅为 22；可持续 LEED 评估（Sustainability LEED Evaluation）使用效益排第 10 名，而使用频率仅排第 15 名。第二种情况正好相反，例如记录模型（Record Modeling）、设计建模（Design Authoring）和施工系统设计（Construction System Design），其使用频率比使用效益排名靠前。

对于第一种情况使用效益比使用频率排名靠前的 BIM 应用来说，应该有更大的潜力可以发挥，目前这样的情况发生可能是因为实施成本、软件功能、使用困难、基础条件、人才知识构成等不同的原因。而第二种情况则说明这类 BIM 应用在工程项目实施过程有实际需求，但需要提高其应用效益。

这样的研究对我国 BIM 发展应用过程同样具有重要的参考意义，或者说也应该是必备的基本功。

2.16　澳大利亚 BIM 经验教训（一）：BIM 的好、坏、丑

澳大利亚建筑师学会（Australian Institute of Architects）、澳大利亚咨询协会（Consult Australia）和 Autodesk 公司于 2010 年 12 月联合发布了一份名为 "BIM in Australia" 的报告，该报告从以下几个方面对澳大利亚的 BIM 应用情况进行了讨论和分析（中文为作者提供的参考译文）：

（1）BIM leadership（BIM 领导力）；

（2）BIM implementation to date（BIM 实施现状）；

（3）Integrated project delivery and BIM（IPD 和 BIM）；

（4）Change management（变化管理）；

（5）Software（软件）；

（6）Legal，contractual，licensing，insurance，intellectual property issues（法律、合同、许可证、保险、知识产权问题）；

（7）BIM's value-costs，value adding（BIM 的价值——成本、增值）；

（8）Government – important clients（政府——重要客户）；

（9）The path ahead（前景）。

作者感觉有些资料对我国目前的 BIM 现状和发展前景具有比较直接和实际的参考意义，特介绍其中的部分内容供同行分享讨论。

图 2-41 是 Triple 'M' Group of Companies 总经理 Mark Lowe 先生介绍的该公司引入 BIM 的结果。

TRIPLE 'M' OUTCOMES – INTRODUCTION OF BIM

The Good

7% reduction in manufactured cost

9% reduction in installation time

Recognised as industry leaders in 3D and now BIM

The Bad

Retraining of staff

Other trades reaction to 3D virtual co-ordination

22% increase in drafting/3D modelling costs

The Ugly

$250K software investment

$500K re-training investment

Very "lonely" world for first two years

Mark Lowe Triple 'M' Group of Companies

图 2-41 Triple 'M' Group of Companies 引进 BIM 的效果

Lowe 先生把该企业应用 BIM 的结果分成好处、坏处和丑陋三类。

（1）好处：

制造成本减少 7%；

安装时间减少 9%；

被认可为在 3D 和 BIM 领域的行业领袖。

（2）坏处：

员工重新培训；

其他同行对三维虚拟协调的抗拒；

制图和三维建模成本上升 22%。

（3）丑陋：

25 万澳元软件投资；

50 万澳元培训投资；

头两年的极度"孤独"世界。

根据 Tripe 'M' Group of Companies 公司的官方网站资料，该公司是澳大利亚最大的暖通空调和消防咨询服务公司，业务包括上述系统的设计、加工、安装、调试、维护等，有 300 位专业和商业人员，即使这些人员都需要应用 BIM，人均 BIM 软件和培训投资也达到了 2500 澳元，这确实是一个不小的数字，怪不得其总经理 Mark Lowe 先生把这个问题归结到"丑陋"的行列里面去了。

2.17 澳大利亚 BIM 经验教训（二）： BIM 软件能力不足是主要问题

"BIM in Australia"这份报告对 BIM 软件问题的现状描述非常到位和精炼，基本不需要额外的理解和注释，因此把这部分内容完整截屏见图 2-42。

下面是作者的参考译文（能看原文的建议只需要看原文就可以）：

【译文开始】计算机软件开发商是 BIM 环境的重要成员，设计公司使用一系列来自不同厂商的硬件和软件，例如 Autodesk/Grapfisoft/Bentley/Tekla，这些 BIM 工具辅以其他专业设计软件满足企业、设计专业和项目的需要。

现有 BIM 软件产品面临很多挑战：

（1）项目过程的每个阶段都需要比原来更多的工具，有些工具价格很高，给企业带来了更大的财务负担。

（2）BIM 工具的专用性（开放性和标准化的反义词）导致建筑业企业感觉自己像是在"押宝"，因为越来越多地和一家特定的软件厂商以及该厂商的成败连在了一起。

（3）这个情况会导致企业由于采用不同 BIM 而得到不同业务结果，因为从长远来看，随着技术的不断变化，他们可能没有选择正确的 BIM 厂商。

IPD（Integrated Project Delivery 集成项目交付）的主要障碍之一是不同 BIM 平台从其他平台获取数据和支持供应链工作流程的能力局限，API（Application Protocol Interface 应用协议界面）要求对数据结构、程序和协议只有极少的规格明细且没有标准。

一个可能的解决方案是开发基于诸如 IFC 的开源软件，但被认为仍有商业和实用

Computer software developers are important players in the BIM environment. Design companies are using a range of hardware and software platforms from different vendors' e.g. Autodesk, Graphisoft, Bentley, Tekla. These BIM tools are complemented by other specialist design software to suit the needs of the company, the design discipline and the project.

There are a number of challenges with currently available BIM software products:

- Each stage in the process requires more tools; some are expensive and place an increasing financial burden on companies.

- Proprietary BIM tools result in companies in the AEC industry feeling they have to 'pick a winner' by being increasingly linked to a specific software vendor and the success or failure of that vendor.

- This can result in businesses deferring their take-up of BIM, due to concern that in the long term, with constant changes to technology, they may not have backed the right BIM vendor.

One of the major barriers to integrated project delivery is the limited ability of the different BIM platforms to obtain data from one another and support supply chain workflows. Application protocol interface (API) requirements are not standard with few specifications for data structure, routines and protocols.

A potential solution is the development of open source e.g. IFC-based software but this is also considered to have commercial and other practical limitations, as IFC standards have been slow to evolve.

While not all companies and clients yet require asset or facilities management (FM) capability in BIM models, it is expected that in the future, when clients fully realise the benefits, there will be considerable demand. One of the difficulties at present of developing this capability is the variability in requirements of each building owner and each individual building.

图 2-42　"BIM in Australia" 报告中关于 BIM 软件现状的描述

上的限制，因为 IFC 标准发展缓慢。

　　虽然目前不是所有企业和客户都要求基于 BIM 模型的资产或设施管理功能，但是随着客户全面认识到这样做的效益以后，预计在这方面会有相当大的需求。现阶段开发这类功能的困难之一是每个建筑物业主和每个单个建筑物对此类需求的高度不一致。

不知道 BIM 同行们有没有从这段文字中得到和作者在本文开头描述的那种感觉？这段文字内容虽然不多，可以说是目前能看到的各种各样的 BIM 应用调研和分析报告里面文字最少的一个，但是把 BIM 软件的现状以及对工程建设行业发展可能产生的主要影响等都清晰地表达出来了：

（1）工程任务需要 BIM 软件和其他专业软件配合使用才能完成，BIM 软件无法单独完成所有的工程任务。

（2）BIM 软件的开放性和标准化不足可能导致所选软件厂商的业务成败影响到行业企业的业务发展。

（3）BIM 软件功能不足是影响 BIM 价值实现的主要障碍。

（4）IFC 离支持 BIM 价值实现的要求还有距离和不确定性。

（5）基于 BIM 的设施管理具有可观潜力。

2.18 澳大利亚 BIM 经验教训（三）：
BIM 成为生产力的时间是两年

澳大利亚 Allen Consulting Group Pty Ltd 在 2010 年提供的市场研究报告 "Productivity In The Buildings Network：Assessing The Impacts Of Building Information Models（建设环境中的生产率：BIM 影响评估）" 中把实施 BIM 的成本归纳为三个方面：

（1）education and training costs（教育和培训成本）；

（2）administration and start up costs（管理和启动成本）；

（3）transition and behavioural costs（转换和行为成本）。

澳大利亚 buildingSMART 机构等在 2010 年组织的 BIM 市场调研中关于 BIM 使用情况和 BIM 实施成本有如图 2-43 所示的一组数据。

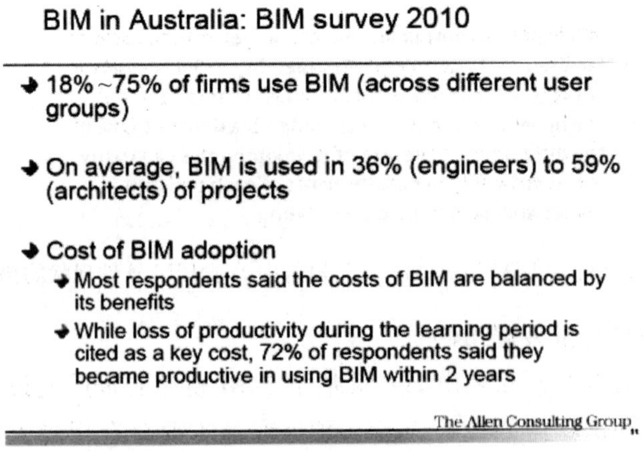

图 2-43　澳大利亚 2010 年 BIM 应用调研部分结果

下面为图 2-43 的中文翻译：

（1）18％～75％的受访企业使用 BIM。

（2）平均来看，建筑师在 59％的项目中使用 BIM，工程师在 36％的项目中使用 BIM。

（3）实施 BIM 的成本。

1）大多数受访者反馈 BIM 的收益能够平衡 BIM 的成本；

2）学习期间的生产效率损失被认为是关键成本，72％的受访者反馈他们使用 BIM 在两年内变成有生产效率。【译文结束】

上述数据当中给我印象最深的是"两年"，"两年"也许可以成为国内企业把 BIM 变成企业生产力在时间上的参考衡量标准，不知道国内企业平均起来比两年长呢还是比两年短？

2.19 澳大利亚 BIM 经验教训（四）：国家 BIM 行动方案

2012 年 6 月 6 日澳大利亚 buildingSMART 组织受澳大利亚工业、创新、科学、研究和高等教育部（DIISRTE-Department of Industry, Innovation, Science, Research and Tertiary Education, 官方网站: www. innovation. gov. au）委托发布了一份《国家 BIM 行动方案》（NATIONAL BUILDING INFORMATION MODELLING INITIATIVE），封面如图 2-44 所示。

该行动方案援引行业研究数据指出：在澳大利亚工程建设行业（Australian built environment sector）加快普及应用 BIM 可以提高 6％～9％的生产效率。此外，还可以对政府的低碳未来准备、数字经济战略实现、国际竞争力提升和增强建筑和施工服务的世界贸易等计划产生重大贡献。

该行动方案建议的主要内容如下：

（1）2016 年 7 月 1 日起所有澳大利亚政府的建筑采购要求使用基于开放标准的全三维协同 BIM 进行信息交换。

（2）通过澳大利亚国务院鼓励州和地方政府在 2016 年 7 月 1 日起其建筑采购同样要求使用基于开放标准的全三维协同 BIM 进行信息交换。

（3）《国家 BIM 行动方案实施计划》要求执行下面几个方面的工作，并制订了详细的按优先级排序的"国家 BIM 蓝图"（National BIM Blueprint）：

1）采购：通过支持协同、基于模型采购的新采购合同形式帮助客户、咨询顾问、承建商管理风险、知识产权、保险和质量保证。

2）BIM 指南：为行业和政府客户、咨询顾问和承建商提供一套基于协同工作、开放标准和与全球最佳实践一致的澳大利亚 BIM 指南。

3）教育：基于多专业 BIM 教材、在职培训和职业发展通过一个全国性的 BIM 教育特别工作组提供广泛的行业认知和再教育。

4）产品数据和 BIM 库：通过一个在线澳大利亚 BIM 产品库使建筑产品制造商认

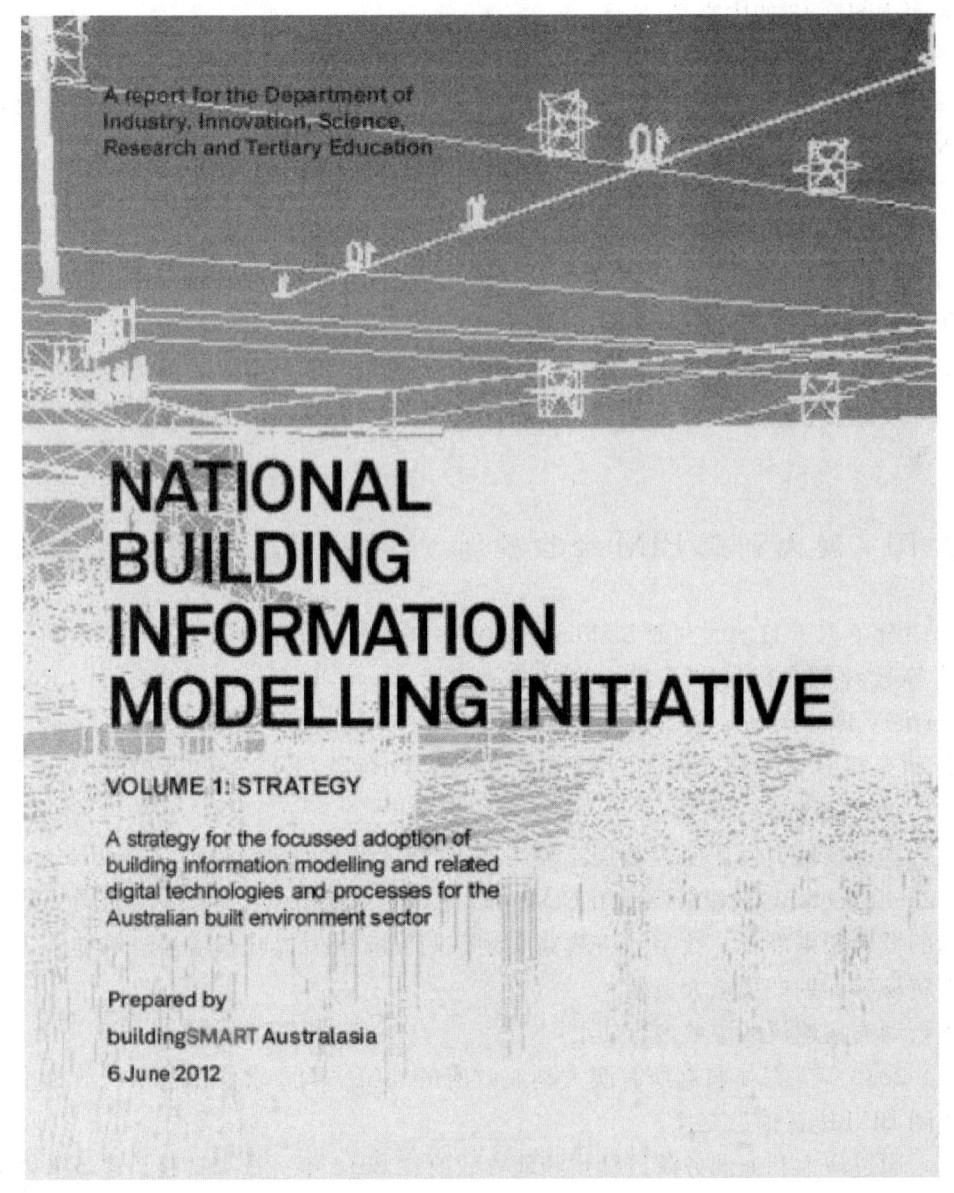

图 2-44　澳大利亚《国家 BIM 行动方案》封面

证的信息可以在所有基于模型的应用软件中容易获取。

　　5）流程和数据交换：建立公开标准数据交换协议支持协同工作和工程项目生命周期内任务说明、设计、施工、制造和维护全供应链集成。

　　6）规则框架：为规划师、地方政府和政府主管部门建立一套具有建筑构配件、用地、地理空间和人类行为定义集成数据的机制来衡量和分析建筑形式性能。

　　7）示范工程：鼓励示范工程用于论证和检验上述六项计划的成果用于全行业推广普及的准备就绪程度。

　　（4）建立由主要利益相关方代表组成的特别工作组来管理一个 5 年计划保证《国

家 BIM 行动方案实施计划》的实现。

2.20　澳大利亚 BIM 经验教训（五）：以行业力量要求软件提供数据互通互用能力

"BIM in Australia" 报告在"软件"这一部分里面提了两个非常明确的针对 BIM 软件的要求，如图 2-45 所示。

图 2-45 中：

第一段的意思为：（论坛）与会者要求行业协会和软件厂商共同努力，探讨沟通、全力合作，做出一套互相协调的行业解决方案。

第二段的意思为：与会者要求软件厂商研发设施管理（FM）解决方案。

本节我们主要讨论第一段的内容。

中国的建筑业产值超过 10 万亿人民币，而建筑业软件产值估计不足 100 亿人民币，也就是说建筑业软件产值还不到建筑业产值的千分之一，但是即使这个不足 100 亿人民币、技术信息化软件不足 50 亿人民币、最大规模软件企业年产值不过 3～4 亿的市场（2011 年），常用的技术信息化软件产品估计也有 100 个左右，而这些软件之间信息交换的种类、数量、质量基本没有明确定义的方法和途径。

FORUM OPTIONS FOR CO-ORDINATED COMPUTER PRODUCTS

Participants want industry associations to work with computer software manufacturers to explore communication and/or transfer synergies so there is a co-ordinated industry solution.

Participants want software manufacturers to work on FM solutions.

图 2-45　对 BIM 软件的要求

2007 年，麦格劳-希尔建筑信息公司发布了一份关于建筑业信息互用问题的专题报告——*Interoperability in the Construction Industry*。该报告指出，由于缺乏信息互用而产生的主要成本来自：

（1）在应用软件之间需手动重新记录数据；

（2）业务功能重复执行需要的时间；

（3）文件版本检查而损失的时间。

该报告的调查结果显示，数据互用性不足给项目平均带来 3.1％的成本增加和 3.3％的工期延误（图 2-46）。

一边是不足建筑业产值千分

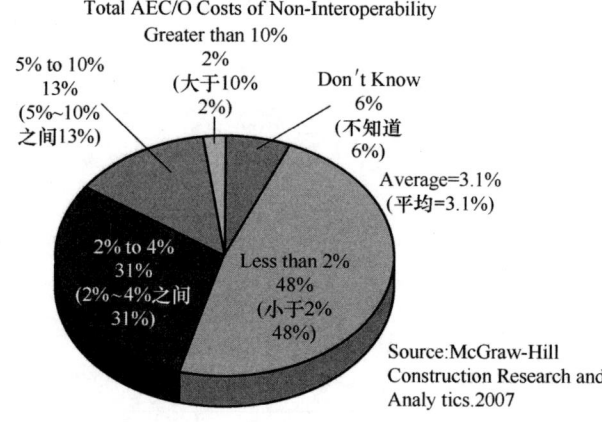

图 2-46　数据互用不足带来的建设运营成本增加

之一的建筑业技术信息化软件市场数十个上百个常用软件互相之间的信息互通互用能力缺乏，一边是数据互用不足给建设项目带来平均 3.1% 的成本增加，把这两个数字放在一起思考的时候，我想中国建筑业对这个问题的解决方案努力方向已经不需要再过多讨论了。

3 个人 BIM 应用能力建设

3.1 BIM 专业应用人才职业发展思考（一）——需要什么职位？

有了前 20 多年那场 CAD 普及应用的经验，在 BIM 大面积普及应用有可能即将到来的时间节点上，思考和预测 BIM 应用需要什么样的人才、这些人才应该如何构建行业发展需要的 BIM 能力以及这些人才可能有些什么发展和去什么地方发展等问题，无论对于已经或者将要接触 BIM 应用的各种管理和技术人才的职业发展来说，还是对于面临新技术新方法必须做出或大或小改变的建筑业这个古老行业本身的发展来讲，都既是必要的，也是有可能的，这和当年 CAD 普及应用以摸石头过河为主要方式的情形应该有所不同。

同样是分析 BIM 人才职业发展可以从不同角度入手，作者的立足点基于如下两个方面：

（1）作为工程建设行业主要法人的各类业主、设计、施工、造价、监理、加工制造等企业的 BIM 生产力建设和业务发展

（2）作为工程建设行业主要自然人的各类技术和技术管理人员的 BIM 能力建设和职业发展

1. BIM 人才、BIM 应用人才、BIM 专业应用人才

美国国家 BIM 标准（NBIMS Part 1 Version 1）把跟 BIM 有关的人员分成如下三类：

（1）BIM 用户：包括建筑信息创建人和使用人，他们决定支持业务所需的信息，然后使用这些信息完成自己的业务功能，所有项目参与方都属于 BIM 用户。

（2）BIM 标准提供者：为建筑信息和建筑信息数据处理建立和维护标准。

（3）BIM 工具制造商：开发和实施软件及集成系统，提供技术和数据处理服务。

作者比较赞同这种分类方法，简单明了，容易理解，相信业内同行也可以一目了然。在这种分类的基础上，我们来做一个简单的名词对应：

（1）BIM 人才：所有跟 BIM 相关的人员；

（2）BIM 标准人才：做标准研究的 BIM 人才；

（3）BIM 工具人才：做工具研发的 BIM 人才；

（4）BIM 应用人才：应用 BIM 支持本人专业分工的人才。

为了简单和统一起见，我们把"BIM 基础理论研究人才"放在了"BIM 标准人才"之下作为二级分类（图 3-1），没有单独在"BIM 人才"下另外建立一个一级分类，同行可能会有不同意见。但是如果把"标准"理解为广义的①衡量事物的准则；②本身

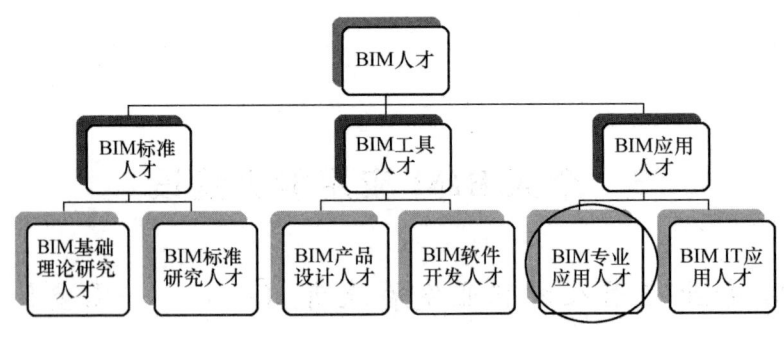

图 3-1　BIM 人才结构

合于准则，可供同类事物比较核对的事物；③指榜样，规范（百度百科），那么这种做法也还是能解释得通的。

图 3-1 中每一类一级 BIM 人才下面的划分（例如 BIM 标准人才下面除了"BIM 基础理论研究人才"和"BIM 标准研究人才"这种方式以外是否还有其他类型的人才或者分类方法等）也肯定还有可以商榷的地方，但这些内容不属于本节的重点讨论对象。

本节的关注点是图 3-1 圆圈里面的"BIM 专业应用人才"，简单描述就是应用 BIM 支持和完成工程项目生命期全过程中各种专业任务的专业人员，包括业主和开发商里面的设计、施工、成本、采购、营销管理人员，设计机构里面的建筑、结构、给水排水、暖通空调、电气、消防、技术经济等设计人员，施工企业里面的项目管理、施工计划、施工技术、工程造价人员，物业运维机构里面的运营、维护人员，以及各类相关组织里面的专业 BIM 应用人员等。

基于上面的分析，有一个事实应该相当清楚了，即在整个 BIM 人才结构中，BIM 专业应用人才数量最大、覆盖面最广、最终实现 BIM 业务价值的贡献也最大。按照上图的分类方法，"BIM 专业应用人才"属于 BIM 人才结构中的第三层概念，即"BIM 人才→BIM 应用人才→BIM 专业应用人才"。希望这样一个关于 BIM 人才的总体说明，有助于同步大家的后续理解和讨论。

2. 参考资料：国外同行对 BIM 应用人才的需求和分类举例

（1）美国陆军工程兵（USACE）BIM 路线图的 BIM 职位分类

美国陆军工程兵（USACE-the U. S. Army Corps of Engineers）制订的 2006～2020 年十五年 BIM 路线图 "Building Information Modeling（BIM）A Roadmap for Implementation to Support MILCON Transformation and Civil Works Projects within USACE" 对 BIM 团队组织的职位构成分成如下三类：

1）BIM 经理（BIM Manager），主要职责如下：

①协调"BIM 小窝"（"BIM 小窝"是指所有建筑师和工程师在同一个房间里、在同一个 BIM 模型上、在同一时间内进行协同设计的环境，在这里关于 BIM 模型的沟通和协同都将是即时发生的）；

②安排 BIM 培训；

③配置和更新 BIM 相关的数据集；

④提供数据变化到项目中心数据集，如果必要的话，最终到企业级数据集样板；

⑤安排设计审查。

2）技术主管（Lead Technician），主要职责如下：

①管理 BIM 模型；

②负责从模型中提取数据、统计工程量、生成明细表；

③保证所有的 BIM 工作遵守美国国家 CAD 标准和 BIM 标准；

④使用质量报告工具保证数据质量。

3）设计师（Designers），主要职责如下：

①负责本专业的设计要求；

②在三维环境里执行设计和设计修改。

（2）Willem Kymmell BIM 专著中的 BIM 职位分类

WillemKymmell 撰写的 BIM 专著"Building Information Modeling-Planning and Managing Construction Project with 4D CAD and Simulations"认为如下三种类型 BIM 应用人才可以组建一个有效的 BIM 团队：

1）BIM 经理（BIM Manager）

协调团队，负责 BIM 生产和分析。制定战略计划，沟通、协调、评估，决定 BIM 如何能够最好地为某个特定项目服务。关键因素是客户需求和期望、项目团队经验和可用资源（人员、软件培训、工具等），BIM 目标应该经过 BIM 经理的分析和评估，因而可以细化出一个实施计划；该角色需要具备进行 BIM 建模和分析的流程和工具的整体知识，不一定需要直接的建模经验，但了解 BIM 的流程和局限对优化项目计划非常重要。BIM 经理的工作计划要包括下列内容：

①谁来建模？使用什么工具？

②什么内容要建到模型里面去？达到什么详细等级？

③需要什么信息？谁来提供这些信息？

④需要哪些分析流程？谁来完成？

⑤模型应该如何组织和细化使得上述分析成为可能？

⑥BIM 生产各个里程碑的期限如何？

2）BIM 操作人员（BIM Operators）

实际进行 BIM 建模和分析的人员，包括负责创建各自部分 BIM 模型的设计师和咨询师，也包括从不同信息角度和 BIM 模型进行互动的其他人员，例如预算员、计划员、预制加工人员等。

3）BIM 协助人员（BIM Facilitator）

帮助浏览和获取 BIM 模型里面的信息。一般来说，BIM 的计划和创建主要在办公室完成，但是 BIM 被广泛用于施工现场作为管理目的，因此要把这两部分的功能分开，这样 BIM 才可以更好地和施工现场的各种活动完全集成。BIM 模型的可视化和沟通优势及其他可能性辅助施工现场会议非常有效，BIM 协助人员原则上就是一个施工现场的角色，支持一线施工人员使用 BIM。他们帮助施工负责人建立和所有分包的沟通机制。这个角色需要理解浏览软件以及模型部件的组织方式，他们帮助施工现场从 BIM 模型中抽取信息，通过全面浏览模型帮助施工人员更好地理解他们要完成的工作。

3. 市场会需要哪些 BIM 专业应用人才？

目前能看到的包括上一节引用在内的国外 BIM 应用人才分析资料总体上看起来还比较宏观或者粗略，这对 BIM 普及应用必然影响到的数百万中国工程建设行业工程技术人员可能需要面临的技术升级、流程变化或者角色转换来说，确实只能说仅仅是一个开始。

行业级的 BIM 普及应用需要完成的基础准备工作说多如牛毛应该不为过，而 BIM 专业应用人才则是其中最重要的内容之一。因此研究探讨这样的 BIM 专业应用人才有哪些类型、这些人才从哪里来、需要具备什么能力、有什么样的发展前景等问题，也就一定是 BIM 普及应用必不可少的基础准备工作之一了。

作者根据本人及其团队的 BIM 研究实践经验，结合我们国家建设项目的典型运作机制，初步总结出如图 3-2 所示的 BIM 专业应用人才分类结构，供广大同行讨论。

本节一开始作者介绍了这种探讨的出发点，这里再略作补充：以企业 BIM 生产力建设和发展为出发点的意思是一个企业要完成自身的 BIM 生产力建设需要这样一些类型的 BIM 职位；以个人 BIM 能力建设和职业发展为立足点的意思是业内技术和技术管理人员作为 BIM 专业应用人才的各种潜在可能职位类型有哪些。

首先声明，图 3-2 肯定也还不能完全囊括市场需要的所有 BIM 专业应用人才的可能职位，一是因为个人的能力毕竟是有限的，这个工作刚刚开始，还需要更多同行的共同努力；其次是因为 BIM 应用本身也还在不断发展过程中，今天还没认识到的新的职位和岗位需求还会不断出现或者融合。虽然抛砖引玉是一个大家熟悉得不能再熟悉的成语了，看来我还得在此接着再用一次。

上图把 BIM 专业应用人才分为五种类型，其中第 3～5 类职位下面的专业角色数量和类型的变数应该还比较大，需要进一步的分析和研究，也需要更多的业内同仁参与和贡献。而一个典型建筑行业企业 BIM 生产力建设需要的五种类型 BIM 应用人才的层次结构和基本定位，经过前面七、八年时间的摸索和实践，应该已经具备了相当的代表性和成熟度，无论对企业还是个人寻求 BIM 发展路径都具有很直接的参考价值。因此下面简单介绍一下 BIM 专业应用人才的这五种类型职位。

（1）BIM 职位第 1 类：BIM 战略总监（企业级 BIM 人才）

一般而言这是一个企业级的职位，对于超大型企业也可以是部门或专业级的 BIM 专业应用人才。负责企业、部门或专业的 BIM 总体发展战略，包括组建团队、确定技术路线、研究 BIM 对企业的质量效益和经济效益、制定 BIM 实施计划等；可以是企业各类技术主管，对 BIM 的应用价值有系统了解和深入认识，不一定要求会操作 BIM 软件。但需要了解 BIM 基本原理和国内外应用现状，了解 BIM 将给建筑业带来的价值和影响，掌握 BIM 在施工行业的应用价值和实施方法，掌握 BIM 实施应用环境：软件、硬件、网络、团队、合同等。

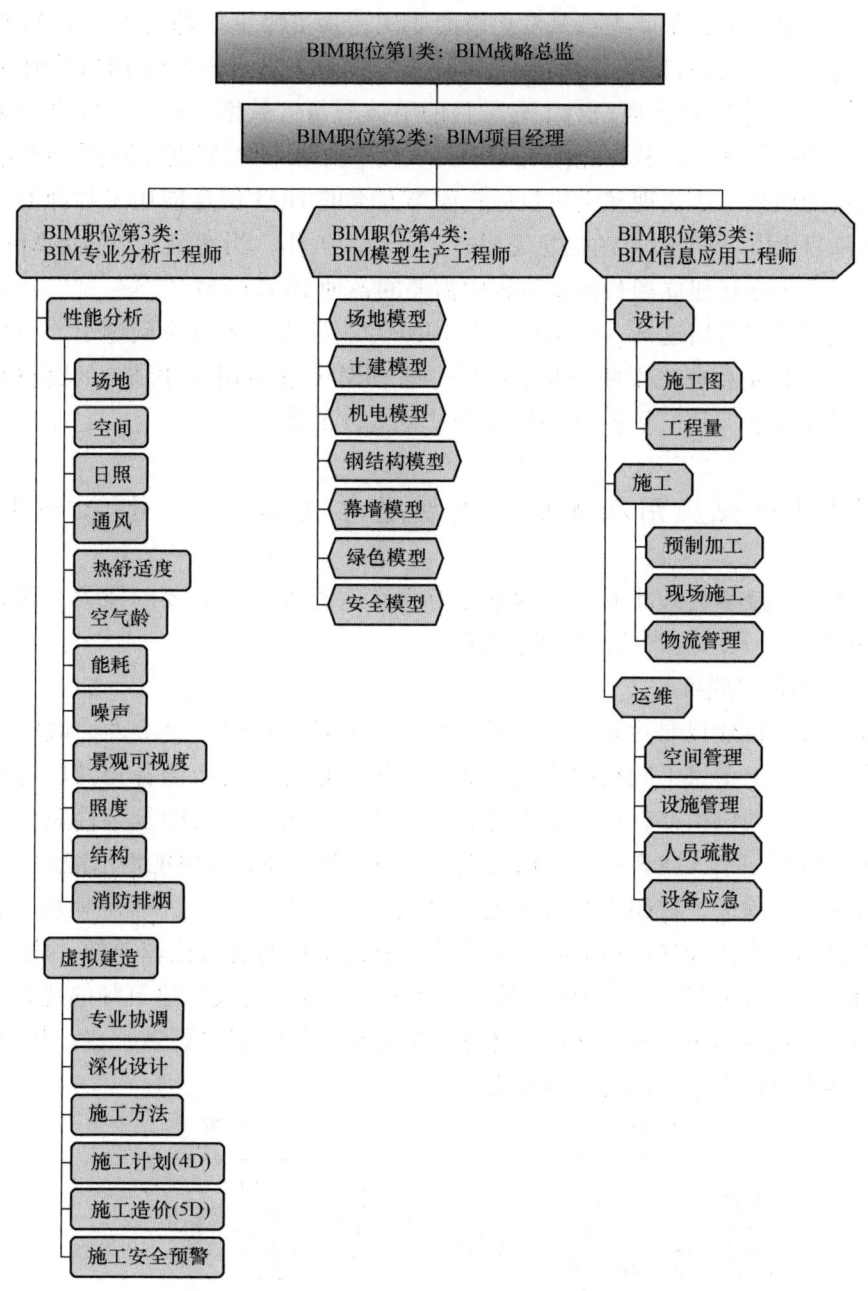

图 3-2 BIM 专业应用人才结构

（2）BIM 职位第 2 类：BIM 项目经理（项目级 BIM 人才）

这是一个项目级的职位。能够对 BIM 项目进行规划、管理和执行，保质保量实现 BIM 应用的效益，能够自行或通过调动资源解决工程项目 BIM 应用中的技术和管理问题。

（3）BIM 职位第 3 类：BIM 专业分析工程师

（4）BIM 职位第 4 类：BIM 模型生产工程师

（5）BIM 职位的 5 类：BIM 信息应用工程师

第 3 类、第 4 类和第 5 类都是专业级的职位。其主要工作都是使用 BIM 技术完成相应岗位的工作，提高自身工作的质量和效率。区别在于第 3 类的 BIM 专业分析工程师的主要工作是利用 BIM 模型对工程项目的整体质量、效率、成本、安全等关键指标进行分析、模拟、优化，从而提出对该项目承载体的 BIM 模型进行调整，以实现高效、优质、低价的项目总体实现和交付目标；而第 5 类的 BIM 信息应用工程师的主要工作则是根据项目 BIM 模型提供的信息完成自己负责的工作；当然第 4 类的 BIM 模型生产工程师的主要工作是建立项目实施过程中需要的各种 BIM 模型。

由此我们可以得出这样一个结论，在 BIM 专业应用人才这个问题上，一个企业的 BIM 生产力高低主要取决于两个要素：其一是 BIM 专业应用人才结构的完整和各类职位人才的胜任程度；其二是各类 BIM 专业应用人才的数量。

3.2 BIM 专业应用人才职业发展思考（二）——要求哪些能力？

一个人是不是某类人才的决定因素是有没有这类人才所需要的能力。那么作为一个 BIM 专业应用人才应该具备哪些能力呢？

1. 我们都是"残疾人"

现代工程项目建设是由业主、设计、施工、监理、造价、供应商、政府主管部门等数十数百乃至上千家不同类型不同专业的机构根据各自的职能各司其职协同作业的过程，每一类型的机构都有自己的专业特长和职责，由于项目的复杂性和人类能力的自身局限，依靠一个人或者一个机构完成一个完整项目建设的可能性已经微乎其微。

作者理解，除极少数超人之外，绝大多数工程建设从业人员都是对某一个或几个专业或工种的能力比较强，而对除此之外的专业或工种的能力比较弱的"残疾人"，图 3-3 中我们以典型的设计人员为例说明"残疾人"的能力构成：建筑师的建筑专业能力最强，结构、机电知识了解一些，大部分建筑师数字化掌握得更多一些；其他结构师、机电工程师以及作者本人的能力构成也类似。

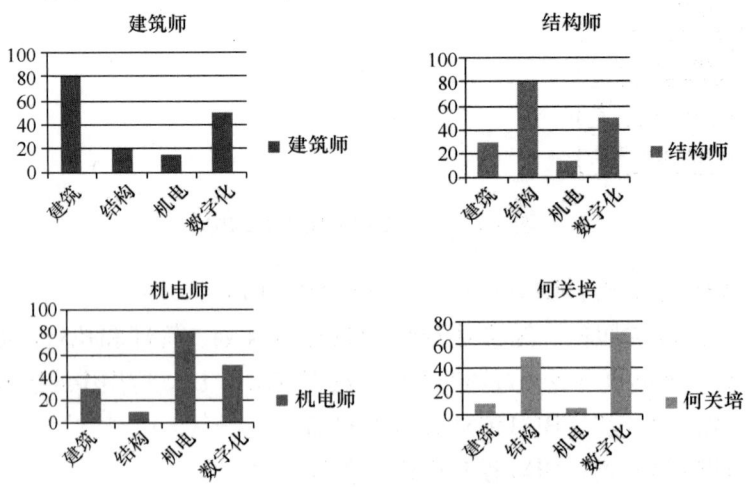

图 3-3　不同专业人才的能力构成

而工程建设过程就类似于这群"残疾人"共同参与的一次残运会，一个"残疾人"实现不了目标，但是一群各有所长的"残疾人"通过管理和协调就可以实现相应的目标（图 3-4）。

图 3-4　广州亚残会点燃火炬现场

2. BIM 专业应用人才需要什么能力？

我们可以把 BIM 专业应用人才的能力划分为两个组成部分，并分别将其命名为工程能力和 BIM 能力。

工程能力是指完成工程项目建设和运维过程中某一种和几种指定任务的能力，例如建筑设计、机电安装、设备维护等，这部分能力的组成和分类由于工程建设行业长期分工合作的方式已经非常成熟，因此解释和理解起来都相对比较容易，争论和分歧也会比较少，这里不做展开。

BIM 能力当然是指应用 BIM 技术、方法、流程提升上述各种工程任务质量和效率的能力，由于 BIM 本身还处于快速发展的过程中，因此如何分类和总结 BIM 能力无论在国际上还是在国内至今仍然都还是一个新课题。澳大利亚纽卡斯尔大学（University of Newcastle）Bilal Succa 教授总结的 BIM 胜任力集合（说明：原文中用 BIM Competency 来描述发展 BIM Capability 所必须具备的要素，因此把 capability 译成能力，把 competency 译成胜任力。本文后面的内容并不对这两者做特别区分）应该是目前为止作者看到的比较全面的 BIM 能力全景图（图 3-5）。

Succa 教授把 BIM 胜任力分为技术、过程和政策三个大类，主要是从一个组织机构建设 BIM 能力和成熟度的角度出发去考虑的，覆盖了 BIM 标准人才、BIM 工具人才和 BIM 应用人才等所有 BIM 人才（详见第 3.1 节）所需要的 BIM 胜任力。而且，如果仔细分析不难发现，图 3-5 的技术胜任力和 BIM 工具人才、过程胜任力和 BIM 应用人才、政策胜任力和 BIM 标准人才有比较直接的对应关系。

BIM 专业应用人才作为 BIM 人才的一种，当然不一定非得具备图 3-5 所示所有的 BIM 胜任力，并且上述 BIM 胜任力集合也还在进一步不断完善、深化的过程中，因此

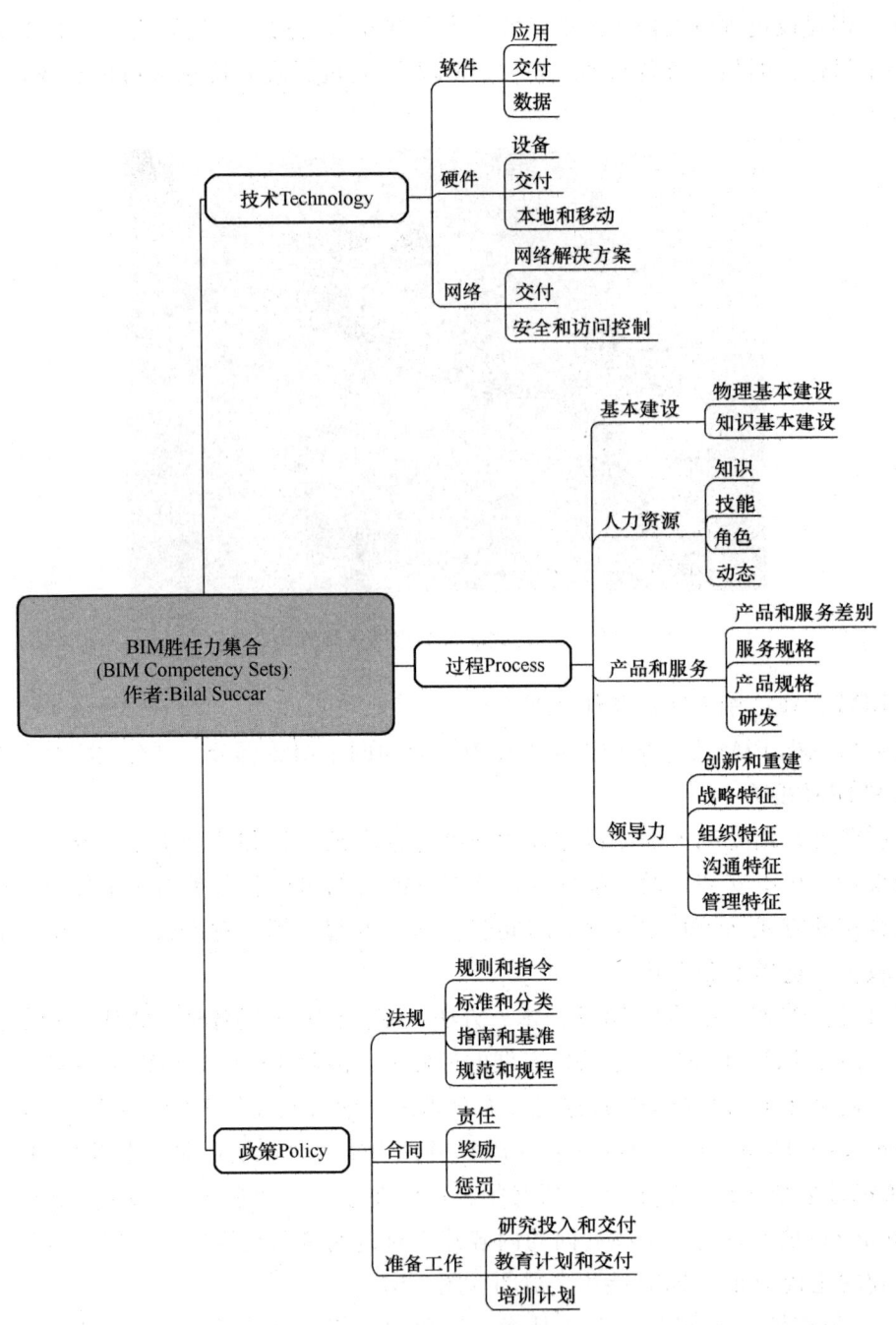

图 3-5　Succa 提供的 BIM 能力集合图

在目前阶段用这种方法来描述 BIM 专业应用人才需要具备的 BIM 能力至少在国内无论对于 BIM 应用企业还是个人都存在不同程度理解上的不直接和困难。图 3-6 是作者根据个人认识结合目前国内 BIM 发展状况组织的 BIM 专业应用人才能力构成图。

　　如本节一开始说明的那样，BIM 专业应用人才的能力由工程能力和 BIM 能力两部分构成，工程能力可以按照工程项目生命期的主要阶段分成设计、施工和运维三种类

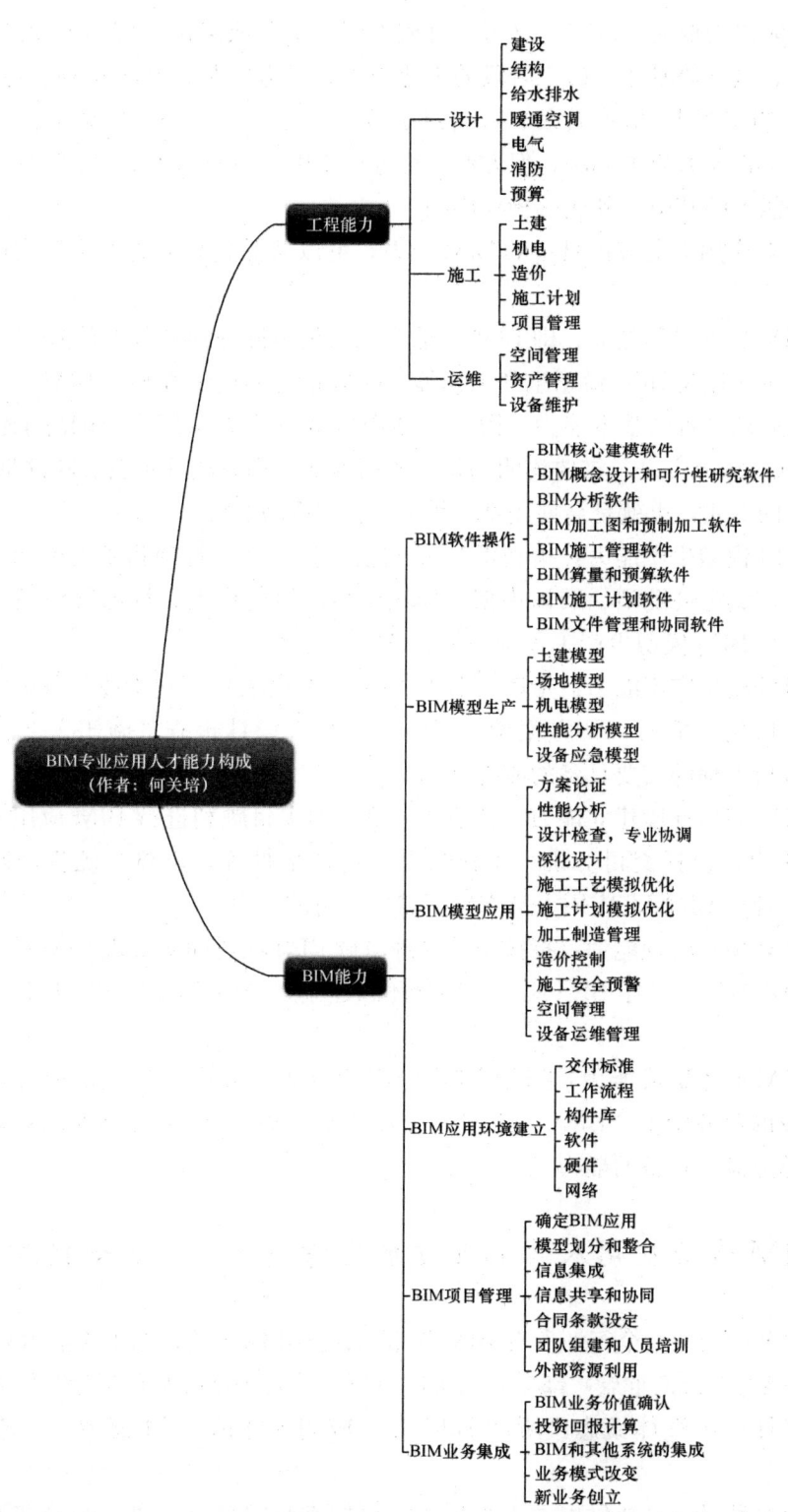

图 3-6　BIM 专业应用人才能力构成

型，每一个阶段需要完成的工作又可以分成不同的专业或岗位，例如设计阶段的建筑、结构、设备、电气等专业，施工阶段的土建施工、机电安装、施工计划、造价控制等，运维阶段的空间管理、资产管理、设备维护等。虽然这不是一种完整的甚至也不一定是最合适的工程能力分类方法，但方便同行理解 BIM 专业应用人才需要具备的工程能力是由这些能力的其中一种或几种构成的。

BIM 专业应用人员应该具备的 BIM 能力，可以从低到高分为 6 个层次或类型，分别说明如下：

（1）BIM 软件操作能力：即 BIM 专业应用人员掌握一种或若干种 BIM 软件使用的能力，这至少应该是 BIM 模型生产工程师、BIM 信息应用工程师和 BIM 专业分析工程师三类职位必须具备的基本能力。图 3-6 的 BIM 软件列表采用了美国总承包商协会发布的 BIM 软件分类方法，需要说明的是，使用其他罗列方法并不会影响这部分 BIM 能力所要表达的本质，也就是会使用某一种或几种 BIM 软件。

（2）BIM 模型生产能力：指利用 BIM 建模软件建立工程项目不同专业、不同用途模型的能力，如建筑模型、结构模型、场地模型、机电模型、性能分析模型、安全预警模型等，是 BIM 模型生产工程师必须具备的能力。

（3）BIM 模型应用能力：指使用 BIM 模型对工程项目不同阶段的各种任务进行分析、模拟、优化的能力，如方案论证、性能分析、设计审查、施工工艺模拟等，是 BIM 专业分析工程师需要具备的能力。

（4）BIM 应用环境建立能力：指建立一个工程项目顺利进行 BIM 应用所需要的技术环境的能力，包括交付标准、工作流程、构件部件库、软件、硬件、网络等，是 BIM 项目经理在 BIM IT 应用人员支持下需要具备的能力。

（5）BIM 项目管理能力：指按要求管理协调 BIM 项目团队实现 BIM 应用目标的能力，包括确定项目的具体 BIM 应用、项目团队建立和培训等，是 BIM 项目经理需要具备的能力。

（6）BIM 业务集成能力：指把 BIM 应用和企业业务目标集成的能力，包括确认 BIM 对企业的业务价值、BIM 投资回报计算评估、基于 BIM 的业务模式建立等，是 BIM 战略总监需要具备的能力。

3.3　BIM 专业应用人才职业发展思考（三）——如何构建能力？

第 3.2 节试图把整个行业所有 BIM 专业应用人才应该具备的工程能力和 BIM 能力（注：BIM 能力是讨论重点）都罗列出来，给每一位对 BIM 感兴趣或者说对 BIM 避不开的同行这样一个整体概念：所谓 BIM 专业应用人才的 BIM 能力是由哪些元素构成的。

作者对这种讨论虽然付出了不少努力，总体来看仍然是一种比较初步和粗放的尝试，值得争论和商榷的地方还有很多，需要更多 BIM 同仁一起努力去调整、完善甚至另起炉灶推翻重来。就作者的企图而言，通过这样的讨论，能够在全体建筑业同行的意识里面明白 BIM 能力总体来说是怎么一回事就基本达到目的了。

行业、企业、个人是三个不同层面的概念，对于行业内所有 BIM 专业应用人才的 BIM 能力汇总是一回事，而对于行业内的每个从业者个人到底应该如何构建 BIM 能力又是另外一回事，因为有一点是肯定的：一个人不可能（似乎也不需要？）掌握所有的 BIM 能力和工程能力。那么作为个人的 BIM 专业应用人才应该如何构建自己的能力呢？

为了方便叙述，我们把 3.2 节分析的六种 BIM 能力简化表示成如图 3-7 所示的 BIM 能力构建路线图，图中假设最后一级"BIM 业务集成"为 BIM 能力的 100％，而且每一级对 BIM 总体能力的贡献率相同：

（1）能够"BIM 软件操作"相当于实现 15％ BIM 能力；

（2）能够"BIM 模型生产"相当于实现 30％ BIM 能力；

（3）能够"BIM 模型应用"相当于实现 45％ BIM 能力；

（4）能够"BIM 环境建立"相当于实现 60％ BIM 能力；

（5）能够"BIM 项目管理"相当于实现 85％ BIM 能力；

（6）能够"BIM 业务集成"相当于实现 100％ BIM 能力。

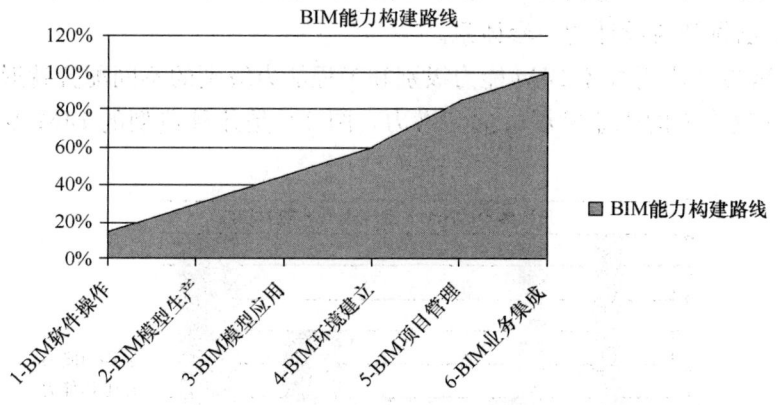

图 3-7　BIM 能力构建路线图

用同样的方法我们把 BIM 专业应用人才的工程能力表现为图 3-8，并且把工程能力分解为如下 6 个级别：

（1）能"在他人指导下完成工作"相当于 15％工程能力；

（2）能"参照既有标准独立完成"相当于 30％工程能力；

（3）能"对既有标准做局部改进"相当于 45％工程能力；

（4）能"指导他人完成工作"相当于 60％工程能力；

（5）能"指挥团队完成工作"相当于 85％工程能力；

（6）能"建立自我体系完成工作"相当于 100％工程能力。

需要说明的是，上面的各个级别 BIM 能力和工程能力都是与个人的专业分工匹配的某种特定的胜任力，并不是指每个级别所有的 BIM 能力和工程能力，例如对于建筑师来说，这样的能力可以特定地描述为：

（1）建筑师 BIM 能力：1-建筑 BIM 软件操作，2-建筑 BIM 模型生产，3-建筑 BIM

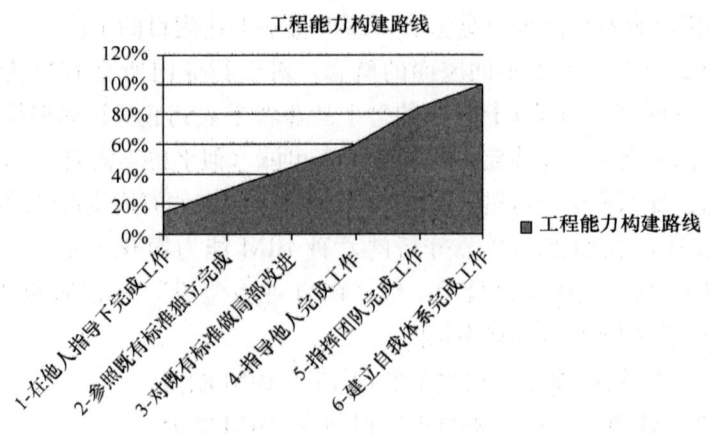

图 3-8　工程能力构建路线图

模型应用，4-建筑 BIM 环境建立，5-建筑 BIM 项目管理，6-建筑 BIM 业务集成。

（2）建筑师工程能力：1-在他人指导下完成建筑设计，2-参照已有项目完成建筑设计，3-项目局部设计有改进创新，4-能指导他人做建筑设计，5-能指挥团队完成建筑设计，7-形成自己做建筑设计的一套体系。

一个 BIM 专业应用人才 BIM 能力级别和工程能力级别的不同配置就形成了或某种程度上影响了这个人的职业发展方向和潜力，图 3-9 是几种典型的 BIM 专业应用人才能力配置。

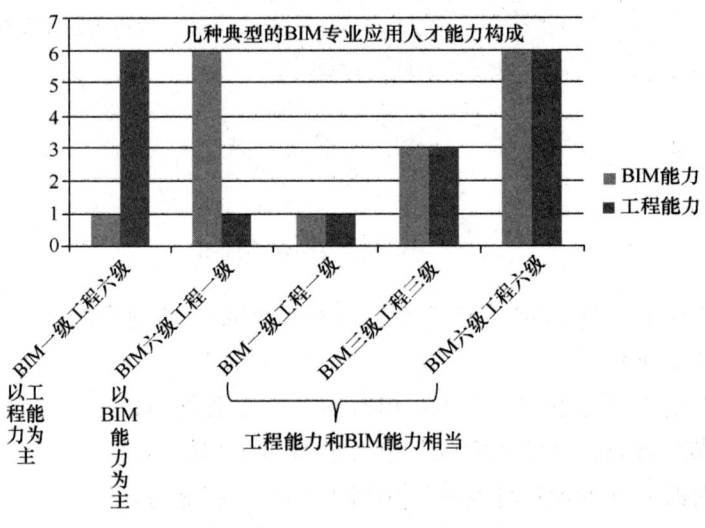

图 3-9　几种典型的 BIM 专业应用人才能力构成

由图 3-9 所示，我们可以根据两种能力配置的不同把 BIM 专业应用人才分为三个类型：第一类人才以工程能力为主，第二类人才以 BIM 能力为主，第三类人才其工程能力和 BIM 能力级别相当。

如果我们仍以两种能力各分六个级别这个基本假设为基础，就可以得到所有 36 种 BIM 专业应用人才的能力构成总图如图 3-10 所示。

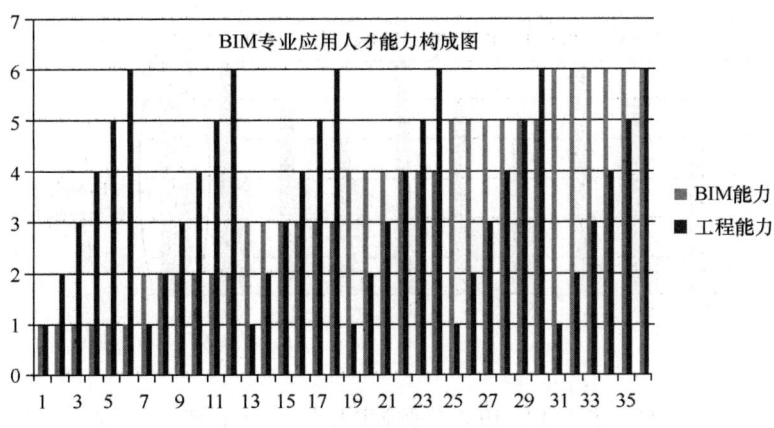

图 3-10　BIM 专业应用人才能力构成图

大家可以想一想，您目前是哪一种？您将来计划成为哪一种？

3.4　BIM 专业应用人才职业发展思考（四）——能去哪里发展？

1. BIM 专业应用人才分类

根据不同 BIM 专业应用人才具备的 BIM 能力和工程能力等级，我们可以把第 3.3 节中描述的 36 种 BIM 专业应用人才分为如下四种类型：

（1）第一类：新手型 9 种

即 BIM 能力和工程能力都处于 3 级以下的人员，这些人员通常是指工作经验在五年之内的从业人员，如图 3-11 所示。其中我们把 BIM 能力和工程能力均为 6 级的从业人员定义为标杆，放在图中，作为参照（下同，不再重复解释）。

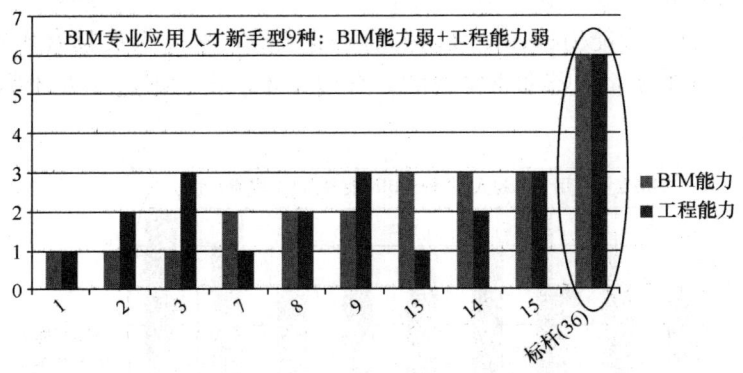

图 3-11　BIM 专业应用人才——新手型

（2）第二类：工程型 9 种

指工程能力在 4 级以上，BIM 能力在 3 级以下的从业人员，这类人员以工程相关岗位作为其主要职业发展方向。如图 3-12 所示。

（3）第三类：BIM 型 9 种

与工程型正好相反，BIM 型是指 BIM 能力在 4 级以上，工程能力在 3 级以下的从

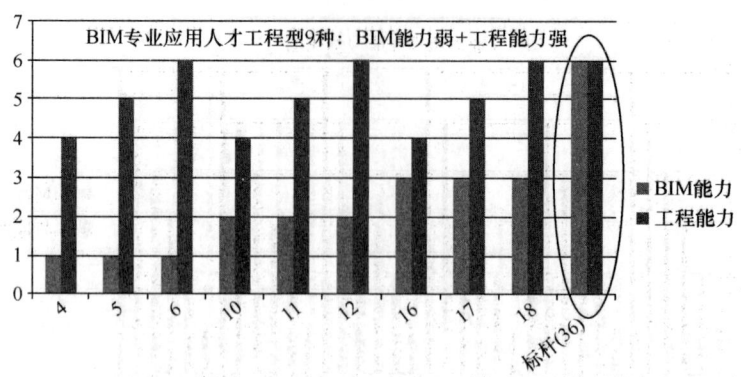

图 3-12　BIM 专业应用人才——工程型

业人员，这类人员以 BIM 应用作为其主要职业发展方向。如图 3-13 所示。

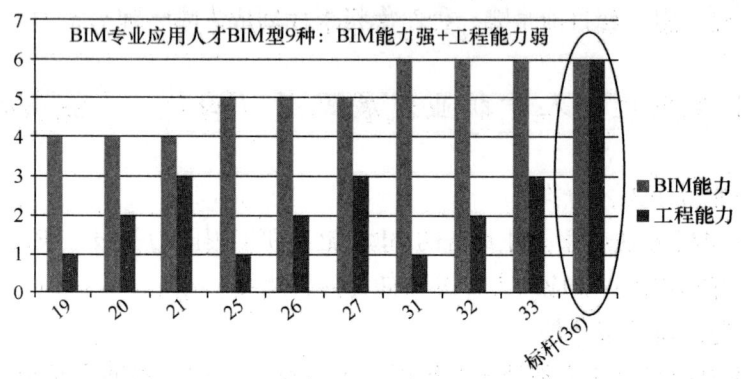

图 3-13　BIM 专业应用人才——BIM 型

（4）第四类：超人型 9 种

指 BIM 能力和工程能力都在 4 级以上的从业人员，这类人员具有比较灵活的职业发展空间，是不同类型企业都非常需要的复合型人才，我们把这类人才称之为超人型。如图 3-14 所示。

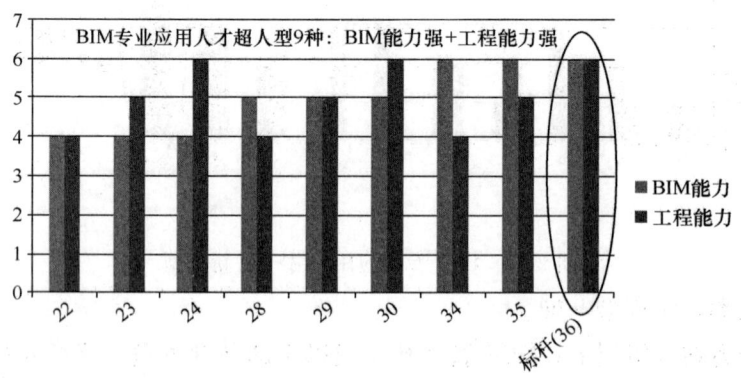

图 3-14　BIM 专业应用人才——超人型

2. 工程建设行业企业分类和人才结构

根据企业的核心业务我们可以把工程建设行业的组织分为工程类企业和BIM类企业两个类型，工程类企业是这个行业的主要企业类型，包括业主/开发商、设计、施工、监理、造价咨询、项目管理、运营维护等机构；BIM类企业则是指软件开发、咨询服务、教育培训机构等。

这两类企业内的人才构成和人才需求是不完全一样的，其中工程类企业以工程型人才为主，如表3-1所示。

工程类企业BIM专业应用人才需求情况　　　　　　　　　　表3-1

人才类型	需求情况	实际情况
工程型（工程能力强＋BIM能力弱）	大多数	大多数
BIM型（工程能力弱＋BIM能力强）	极少数	极少数或没有
超人型（工程能力强＋BIM能力强）	多多益善	屈指可数
新手型（工程能力弱＋BIM能力弱）	新员工	新员工或不录用

工程型人才是工程类企业中的大多数，BIM型人才要想在工程类企业生存发展，既需要这个企业有整体BIM发展战略，也需要这些BIM型人才有集成BIM技术和企业业务需求的能力，否则发展空间会受到限制。另外，新手型只能是真正的新员工，否则如果年限上是老员工而能力上是新手就很难生存。

而BIM型企业正好相反，BIM型人才成为BIM型企业的主要人才类型，如表3-2所示。

BIM类企业BIM专业应用人才需求情况　　　　　　　　　　表3-2

人才类型	理想需求	实际情况
工程型（工程能力强＋BIM能力弱）	极少数	极少数或没有
BIM型（工程能力弱＋BIM能力强）	大多数	大多数
超人型（工程能力强＋BIM能力强）	多多益善	屈指可数
新手型（工程能力弱＋BIM能力弱）	新员工	新员工或不录用

同理，BIM型企业里面的工程型人才也是极少数，这些人才（以及可遇不可求的超人型人才）从某种程度上决定了该BIM型企业的业务发展方向和潜力。

3. BIM专业应用人才能去哪里发展

根据前面对BIM专业应用人才和工程建设行业机构类型的分析，我们可以得出BIM专业应用人才的如下职业发展选择供同行参考（图3-15）。

新手型BIM专业应用人才初生牛犊不怕虎，哪里都有自己发展的空间，什么类型的机构都会需要新鲜血液，因此可以自由选择任何类型的企业；超人型BIM专业应用人才艺高人胆大，百万军中取上将首级如探囊取物，是所有类型机构争相聘用的香饽饽，企业类型对这类人才职业发展的约束没那么重要。

而工程型BIM专业应用人才职业发展的主要目标企业显然应该是工程类企业，同理，BIM型BIM专业应用人才职业发展的主要目标企业自然也应该是BIM类企业。否则，如果工程型人才选择BIM类企业，或者BIM型人才选择工程类企业，就必须非常

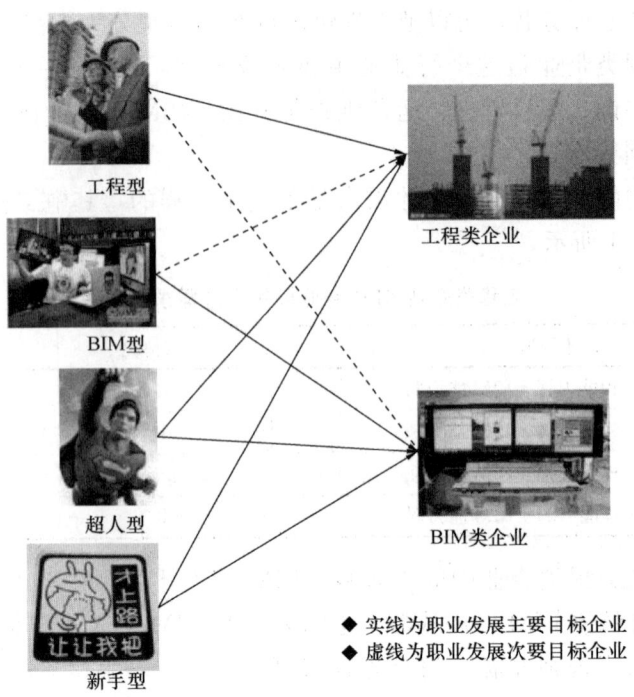

工程型

BIM型

超人型

新手型

工程类企业

BIM类企业

◆ 实线为职业发展主要目标企业
◆ 虚线为职业发展次要目标企业

图 3-15 不同类型 BIM 专业应用人才和企业的匹配情况

谨慎和全面的考虑好作为企业里面的极少数如何为企业带来该企业的大多数所不能带来的价值，只有这样，职业发展之路才能避免少走弯路、不走绝路。

3.5 BIM 工程应用人才职业发展思考（五）——市场价值几何？

这段时间连续听到两件比较引人深思的事情，让我觉得有必要继续"BIM 工程应用人才职业发展思考"这个话题。正文开始以前，也许细心的同行已经看出本文标题跟前面四篇《BIM 专业应用人才职业发展思考（一）～（四）》的标题略有不同，我把原来的"BIM 专业应用人才"换成"BIM 工程应用人才"了，如图 3-16 所示。

开始的时候把这类人才叫做"BIM 专业应用人才"没觉得有什么不妥，随着探讨的深入逐步认识到这种说法有些时候叙述起来会产生一些混淆，因此从现在开始使用"BIM 工程应用人才"这个名词，前者"BIM 专业应用人才"也继续保留，且两者意义相同。

（1）事件一：从业内同行处得知，一位刚毕业学了半年 BIM 应用的"BIM 工程应用人才"应聘工程建设行业某国有企业，开出的薪水要求竟然比这家企业目前中层管理人员现有的薪水还高，显然企业没有任何理由引进这样的"人才"。

（2）事件二：周末参加"中国商业地产专业年会"获悉，有一些房地产老板想投资商业地产项目，并且声称就是想要做成跟万达一样的商业地产，结果若干在万达效力过的商业地产人才以百万年薪转会这些商业地产项目，已经建成若干项目，这些老板不仅仅是白付了百万年薪，真正的问题是数以亿计投资的这些项目成了名副其实的

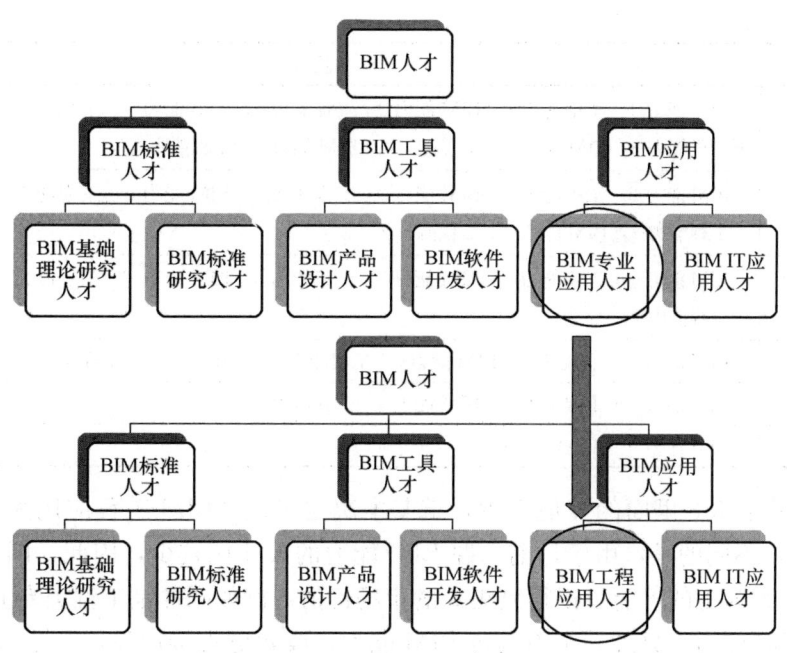

图 3-16 "BIM 专业应用人才"改为"BIM 工程应用人才"

"不动产"（经营结果不理想），被业内专家判为"必死无疑"。

这些商业地产老板的遭遇让我联想到目前市场上为数不少（而且会越来越多）的计划上 BIM 的开发、设计、施工、监理等各类企业的决策层。如此看来，"BIM 工程应用人才"的市场价值如何计算既关系到"BIM 工程应用人才"个人的职业发展，也关系到聘用这些人才的企业的投资回报以及企业 BIM 实施计划的成败。不过究其根源，这两者事实上是一回事。

作者提供一个"BIM 工程应用人才"市场价值的计算方法供买卖双方参考：

1. 基本价值是个人 BIM 能力和工程能力能够达到的级别程度

根据前面四节的分析，36 种 BIM 工程应用人才可以根据该人才能够达到的 BIM 能力和工程能力级别之和决定其基本价值（表 3-3）。

BIM 工程应用人才价值计算表

表 3-3

分值	数量	构成
2 分	1	BIM 能力＋工程能力 1
3 分	2	BIM 能力 1＋工程能力 2，BIM 能力 2＋工程能力 1
4 分	3	BIM 能力 1＋工程能力 3，BIM 能力 2＋工程能力 2，BIM 能力 3＋工程能力 1
5 分	4	BIM 能力 1＋工程能力 4，BIM 能力 2＋工程能力 3，BIM 能力 3＋工程能力 2，BIM 能力 4＋工程能力 1，
6 分	5	BIM 能力 1＋工程能力 5，BIM 能力 2＋工程能力 4，BIM 能力 3＋工程能力 3，BIM 能力 4＋工程能力 2，BIM 能力 5＋工程能力 1

分值	数量	构成
7 分	6	BIM 能力 1＋工程能力 6，BIM 能力 2＋工程能力 5，BIM 能力 3＋工程能力 4，BIM 能力 4＋工程能力 3，BIM 能力 5＋工程能力 2，BIM 能力 6＋工程能力 1
8 分	5	BIM 能力 2＋工程能力 6，BIM 能力 3＋工程能力 5，BIM 能力 4＋工程能力 4，BIM 能力 5＋工程能力 3，BIM 能力 6＋工程能力 2
9 分	4	BIM 能力 3＋工程能力 6，BIM 能力 4＋工程能力 5，BIM 能力 5＋工程能力 4，BIM 能力 6＋工程能力 3
10 分	3	BIM 能力 4 工程能力 6，BIM 能力 5＋工程能力 5，BIM 能力 6＋工程能力 4，
11 分	2	BIM 能力 5＋工程能力 6，BIM 能力 6＋工程能力 5
12 分	1	BIM 能力 6＋工程能力 6

一个人在表 3-3 里面的分值多少，就基本决定了该"BIM 工程应用人才"的市场价值基准值，不同的是，由于目前掌握 BIM 能力的人才比较少，因此，同样分数的人才以 BIM 能力为主的可能可以得到更高的市场价值，例如同样是工程类专业新毕业生，一个具备 BIM 能力，另外一个不具备 BIM 能力，或者更直接比较，一个入职做 BIM，另一位入职同一家企业做传统工程专业，那么做 BIM 的那位收入比做传统工程的那位收入高一些（例如 10％～30％）是合理的，如果高一倍那就很难再说是合理的了，当然，个别情况不在此列。

2.BIM 能力和工程能力从一个级别上升到下一个级别通常需要多少时间

这个问题也跟"BIM 工程应用人才"的市场价值有关系，我的理解是一般来说每个级别需要 2～3 年，当然 BIM 能力和工程能力是可以在同一个时间段并行获取的，并不一定需要串行才能获取。

为了解释上述说法，我们再来看一下 BIM 能力构建路线图（图 3-17）。

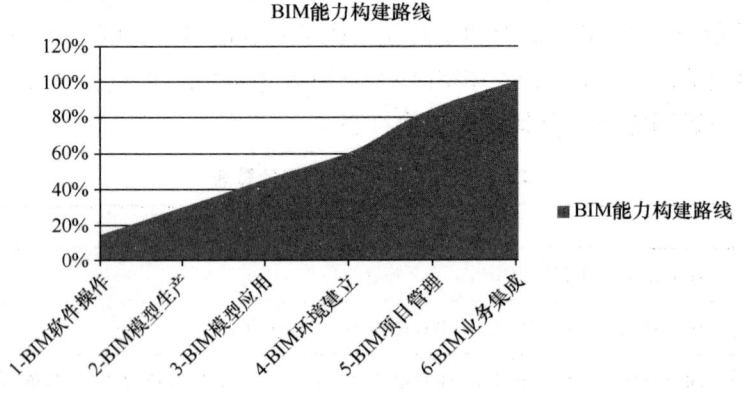

图 3-17　BIM 能力构建路线

曾经有同行对这张图的"1-BIM 软件操作"和"2-BIM 模型生产"两个级别提出过疑问，认为这两者应该是一回事，应该在同一个级别。事实上我认为花两年左右时间从级别 1 上升到级别 2 是一个比较合理的时间，本文开头提到的学了半年 BIM 的那位同行如果本身不具备一定的工程能力（即没有工程工作经验的新毕业生），那么其BIM能力一定还达不到2级，仍然处于1级状态。如果本身具备一定级别的工程能力（即已经有工程工作经验），那么半年甚至更短时间就有可能达到BIM能力2级，具备BIM模型生产能力，而不再是通常所说的2～3年时间。

如果大家认为上述解释还不够清晰的话，我们可以来简单描述一下什么叫"BIM模型生产能力"：能够根据图纸或其他"工程活动"方案（包括设计、施工、运维各阶段的"活动"方案，跟企业核心业务有关）表达方式生产出能够满足特定"活动"所需要的BIM模型。对于一个普通的新毕业生两年内掌握所在企业或部门相关业务的BIM模型生产能力绝对不是一件轻松的事情。

3. 半年可以掌握的能力其市场价值只可能是半年

不管风云如何变幻，市场经济的基本规律就是供求规律，一个人半年可以掌握的能力其市场价值的基准值只能是半年。因为其一，如果这种半年能掌握的能力市场价值达到其他需要一年、两年甚至十年掌握的能力，那么所有学习其他能力的人都会来蜂拥而至学习这种能力；其二，请一定相信，我半年能掌握的能力，其他人也只会需要半年，当然超人除外。

3.6 BIM型BIM工程应用人才职业发展会经历一条什么路线？

王国维在他的《人间词话》中描述了人生的三种境界：第一种"昨夜西风凋碧树，独上高楼，望断天涯路"；第二种"衣带渐宽终不悔，为伊消得人憔悴"；第三种"众里寻他千百度，蓦然回首，那人却在灯火阑珊处"。

上述人生的三种境界似乎应该是所有人在其自己的生命周期中都会碰到的，想来BIMer们也不会太例外。根据作者的观察和理解，可能很大一部分BIMer们都从BIM的兴奋期开始进入第一种境界了。职业发展是人生经历的重要组成部分，至少占三分之一（八小时工作，八小时睡觉，八小时其他），本文并没有谈人生境界的打算，只想谈谈BIMer们的职业发展可能。

我在3.4节中把BIM工程应用人才分成新手型、工程型、BIM型和超人型四种类型，其中新手型初生牛犊不怕虎，什么都敢干；超人型艺高人胆大，什么都能干；工程型的核心能力不在BIM上，或者说到了一定时间大部分工程人员都是会用BIM的工程人员，走的是一条所有工程人员都在走的阳光大道。这三种类型的职业发展，新手型还没到谈的时候，超人型不用谈，工程型没什么好谈的，剩下问题比较不确定的就只有BIM型了。

BIM型BIM工程应用人才以BIM作为其核心能力，在工程类企业（业主、设计、施工、监理等）是少数，走不了这些企业大部分工程型人才注册工程师的路子；在BIM类企业（教学科研机构、软件企业、咨询企业等）是大多数，目前没有现成的和明确的职业发展道路可以参考。因此无论BIM型应用人才在什么类型企业工作，都面临自身职业究竟应该如何发展的问题。

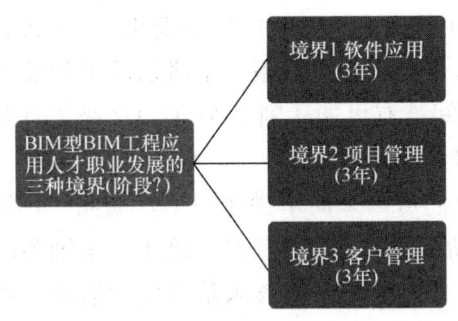

图 3-18 BIM 型 BIM 工程应用人才职业
发展三个阶段

如果一个人一直做 BIM 型 BIM 工程应用人才，其职业发展可能需要经过图 3-8 所示的三种境界或阶段。

上述三种境界的主要含义如下：

（1）境界 1——软件应用：熟练掌握完成自己本职工作需要的主要软件应用，例如建模软件、分析软件、表现软件、模型集成软件、数据库软件等，了解同项目或团队其他成员使用软件的配合工作方式和配合要求。

（2）境界 2——项目管理：能够领导和管理团队保质保量完成 BIM 项目合同要求的完整交付成果，企业可以根据这个交付成果完成其与客户的合同。

（3）境界 3——客户管理：有两成含义，首先，可以把客户需求翻译成 BIM 应用任务，和客户签署 BIM 合同；其次，合同签署以后可以把项目团队做出来的成果交付给客户，并让客户满意，最终完成合同。

达到境界 1 说明可以独立干活了（BIM 应用工程师），达到境界 2 说明可以独立做项目了（项目级 BIM 人才），达到境界 3 说明可以独立做生意了（企业级或部门级 BIM 人才）。这里需要说明两点：第一，作者认为达到每一个境界需要的平均时间应该是 3 年，这个时间可以随着个人能力强弱、境界目标设置不同而变化；第二，这个时间是对刚参加工作的人而言的，如果在做 BIM 以前已经有其他工程或 IT 工作经验，那就是另外一回事了。

还有一点需要说明的是，上述境界模型只解决了能力发展问题，并没法解决职称晋升以及类似注册工程师的"执业资格"问题，当年干 CAD 的一大批同行也碰到同样的问题，最终也没有统一的解决方案，也只好八仙过海各显神通。这个问题估计现在干 BIM 也好不到哪里去，因此这是今天的 BIM 型应用人才从一开始就需要注意的，可以根据企业、地域和自身情况，在真正的 BIM 应用能力发展以外，找到一个合适的职称和资质解决方案。

当然，BIM 型应用人才在任何时间也都可以进行其他职业发展选择（图 3-19）。

在这种情况下，可能唯一需要考虑的问题是今天作为 BIM 型 BIM 工程应用人才的能力和经验积累，能为未来其他可能职业发展途径的选择和发展打下什么基础或者提供什么条件。

图 3-19　BIM 型 BIM 工程应用人才职业
发展的其他途径

3.7 究竟应该如何分析 BIM 建模员的职业高低和职业前途？

近期又有不少声音在讨论 BIM 建模员的职业发展问题，包括是不是高级职业、有没有发展前途等，看起来总的声音似乎是偏向这个职业是一个低端职业、临时职业、没有前途这样一种趋势。作者没有为此翻案的意思，只是觉得目前能看到的绝大多数这类讨论缺乏一个基准或原则，因为高和低以及有还是没有属于相对概念，并不是绝对概念，必须要有一个基准或原则才能判断，我想在这里跟大家一起讨论讨论这个基准或原则应该是什么才合适。

首先来看高级和低级的说法，网上能看到的资料似乎都一边倒地在说 BIM 建模员是低级职业，弄得没有人敢表达其他的意见，不知道这个低是跟什么东西比出来的？在这里我们不说"革命工作不分高低贵贱只是分工不同都是为人民服务"那样的假大空语言，只是来看看今天成为 BIM 建模员的同行如果不干 BIM 建模员有可能选择的一些职业：到设计单位当专业设计制图员，到施工企业当技术员、造价员、资料员，到业主或开发商当协调员，到政府部门当文书跑腿拎包，到学校当建筑制图、结构力学助教等。请问这些职业哪个高哪个低？

那么为什么会出现大多数人偏向 BIM 建模员是低级职业这样一个结果呢？我的观察，在很多人说 BIM 建模员是低级职业的时候，都不自觉地在拿 BIM 建模员和扎哈·哈迪德、和一级注册建筑师工程师建造师比，那是经过 10 年、20 年职业发展以后的可能目标，难道今天选择当 BIM 建模员的 10 年、20 年都得干这个不能换不能变不能升迁，只允许今天选择干其他职业的可以换可以变可以升迁？退一步分析，如果说一辈子当 BIM 建模员属于低级职业，那么一辈子当制图员、技术员、造价员、协调员、跑腿拎包、助教就高级了？现实中这样的人不是多数吗？

其次来分析一下职业前途的问题，不少人认为 BIM 建模员是一个临时职业，等到专业工程技术人员都掌握了 BIM 以后 BIM 建模员就不需要了，那时候 BIM 建模员去干什么呢？由此得出结论：这是一个没有前途的职业。这样的说法是在把两种不同类型的职业进行比较得出的：一种是长期存在的职业如设计、施工专业技术人员，另外一种是新兴职业例如 BIM 建模员，两者确实有不同的特质，但仅从新兴和临时来判断这个职业的没有前途似乎理由不充分。大家可以想一想几个问题：（1）CAD 普及很多年了，当年搞 CAD 的人现在在干什么，他们的平均职业发展水平（职位、收入、幸福指数等）比传统建筑业从业人员的平均水平如何？（2）电脑效果图行业已经有近 20 年历史了，当年的三维建模员今天在干什么？他们的平均职业发展水平如何？（3）手工时代的制图员历史更悠久，他们今天的状况又如何？

作者无意提高或贬低哪种职业，只是提议同行在得出比较结果的时候一定要同等条件相比；作者无法判断未来是不是还有 BIM 建模员这个职业，但没有谁规定你今天做了 BIM 建模员以后一辈子都得做 BIM 建模员。BIM 建模员只是一部分新入行的同行职业起步阶段的一种选择而已，这种选择是集兴趣、地域、收入、专业、能力等多种因素综合以后的决定，跟其他的起步职业选择一样，没有人能告诉这样的选择一定会有或一定会没有良好的职业发展前景。

最后说明一下在职业发展上群体和个人的区别，群体职业发展好不一定能代表每一个个人都发展得好，反之亦然，事实上真正跟每个人有关系的是每个人个体的职业发展，除了少数天才和超人以外，大多数普通人都只能在职业生涯中逐渐找到适合自己的职业发展路线和目标，并在每天的努力奋斗中逼近、实现甚至超越。

最后，祝愿天下所有职业人都有一个好的未来！

3.8 建筑业信息化人才职称制度缺位或将成为 BIM 价值实现的最大障碍

1. 企业不用 BIM 的最大原因是什么？

《中国工程建设 BIM 应用研究报告 2011》和《施工企业 BIM 应用研究报告 2012》都设置了同样一个问题"当年企业没有可能使用 BIM 的原因是什么？"，图 3-20 是两个报告的统计结果。

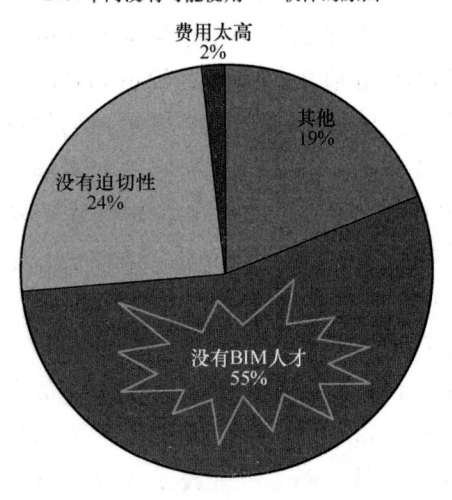

2011年内没有可能使用BIM软件的原因

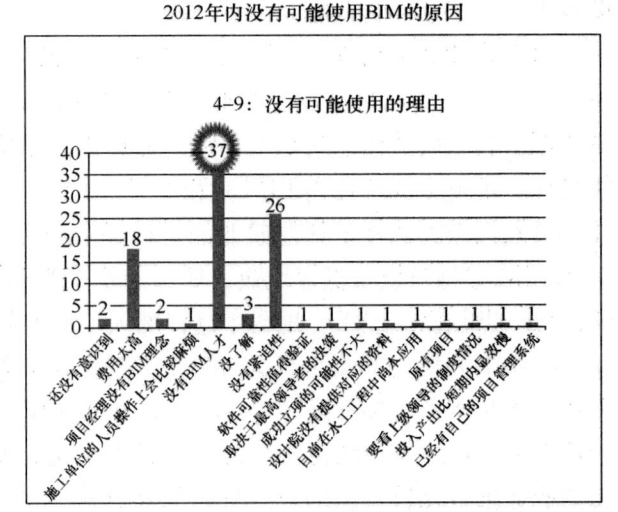

2012年内没有可能使用BIM的原因

资料来源：《中国工程建设BIM应用研究报告2011》　　资料来源：《施工企业BIM应用研究报告2012》

图 3-20　2011 年、2012 年两个调研报告对企业不用 BIM 原因的调研结果

连续两年调研结果的首要原因都是"没有 BIM 人才"（左图是选择该选项的样本比例，右图是实际样本数量）。

而《中国商业地产 BIM 应用研究报告 2010》的同一个问题是从相反的角度来设置的，"在具备什么主要条件的情况下，贵单位会在项目中使用 BIM？"，统计结果如图 3-21。

"有 BIM 人才"成为最多企业认为使用 BIM 应该具备的条件。

上面的统计资料是从企业或项目 BIM 应用的角度去调研得到的数据，现在我们来

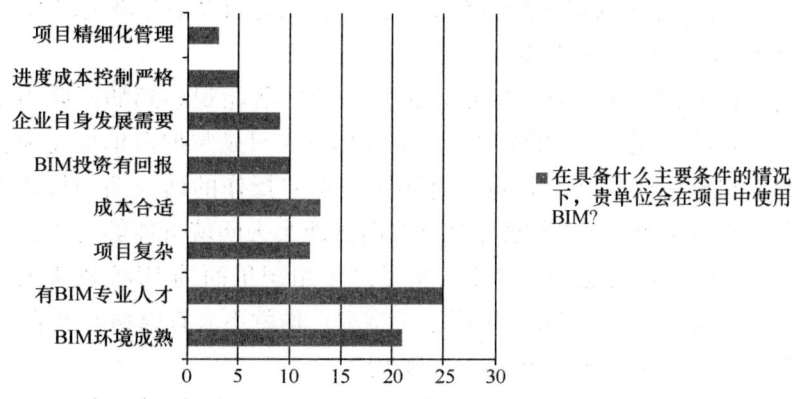

图 3-21　2010 年调研报告对企业 BIM 应用条件的调研结果

看一下上述同一个问题的另外一个方面，即 BIM 人才的情况。@古月微博秀最近发的一条微博引起了不少讨论（图 3-22）。

古月微博秀 ⭐　⇌互相关注 | 取消

昨天的会场聊天中，向两位腕抱怨：我只是一个基层BIM建模员，没机会接触标准、流程、架构，虽然很想；结构专业出生，误入BIM圈，本以为解脱，恰逢结构BIM搁浅，不舍弃之，似乎在走一条不归路。建模员的成长、身份和职业道路似乎并不如传统绘图员般平坦，结构专业的转型已势在必行，而出路竟如此尴尬。

11月9日 19:36 来自ZTE中兴智能手机　举报　　　　　　　转发(45)　收藏 | 评论(26)

图 3-22　"古月微博秀"对 BIM 应用与职业发展的思考

　　我想所有同行都应该看出问题来了，一方面缺乏 BIM 人才是影响企业使用 BIM 的最主要原因，另一方面潜在 BIM 人才因为看不清楚职业发展的未来而迷茫，这件事情进入了一个死循环。请注意，@古月微博秀的问题绝不是孤例，事实上这是一个跟建筑业信息化普及应用几乎同时产生而至今仍然没有解决的问题——即如何产生足够数量和质量的建筑业信息化（包括 BIM）人才的问题，由于本文讨论的聚焦点是 BIM，因此接下来的文字主要使用 BIM 人才作为叙述主体，同时使用建筑业信息化人才也即工程建设行业信息化人才之类的说法，探讨的有关制度上的内容大体上对所有工程建设行业信息化人才都适用。

　　2. 什么是 BIM 价值实现的关键人才

　　由于没法找到回答这个问题的统计或研究资料，因此我想请广大同行们仔细观察和分析一下您自己所在或所能了解到的企业、部门或项目等各个层面的团队里面，用 BIM 用得好的组织和用得不好的组织的最根本不同点在哪里？我的观察和理解是每个组织里面的 BIM 灵魂人物，或者叫 BIM 领头人。不管是哪个层面或哪类规模的组织，有没有这样一个 BIM 领头人以及这位领头人的综合能力和水平对该组织 BIM 应用的成败以及效益高低起着关键性的作用。

如果觉得上面的描述还有点虚的话，请想一想您所能观察到的团队当中，不管是哪种技术或软件，CAD 也好、BIM 也罢，绝大部分人只是掌握简单地完成自身工程任务的操作，一旦碰到一些稍微不是每天都用到的那些操作的话（例如打印机设置、不规则形状或新的构件类型等），大家都会自然而然地会去问就近能够得着的那么一个或几个"高手"，应用 BIM 的这些"高手"就是这个组织里面的 BIM 领头人，没有这些人组织里面的大部分人会觉得 BIM 应用举步维艰，也就不太有成功的可能。

那么，BIM 领头人是一些什么样的人呢？

美国《业主 BIM 规划指南》——"BIM Planning Guide for Facility Owners"把一个组织里面的 BIM 人才角色分为如下四种类型：

（1）BIM Champion（s）：BIM 领头人

（2）Management BIM Advocate/Sponsor：管理层 BIM 支持人

（3）Operating Unit BIM Leads：业务部门 BIM 领导

（4）BIM Implementer：BIM 实施人

上述第 2～4 类 BIM 角色不是本节关心的内容，我们重点来看一下《业主 BIM 规划指南》是如何描述 BIM 领头人的（图 3-23）。

3.6.2.1 *BIM Champion(s)*

An organization should have at least one BIM Champion with a strong desire to implement BIM within the organization. A "BIM Champion" is *a person who is skilled and motivated to guide an organization to improve their processes by advocating for the adoption, managing resistance to change and ensuring implementation of Building Information Modeling*. It is their responsibility to take the planning process through to its conclusion and share its value with others to ensure that the proper amount of resources (time, personnel, and effort) is given to planning. Often these personnel will also support the actual implementation of BIM within the organization including developing BIM planning elements.

Responsibilities:
- Develop Organizational BIM Standards and Processes including contract language; and
- Oversee BIM implementation within the organization.

Capabilities:
- BIM expertise;
- Self-motivated individuals; and
- Easily adaptable to ever changing processes.

图 3-23　美国《业主 BIM 规划指南》对 BIM 领头人的描述

以下是图 3-23 内容的参考译文：

3.6.2.1　BIM 领头人

一个组织至少应该有一个具有强烈愿望在组织内实施 BIM 的 BIM 领头人，"BIM 领头人"要具备技能和激情，通过提倡 BIM 应用、管理阻力改变以及保障 BIM 实施来指导组织改善流程。BIM 领头人的职责包括负责规划流程直至完成、跟其他人员分享价值保证规划过程得到足够资源（时间、人员、努力），通常 BIM 领头人还要支持组织的 BIM 实际实施，包括开发 BIM 规划元素等。

责任：

• 开发组织 BIM 标准和流程包括合同语言

• 监督组织内的 BIM 实施

能力：

• BIM 专业知识

• 自我激励

• 对不断变化流程的高度适应【译文结束】

3. 为什么会如此缺乏足够数量和质量的 BIM 关键人才（建筑业信息化人才）

本节介绍的美国《业主 BIM 规划指南》中有关 BIM 领头人的内容可以看成是一种对 BIM 关键人才质量的描述，产生有一定质量的人才方法难以一概而论，但是不管用哪种方法，金字塔型的结构应该是普遍规律，因此，除了极特殊的个别现象外，人才数量对人才质量具有决定性影响。

那么什么数量的 BIM 关键人才是足够数量呢？我的理解是日常工作空间可以接触到的范围应该要有一个 BIM 关键人才，这个关键人才决定着可以直接接触他的那个团队或群体的 BIM 应用水平。

究竟如何形成足够多的 BIM 人才数量呢？其基本前提一定是有更多数量的从业人员愿意成为 BIM 人才，而让从业人员做这种决定的理由必定是对他们自己来说选择做 BIM 人才比选择做传统的工程专业人才在职业发展上有更好的预期，请问建筑业目前存在这样的基础吗？

也许现在这个时间节点上谈 BIM 人才的数量和质量为时尚早，但是我们可以一起来分析一下与 BIM 类似的 CAD 人才的情况。同行应该都了解，国内的 CAD 总体应用水平不是很高，尽管如此，每个群体里面也都有一个 CAD 关键人才，可以不夸张地说，如果没有这批散布在各类群体里面的 CAD 关键人才，行业整体 CAD 应用效率会大大降低甚至很多工作可能停摆，只是这些 CAD 关键人才绝大多数是业余的，能力水平和事实上承担的 CAD 关键工作都是业余的，这样也就导致了行业 CAD 整体应用水平的偏低。

为什么 CAD 关键人才的水平普遍不高呢？我们来看看目前工程专业人才的可能职业发展选择和路径（图 3-24）。

跟建筑业从业人员职业发展有直接影响的职业发展制度有两个，一个是职称制度，另一个是注册师或执业制度。职称制度目前有三个选择：

（1）1.1：工程专业职称系列：适合绝大多数工程专业技术人员；

（2）1.2：工程电算职称系列：适合以工程专业背景出身、以工程电算业务为主要工作内容的工程专业技术人员；

（3）1.3：IT 职称系列：适合 IT 专业出身，在建筑业从事 IT 业务的从业人员。

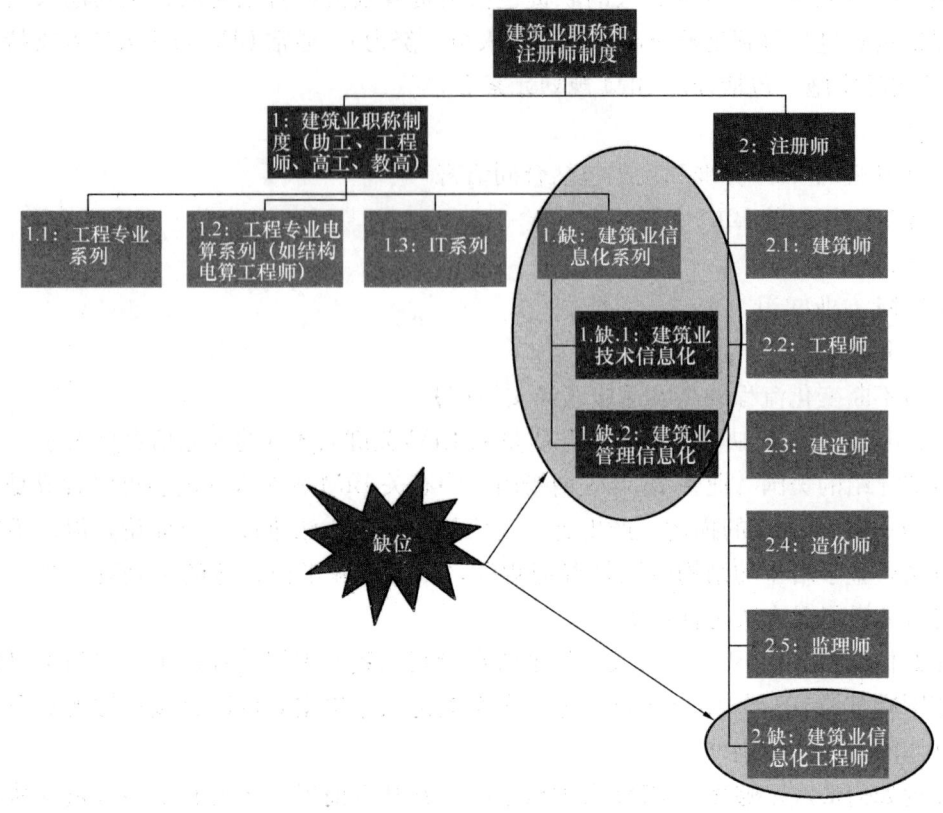

图 3-24　建筑业职称和注册师制度

执业资格从 2.1 的注册建筑师到 2.5 的注册监理师都只适合从事工程任务的工程专业技术人员。

从对图 3-24 的分析可以看到，目前遍布建筑业各个角落的 CAD 关键人才只能是业余人才，从事企业管理信息化的人才也类似，不是工程技术系列就是 IT 系列，由此带来的普遍现象是，从事建筑业信息化的人才（要知道，不管人才数量和质量如何，企业信息化是一定要做的，也一定是要有人来做的）要么是已经解决了职称和执业资格问题对信息化有兴趣或被企业赋予信息化职责的人，要么是新毕业生，或者本来专业就不太对口的那一部分从业人员。

由此就不难找到建筑业信息化人才数量和质量都不足的制度原因了：即建筑业信息化人才在职业发展上无路可走，目前的职称和执业制度没有产生建筑业信息化人才的环境。

根据作者的理解，合格的建筑业信息化人才应该是对企业核心业务流程和核心工程技术以及信息技术有深刻理解的从业人员，既不是纯粹的工程专业人才，也不是纯粹的 IT 人才，而应该是两者充分集成和融合的人才。建筑业信息化人才的核心能力既不是操作软件架设硬件也不是解决工程疑难杂症，而是能够为如何使用信息技术和产品帮助企业、部门、项目、团队提高工作效率、工作质量和核心竞争力提供有效解决方案，也就是《美国 BIM 业主实施指南》中所说的"改善组织流程"。

由于 CAD 主要只是改变了完成工程任务的工具，而基本上没有改变完成工程任务的成果，因此推动和支持 CAD 普及应用的 CAD 关键人才还可以由工程和 IT 从业人员业余来承担，带来的结果是普遍 CAD 应用水平较低但完成了"甩图板"的任务。

在以前的文章里面我们分析过，和 CAD 相比，BIM 不仅仅是一个软件的事、不仅仅是换一个工具的事、不仅仅是一个人的事、不仅仅是换一种表达方式的事，BIM 对建筑业的影响深度和广度、对工程专业任务的介入深度和广度都远比 CAD 为甚，因此我们不清楚在 BIM 普及应用的进程中如果继续保持目前的职称和执业制度，中国建筑业会以什么形态和什么水平来实现 BIM 的价值。以作者的理解，这是一件非常不乐观的事情。

4. 如何产生足够数量和质量的 BIM 关键人才

上一节我们提到过，从一般规律而言，人才的数量决定人才的质量，而制度保证对人才的数量来说是必不可少的基础。回到图 3-24，作者在职称制度中增加了"1. 缺：建筑业信息化职称系列"，包括"1. 缺 .1：建筑业技术信息化职称系列"和"1. 缺 .2：建筑业管理信息化职称系列"两部分，在执业资格中增加了"2. 缺：建筑业信息化工程师"。希望能够引起同行的关注和讨论以及主管部门的重视。

根据上面的分析，我们是不是可以得出这样一个推理：BIM 关键人才质量决定 BIM 应用水平的高低，BIM 关键人才数量决定 BIM 关键人才质量和 BIM 应用普及程度，BIM 人才职称和执业制度决定 BIM 关键人才的数量。结论：BIM 人才职称和执业制度决定 BIM 应用普及程度和水平，从而能决定 BIM 技术对我国建筑业质量和效率提升的广度和深度？

而作为企业而言，在行业制度没有改变的情况下如何保障企业 BIM 应用的顺利开展，则是一个必须要思考并拿出解决方案来的问题。

3.9　目前各种 BIM 证书与个人职业发展的关系

近期接到不少跟 BIM 认证有关系的信息，既有请作者认证其他人的，也有请作者参加被其他人认证的，从 BIM 建模员、BIM 工程师、BIM 经理、BIM 总监等不一而足。联想起古人"兵马未动，粮草先行"的战略方针，到了咱们这儿好像有点变成"BIM 未动，证书先行"的味道，感觉有必要谈谈目前各种五花八门的 BIM 证书和每个人个人职业发展之间的关系，供同行参考。

为了便于叙述和理解，我把跟每个人个人职业发展有关的因素制成了图 3-25。

一个人职业发展高低的衡量标准取决于该人在职业领域取得的成就，取得成就的基础是这个人具备的能力，而证书则是这个人具备某种能力的一种识别标记和准入门槛。如果把劳动力作为一种商品去分析的话，证书类似于商品的包装，能力是商品的质量，成就则是商品产生的实际功效即价值。人们购买商品最终购买的既不是商品的

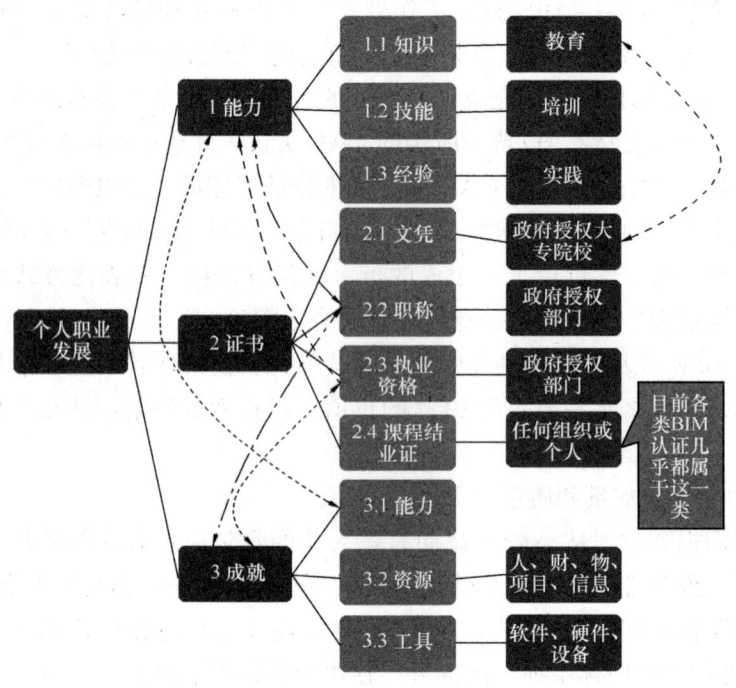

图 3-25　影响个人职业发展的有关因素

包装，也不是商品的质量，而是商品能够产生的功效，当然支持功效的基础是质量。同理，企业雇佣一个人，归根结底既不是雇佣这个人的证书，也不是雇佣这个人的能力，而是这个人能为企业贡献的价值，即个人的职业成就，当然支撑价值的基础是能力。因此所有企业对员工的考核最终都归结为同一个点——绩效。

个人职业发展能够取得的成就大小除了个人能力以外，还有两个主要影响因素：其一是个人能够使用的资源，包括人财物、项目、信息等；其二是个人掌握的工具，包括软件、硬件、设备等。

一个人的能力基本上由知识、技能和经验三个部分组成，一般来说，教育的主要目的重在知识的获取，培训重在技能的掌握，而经验则需要靠个人在实际工作中逐步积累。

就我们国家的从业人员来说，证书大致可以分为四类："2.1 文凭"是个人受教育水平的体现，"2.2 职称"和"2.3 执业资格"都是对个人专业能力和专业成就的证明，这三类证书都必须由政府授权的专门机构按照严格程序进行考核、审查和颁发。第四类证书即"2.4 课程结业证"（不管在实际情形中叫什么）是个人参加某类课程学习或考核的证明，理论上任何机构和个人都有权利颁发这一类证书，包括大专院校、政府机构、行业协会、中外企业甚至某些个人等，目前市场上宣传的各类 BIM 证书基本上都属于这一类。

于商品而言，市场上既有包装很好但质量不怎么好的商品，也有包装一般但质量上乘的商品，最佳状态当然应该是包装和质量互相匹配；于从业人员而言，企业既会碰到有一堆证书但能力一般的员工，也会碰到证书不多但能力很强的员工，两者的职业发展前景如何不难预测，当然最好的状态也应该是证书和能力互相匹配。

每个人的教育和培训投入可能都会希望同时实现提高能力和获得证书两个目标，大家知道，个人职业发展依靠的根本是能力，而不是证书，尤其是没有对应能力做支撑的证书。在 BIM 发展的现阶段，当各种本质上只是图 3-25 中 "2.4 课程结业证" 的 BIM 证书（不管颁发的机构是哪一个、具体名称叫什么）开始在市场上越来越多、有些机构把证书的作用吹得神乎其神的时候，希望上面这些文字能对同行正确认识各类 BIM 证书与个人职业发展的关系有所裨益。

3.10　用 BIM 和成为 BIM 专业人士不是一回事

时至今日，仍然不时看到和碰到工程专业从业人员和学生问类似 "学 BIM 用 BIM 耽误了专业怎么办？我到底是做专业呢还是做 BIM 呢" 这样一些问题，本节谈谈作者对此类问题的理解和看法。

存在这类问题的从业人员或学生其根本原因大抵是因为混淆了工具和目的之间的关系，对于绝大部分工程技术人员和各类工程专业的学生来说，BIM 应该是大家用来完成各类工程任务的工具，无论您服务的机构是政府、业主、设计院、施工企业还是运维企业，也无论您从事的专业是建筑、结构、水暖电、概预算还是项目管理，除了极少数以 BIM 作为职业的人员以外，后面的这类极少数是所谓的 "BIM 专业人士"，前面的那些绝大多数就是 "用 BIM" 完成工程任务的 "工程专业人士"。要对这两者做出准确的定义和界定也许没有那么容易，但两者之间的根本区别或许可以这样来简单判断：没有 BIM 就没有这个职业的属于 "BIM 专业人士"，没有 BIM 这个职业还存在的属于 "用 BIM" 的 "工程专业人士"。

由上面的文字我想不难得出本文标题的结论：用 BIM 和成为 BIM 专业人士不是一回事。这句话有两个含义：第一，工程技术人员和学生不会仅仅因为学 BIM 和用 BIM 而变成 BIM 专业人士从而耽误了自己的工程专业甚至产生做专业还是做 BIM 的疑惑的；第二，要想成为不同层次或类型的 BIM 专业人士并不是你想成为就能成为那样一件简单的事情，就跟要成为一名合格的不同层次的工程技术人员一样，都需要经过一定的学习、实践和积累的过程。

先说第一个含义，我想只要举几个简单的例子就应该一目了然了。大家以前都不用手机，没人因为用了手机以后就成为移动通信专业人士了，类似地，也不会有人因为用了电脑成为 IT 专业人士，因为开了汽车而成为汽车专业人士，因为这些都是工具。同样也不会因为用了汽车就彻底放弃用脚走路和骑自行车，用了电脑也还要用纸和笔，用了手机也还要用座机，具体用什么要看每个人当时所在的具体情况来决定。用 BIM 也一样，工程技术人员不会因为用 BIM 而成为 BIM 专业人士，也不会因为用了 BIM 而立即彻底放弃正在使用的其他建筑业信息技术（不同建筑业信息技术之间的融合乃至淘汰不是立即发生的事情）。

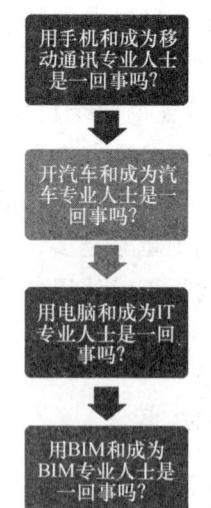

图 3-26 用 BIM 和成为 BIM 专业人士不是一回事

现在我们来说第二个含义。BIM 专业人士的种类和层次很多，正如沟通 100 工作人员和中移动高管都是移动通讯专业人士、普通汽车销售员和奔驰宝马 CEO 都是汽车行业专业人士、个人电脑维修员和资深软件架构师都是 IT 专业人士一样，每个行业或领域的专业人士都有很多种类和层次，工程技术人员本身也是如此。但是即使只想成为诸如沟通 100 工作人员、普通汽车销售员和个人电脑维修员这样相对基础和单一的专业人士，也一样需要经过教育、培训、实践、积累，要在这些岗位上出类拔萃，同样需要跟在其他行业和类型出类拔萃的专业人士一样经历必须要经历的时间周期，即所谓"时间花在哪里，成功就在哪里"是也。

作为工程建设行业从业人员和工程专业的学生来说，成为会用 BIM 的工程专业人士还是 BIM 专业人士是一种对自身职业发展可以做的选择，但是有一点是肯定的，不会因为一个人仅仅是学了和用了 BIM 就能成为 BIM 专业人士的，自然也就不存在因为学用 BIM 而耽误原来工程专业的事情（图 3-26）。

3.11 成为 BIM 专业人士和具备所有 BIM 能力不是一回事

上一节我把没有 BIM 就没有目前这个职业的人定义为"BIM 专业人士"，本文我们继续沿用这个说法。

放眼各种媒体经常能够看到或听到的 BIM 专业人士之间比较典型的互相鄙视或瞧不起大概有两种，第一种的大概意思可以表示为"连 BIM 软件都不会用也能叫 BIM 专家"，第二种正好相反，大概意思为"就会某某软件操作也能称 BIM 专家"（在这类互相鄙视或瞧不起的表达中"专家"这个词用得比较频繁，由于很难给专家做界定，因此作者采用"专业人士"这个说法，比较中性也少分歧）。介于这两者之间的互相瞧不起类型就更是多如牛毛了，这里不再一一列举。

心理学上有一种典型的现象叫"自我服务偏见"（Self-serving Bias），百度百科这样解释："自我服务偏见：又称自利性偏差，人们常常从好的方面来看待自己，当取得一些成功时，常常容易归因于自己，而做了错事之后，怨天尤人，把它归因于外在因素，即把功劳归于自己，把错误推给人家。"

自我服务偏见存在于每一个人身上，从贩夫走卒到才子佳人。从这个角度我对人在某个方面的成熟度判断有一个观点：一个人从心里认识到自己只是整个生态系统的一部分，知道哪些自己能做到和做好，哪些他人做得到和做得好，是判断这个人在这个方面是否成熟的一个很实用的标志。

回到 BIM 这件事情上来，会操作 BIM 软件重要吗？会说服政府和企业开展 BIM 研究或应用重要吗？会开发 BIM 产品重要吗？会研究 BIM 基本理论重要吗？会应用 BIM 工具解决工程问题重要吗？会进行 BIM 培训重要吗？会制定 BIM 技术政策重要吗？会决定 BIM 投资重要吗？

估计没有人会说上面所说的哪一项不重要，也没人能分得清哪一项更重要。那上面列举的这些跟 BIM 有关的所有工作有哪一位 BIM 专业人士是全部可以胜任的？有吗？肯定没有。

既然不同类型的 BIM 工作都重要，都需要有人去做，又没有哪一位超人可以把所有工作都做了，那么剩下来就只有一条路可走了，即每位 BIM 专业人士把其他 BIM 专业人士的工作成果作为条件和资源，做好自己有能力做到的一件或若干件工作，然后集合所有 BIM 专业人士的力量把 BIM 转化为推动行业水平和效率提升的生产力。

对外说或者心里想自己行别人不行既不能提升自己的水平，也降低不了他人的能力，更推动不了 BIM 技术应用对行业的价值实现，何苦来哉？

3.12　BIM 相关学位论文都有哪些研究工作可做？

一直有学生询问 BIM 方向学位论文应该做什么、怎么做、从哪里入手等一干问题，而且不同学生问题的内容具有相当的一致性："导师要求我的学位论文做 BIM，具体做什么怎么做导师也没有说清楚，我应该怎么办呢？"询问的学生中本硕博都有，以硕士生居多，询问的学生数量有逐渐增多的趋势，可能是 BIM 有关的学位论文数量也在逐年增加的缘故吧。

由于学校、专业、导师、学生对学位论文都有自己的要求和规定，因此对于每个学生的具体问题，在没有望闻问切的前提下，显然没有办法也没有能力提供药到病除的方子，但随着 BIM 技术的普及应用，可以肯定以 BIM 及相关技术作为学位论文研究方向的学生数量还会进一步提升，自然不知道如何下手的学生数量也会越来越多。鉴于这种情况，近期花时间仔细梳理了一下，草拟了图 3-27，作为个人对"BIM 相关学位论文都有哪些研究工作可做？"这个问题的一个答案，供从业人员和学生讨论、批判、参考。学位论文所做的研究工作是 BIM 技术发展和应用不可或缺的重要组成部分，除了学校老师外，应该得到更多同行的支持和参与。

根据我们的研究和实践，BIM 相关学位论文的选题学生可以从以下两个维度去选择适合自己做的研究工作：

第一个维度是确定要用 BIM 解决哪一个或几个专业问题。专业问题跟项目类型、参与方、项目阶段、专业或岗位等有关，例如可以选择解决"房屋建筑项目—施工企业—项目施工阶段—机电专业的深化设计"问题。图 3-27 对跟专业问题有关的每个方面都进行了粗略的细化，把项目类型分为房屋建筑、基础设施、工业建筑三类，把参与方分为业主、设计企业、施工企业三类，把项目阶段分为设计、施工、运维三个，把专业或岗位分为土建、机电、项目管理三类。事实上每一个部分都还可以继续细分，例如房屋建筑可以分为住宅、写字楼、体育、医院、展览等。即使按每个方面粗分三类来计算，可以选择的专业问题也有 $3 \times 3 \times 3 \times 3 = 81$ 类之多，如果每个方面都能分成 5 类的话，这个数字就是 625，分成 10 类的话，这个数字就是 10000。这是 BIM 相关

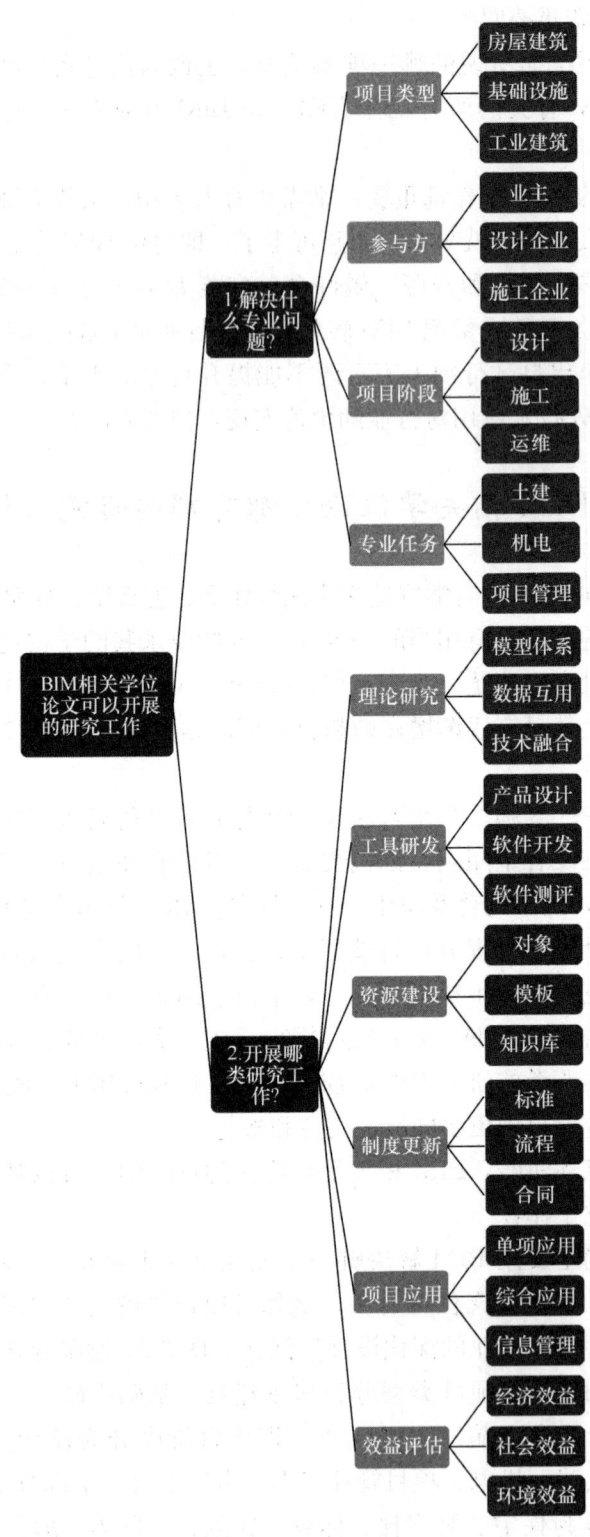

图 3-27　BIM 相关学位论文可以开展的工作

学位论文研究工作可以选择的专业问题。

第二个维度是选择在应用 BIM 解决上述专业问题的过程中具体开展哪一个或几个方面的研究工作。图 3-27 列举了 BIM 相关可以开展的研究工作如理论研究、工具研发、资源建设、制度更新、项目应用、效益评估六个方面，又把每个方面的工作粗略细化为三类，例如制度建设包括标准、流程、合同体系等，这样简单加起来就有 18 类研究工作可以做。

有了上面这张图以后，BIM 相关学位论文的选题就可以从上述两个维度的交叉点上去选择了，例如选择"住宅建筑—业主—设计阶段—建筑产品研究—BIM 知识库建设"，也就是说把上述两个维度的数字相乘就可以得到 BIM 相关学位论文的选题可能，不管我们用哪一个数字，我想这么多的选题可能不会让做 BIM 相关学位论文的学生在选题上无从下手吧。

当然，要找到一种科学、系统、完整的确定 BIM 相关学位论文选题的方法不是一件容易的事情，但上述方法在现阶段对于那些要做 BIM 相关学位论文而又不知道从哪里开始的学生来说，应该是一种简单、实用的方法。

3.13 如何从 BIM 应用角度判断 BIM 相关学位论文选题是否有实际价值？

3.12 节介绍了跟 BIM 有关的学位论文选题的一些可能性，我想应该可以帮助工程类学生消除一个疑虑，那就是 BIM 相关方向的学位论文有的是工作可做，根本不用担心无题可选。

既然有这么多可能的选题可做，那么作为每一位学生个体具体应该如何选择呢？尽管确定这个问题的影响因素有很多，但选题本身是否具有实际意义和价值应该是其中最关键的因素之一。由于研究 BIM 的最终目的是应用 BIM，因此本文想从 BIM 应用的角度谈谈个人对这个问题的认识和建议。

大家知道，创建模型和应用模型解决（或辅助解决）工程问题是 BIM 应用最核心和最基础的两类活动，如何从这两类活动来判断论文选题的价值呢？图 3-28 把目前能想到的因素做了一个归纳：

在创建 BIM 模型这类活动中，我们可以通过以下几个方面来判断论文选题是否有实际意义和价值：

（1）提高建模效率：提高模型创建效率是一种非常实际的价值，能提高就有价值，不能提高就没有价值；

（2）扩大项目类型范围：通过论文研究工作能够创建新的项目类型模型也是一种价值；

（3）新的模型元素：扩大能够创建的模型元素种类是价值；

（4）提高模型质量：创建出质量更高的 BIM 模型也是价值；

（5）……（其他大家能想到的价值）。

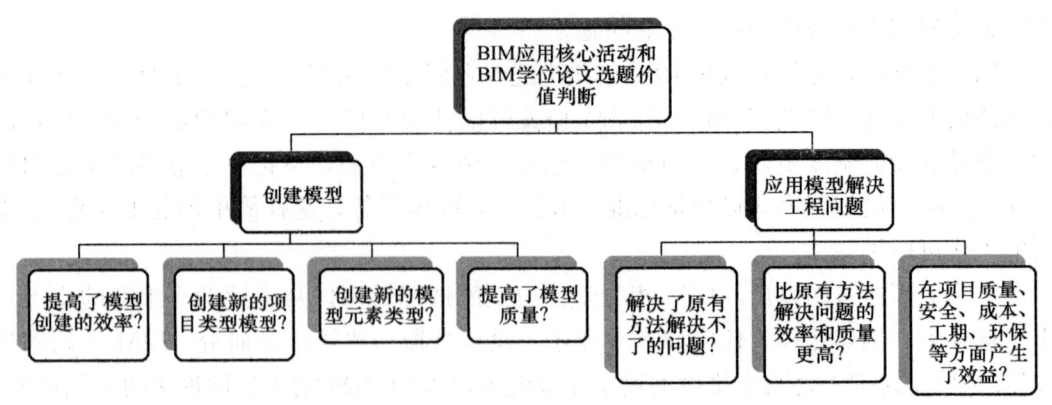

图 3-28　BIM 应用核心活动和 BIM 学位论文选题价值判断

同样，在应用模型解决工程问题这类活动中，我们仍然可以通过下面的一些问题来判断论文选题的价值：

（1）论文选题如果能解决现有方法解决不了的问题是一种价值；

（2）论文选题如果能比现有方法解决同样问题的效率和质量更高也是价值；

（3）论文选题如果能在项目质量、安全、成本、工期、环保等任何一个或几个方面产生效益当然都是价值；

（4）……

BIM 应用除了上述两类核心活动以外，还有一些在此基础上可以进一步开展的活动，我们称其为扩展活动，BIM 应用扩展活动对论文选题价值的判断可以参考图 3-29。

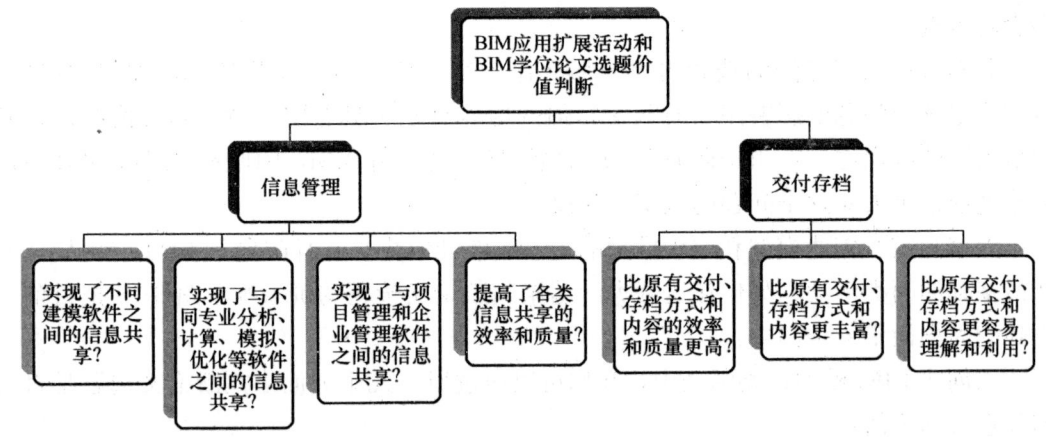

图 3-29　BIM 应用扩展活动和 BIM 学位论文选题价值判断

上图把 BIM 应用扩展活动划分为信息管理和交付存档两类，从信息管理的角度我们可以从下面几点来判断论文选题的价值：

（1）论文选题有没有实现不同建模软件（不同 BIM 模型）之间的信息共享？有就是一种价值，没有就没有这方面的价值；

（2）论文选题有没有实现 BIM 模型与各个专业的分析计算和模拟优化等软件之间

的信息共享；

（3）论文选题有没有实现 BIM 模型和项目管理软件、企业管理软件之间的信息共享；

（4）论文选题有没有提高上述各类信息共享的效率和质量。

从交付存档的角度也有一些因素可以用来作为判断论文选题价值的指标：

（1）论文选题是否做了工作让新的交付存档方式比原有方式效率和质量更高；

（2）是否增加了交付和存档的方式和内容类型；

（3）是否使存档的内容比原有方式更有利于被相关人员理解和利用。

不论将要进行的 BIM 相关学位论文属于理论研究、工具研发、资源建设、制度更新、项目应用、效益评估等的哪个方面，也不管论文选题计划侧重哪一种或几种项目类型、参与方、项目阶段、专业或岗位，最终从 BIM 应用角度对选题的价值和意义进行评估对大多数论文选题而言相信会是一种简单而有效的判断方法。

4 企业 BIM 生产力建设基础

4.1 BIM 只是工程建设行业从业人员的第 19 般兵器

有一位刚刚加入工程建设行业的新从业人员在博客上提出如下问题（图 4-1）：

shixinzhizuo 留言说：　　　　　　　　　　　　　　2013-05-15 15:55:09 　[回复] [删除] ▼

何老师你好，想请问对于一个刚毕业的建筑学本科生，一进入岗位就接触BIM是好事还是坏事呢？因为担心可能因为在BIM上的投入过多而荒废真正的设计能力的锻炼。。

图 4-1　新从业人员的 BIM 应用疑惑

无独有偶，在跟行业企业的沟通过程中，也经常碰到为数不少的从业人员存在类似的问题，怕学 BIM 应用影响专业发展，因而迷惑、彷徨进而纠结。这个问题很有代表性，因此特截图过来作为本节的开头。

产生这个问题的根源在于对 BIM 认识和定位的偏差。抛开对 BIM 具体含义和价值的细节探讨，BIM 就是一种新的建筑业信息技术，而且既不是第一种也不会是最后一种，因为首先，在应用 BIM 之前建筑业同行已经在使用诸如 CAD/CAE/可视化/虚拟现实/三维仿真/工程算量/ERP 等多种建筑业信息技术和方法完成项目不同阶段的各种工程任务；其次，随着工程建设行业进步的需要和信息技术的不断发展，一定还会发展出其他建筑业信息技术为行业发展服务。

BIM 本身并不能成为解决方案也不能发挥作用，真正的解决方案是行业从业人员充分挖掘和利用 BIM 价值更好、更快完成工程任务的能力。如果说目前的行业从业人员已经掌握了十八般兵器在完成各自的工程任务的话，那么 BIM 就是行业从业人员可以使用的第 19 般兵器，站在行业从业人员的角度，兵器本身不会产生价值，人掌握了兵器练成了武艺以后才能产生价值。

把从业人员和 BIM 之间的这个关系梳理清楚以后，我想本节开头的问题也就自然找到答案了：BIM 使从业人员需要在原来基础上多学习和掌握一种新的建筑业信息技术来提高自己完成专业任务的效率和质量，这个新的建筑业信息技术和同行今天在使用的其他建筑业信息技术在定位上没有什么本质不同，只是掌握起来比其他建筑业信息技术需要花更多的努力、需要更多的企业和项目层面的统一规划和协调而已，当然其潜在的价值也会更高。

工程专业能力是从业人员的皮，BIM 以及其他建筑业信息技术是皮上的毛，皮之不存毛将焉附，这是其一；其二，同行们学 CAD/CAE 等建筑业信息技术没有荒废专业能力，学 BIM 自然也不会荒废，只要应用 BIM 是为了完成专业任务的这个目标没有改变。

除了前文提到的问题以外，还有一个流行甚广的习惯说法可能也很大程度在无形中影响着从业人员对 BIM 的定位，这个说法就是"做 BIM"，常见的例句包括"你们单位做 BIM 了吗？这个项目做 BIM 了吗？我们正在做 BIM"等，其实正确的说法应该是"用 BIM"。图 4-2 是我跟同行交流时经常要说的两句话，希望对建筑业同行正确认识和定位 BIM 有帮助。

**设计院不做BIM，
设计院用BIM做设计。
施工企业不做BIM，
施工企业用BIM做施工。**

图 4-2 "用 BIM"而不是"做 BIM"

其他类型企业可以以此类推。

4.2 把 BIM 当战术工具用的企业很少有成功的例子

我们在上一节里面给 BIM 做了一个清晰的定位，即相对于人来说，不管 BIM 是技术、方法、软件，归根结底都是一种工具，但是十年来的行业实践证明，企业把 BIM 当作一个战术工具来使用很难获得成功。

接触 BIM 之前，整个工程建设行业都已经有了成功应用 CAD 的经验，因此复制当年推广普及 CAD 的经验来实施今天的 BIM 应用是最自然不过的事情，这个经验很简单：

（1）第一步：派几个员工到外面接受某个 CAD 软件操作培训（或者请培训老师到企业培训员工）；

（2）第二步：参加学习的员工率先甩掉图板，用 CAD 出图；

（3）第三步：逐步培训和带领企业其他员工甩掉图板。

CAD 应用的特点是即使一个企业只有一个人会用某个 CAD 软件，其他人都不会用，这个人的效率和质量（至少是图面质量）跟自己比一定较原来用图板的时候高，一般情况下只要专业能力不是很差的话自然也比专业能力相当的其他员工高，这个现象的结果当然是其他员工也要求企业给其配备电脑用 CAD 绘图，一线工程技术人员自己要用 CAD 的积极性不需要太多的引导和鼓动，当时对企业而言的最大困难是软硬件投资太大。有一个数字可以给大家参考：作者在 90 年代初设计企业一个部门完全甩掉图板的时候，人员月收入只有几百元，人均年设计费收入 2 万～3 万元，一台 386 的价格是 2 万元左右，一台 A1－A0 笔式绘图机的价格是 4 万元左右。

到目前为止，有不少数量的企业采取和当年 CAD 普及类似的方法推广 BIM 应用，结果却完全不一样，同样派员工去参加了某些 BIM 软件的操作使用培训（或者邀请软件厂商上门给员工进行培训），回来以后发现要真正用起来产生效益却没那么容易，其他员工持观望甚至抵制态度也就不足为奇了。业内同行都明白这样一个事实，把 BIM 当作每个人自己去掌握的战术工具来对待我们几乎没有看到成功的案例，而把 CAD 当作每个人自己去掌握的战术工具来对待我们看到和得到了甩掉图版的成功，但其应用效率和水平仍然比较低，如果企业有良好的统一规划和执行力度的话，还有很大的潜力可挖。那么是什么原因导致两者有这么大的区别的呢？

如果我们把 BIM 和目前已经普及使用的 CAD 技术进行比较的话，我们会发现 CAD 基本上是一个软件的事情，而 BIM 不仅仅是一个软件的事；CAD 基本上只是换了一个工具，而 BIM 不是仅仅换一个工具的事；CAD 更多地表现为使用者个人的事，而 BIM 不仅仅是一个人的事；CAD 基本上只是换了一种介质，而 BIM 不仅仅是换了一种介质的事。

也就是说，今天当企业开始 BIM 应用的时候，主要矛盾以及主要矛盾的主要方面都跟当年 CAD 普及的时候有了很大的变化。首先从技术角度来分析，CAD 可以靠每个从业人员个体独立实现其核心价值（甩图板以及因此而得到的制图效率和质量提高），而 BIM 靠每个独立的从业人员个体基本无法实现其核心价值（提高项目整体的质量和效率）；其次从经济上来分析，现在一般软硬件价格都已经和行业平均月薪在一个数量级上，设计企业平均年产值在 30 万元左右，实施 BIM 的主要成本由当年 CAD 普及过程中的硬件成本变成了今天的人力资源成本以及由此而产生的机会成本（若干人若干时间因为学习 BIM 应用而不能按正常情况完成项目或者需要加班加点）。

企业 BIM 应用的成功实施不能靠员工单打独斗自己分头去实现，需要组织相关专业和一定数量的团队一起去探索；应用 BIM 实现提高项目质量和效率的目的所需要的时间也比用 CAD 代替图板所需要的时间来得长，意味着在应用 BIM 能获得效益以前所需要的投资时间比较长。这些特点决定了企业要把 BIM 转换成为自己的有效生产力必须要有一个相对系统和完整的计划和步骤，否则成功的机会不会太多，或者需要的时间会更长、成本会更高、风险会更大。

4.3　没有明确的 BIM 业务目标，就不会有合理的 BIM 技术路线

1. BIM 应用业务目标

参加各种 BIM 实施方案评审，发现一个比较普遍的现象，大部分 BIM 实施方案的内容都是在描述 BIM 能做什么，而不是描述他们那个项目的 BIM 应用应该做什么以及如何来做。这里有各类项目及其 BIM 应用团队（包括外聘 BIM 服务团队）BIM 应用经验不足等具体的技术问题，但是更关键的问题在于缺乏明确的 BIM 应用业务目标。

评价一个 BIM 方案或者措施好不好固然需要从若干不同的角度进行考量，但是其中最关键的指标应该是这个方案和措施能否实现该项目 BIM 应用的业务目标，在能够实现业务目标的基础上再寻找投入产出最佳的方案。因此如果没有明确的 BIM 应用业务目标，从根本上就没法评价某个 BIM 实施方案的好坏。在这一点上 2012 年 7 月发布的美国（业主 BIM 规划指南 1.01 版）有一张比较形象的表格可供大家参考（表 4-1）。

GOAL 业务目标或任务	BIM USES BIM 应用
Improve construction quality 改善施工质量	Design Review，Design 3D Coordination，Digital Fabrication 设计复核，设计三维协调，数字加工
Reduce RFis and change Orders 减少资料申请单和变更指令	Design Review，3D Coordination 设计复核，三维协调
Reduce energy Use 减少能耗	Energy Analysis，Performance Monitoring 能量分析，性能监测
Provide facility managers improved facility data after building turnover 项目完成后为设施经理提供更好的设施数据	Record Modeling，Existing conditions Modeling 记录模型，现状条件建模

一般而言，从确定 BIM 应用业务目标到选择 BIM 技术路线的过程可以简单地表示为图 4-3。

2. BIM 技术路线

明确了 BIM 应用需要实现的业务目标以及 BIM 应用的具体内容以后，接下来的工作才是选择相应的 BIM 技术路线，而使用什

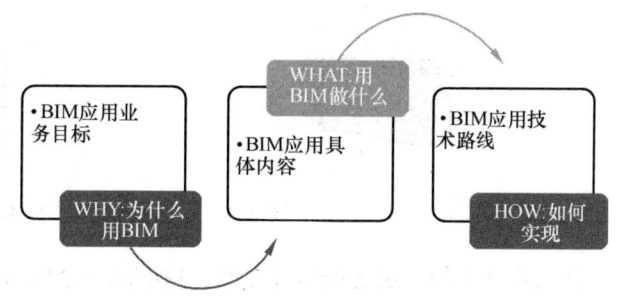

图 4-3　BIM 应用业务目标和技术路线

么 BIM 软件则是 BIM 技术路线选择这个工作的核心内容。

相信大家都会同意下面两个事实：

（1）找不到也开发不出来一个可以解决项目生命周期所有参与方、所有阶段、所有工程任务需求的"超级软件"，即使退一万步能有这么一个软件，也找不到需要和能够使用这个软件的"超人用户"。

（2）目前市场已经在使用的 BIM 软件找不到任何一款软件其功能、性能、多专业支持、数据交换、扩展开发、价格、厂商实力等各方面都比其他软件有优势的。

基于上述事实，大家在确定技术路线的过程中就只能根据 BIM 应用的主要业务目标和项目、团队、企业的实际情况来选择"合适"的软件来完成相应的 BIM 应用内容，当然这里的"合适"是综合分析项目特点、主要业务目标、团队能力、已有软硬件情况、专业和参与方配合等各种因素以后得出的结论，从目前的实际情况来看，总体"合适"的软件未必对每一位项目成员都"合适"，这就是 BIM 软件的现状。

因此，不同的专业使用不同的软件，同一个专业由于业务目标不同也可能会使用不同的软件，这都是 BIM 应用中软件选择的常态，目前全球同行和相关组织如 buildingSMART International 正在努力改善整体 BIM 应用能力的主要方向也是提高不同软件之间的信息互用水平。

以施工企业土建安装和商务成本控制两类典型部门的 BIM 应用情况来分析，目前

最普遍采用的技术路线如图 4-4 所示（技术路线 1）。

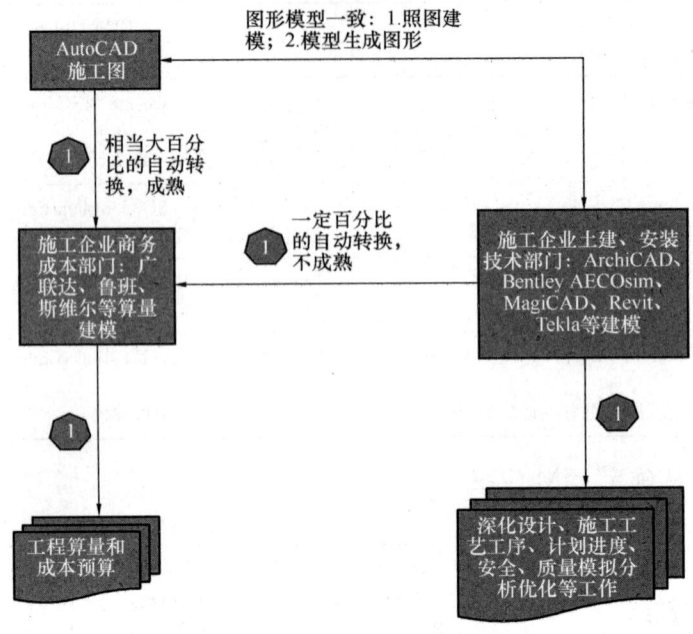

图 4-4　施工企业 BIM 技术路线 1

技术路线 1 的不足之处是显然的，目前同一个项目技术部门和商务部门需要根据各自的业务需求创建两次模型，技术模型跟算量模型之间的信息互用还没有成熟到普及应用的程度，广联达、鲁班、斯维尔等厂商也都在积极探索和实践中，产品成熟以后两类业务部门只建一次模型的目标就基本可以实现。这是目前看来业务上和技术上都比较可行的路线。

理论上技术路线 1 还存在另外一种可能，我们将其称之为技术路线 1a，如图 4-5 所示。

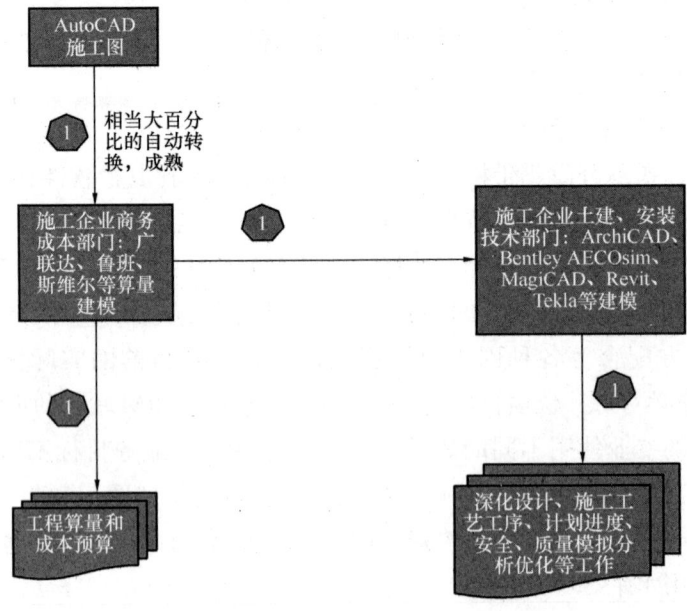

图 4-5　施工企业 BIM 应用技术路线 1a

技术路线 1a 在技术上和业务流程上是否可行以及合理今天要作出肯定的判断还为时尚早，还需要更多的研究和实践。

技术路线 1 和 1a 有一个共同的特点，就是技术和商务使用两个不同的模型，当然也使用不同的软件来实现各自的业务目标，不同模型之间的信息互用只是减少或避免了两个模型建立的重复工作而已。那么除此之外，是否存在两类业务需求使用一个模型的可能呢？例如图 4-6 和图 4-7 描述的技术路线 2 和技术路线 3。

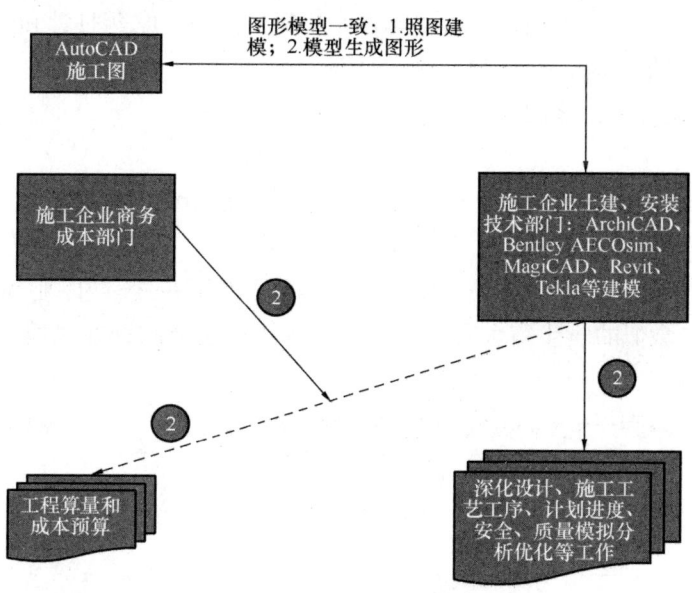

图 4-6 施工企业 BIM 应用技术路线 2

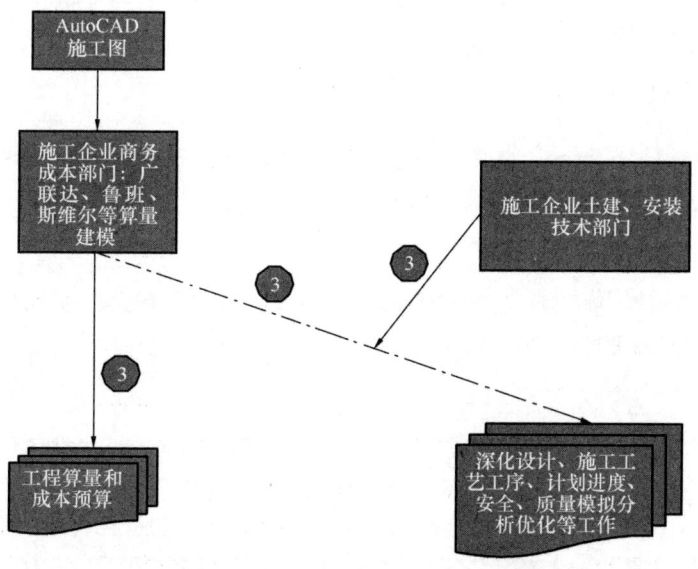

图 4-7 施工企业 BIM 应用技术路线 3

从全球 BIM 应用的实践来看，技术路线 2 的"从土建、机电、钢构等技术模型完成算量和预算"的做法已经有 VICO、Innovaya 等成功先例，而技术路线 3 的"从算量模型完成土建、机电、钢构技术任务"的做法目前还没有看到类似的尝试，从个人的认识来看，这样的做法无论从技术上还是业务流程上其合理性和可行性都值得商榷。

3. 尾声

"一人感冒到医院治疗后，出门就说这医院水平太低了，连牙疼都不会看"。大家听过这样的就医故事吗？类似这种日常生活中看来匪夷所思的故事目前在 BIM 应用领域却常常可以听到或碰到。

感冒和半身不遂都是生病，量体温和做 CT 都是体检，吃药打针和开肠剖肚都是治疗，社区和三甲都是医院，全科和专科都是医生。

关键在于你要解决什么问题。

4.4 BIM 应用的技术、经济和战略考量

2012 年 9 月 16 日北京工业大学赵雪锋老师发出了一个"中国 BIM 之问"——"你认为一个火柴盒似的学生宿舍有必要做 BIM 吗"？这个问题在微博上引起了很多讨论，如图 4-8 所示。

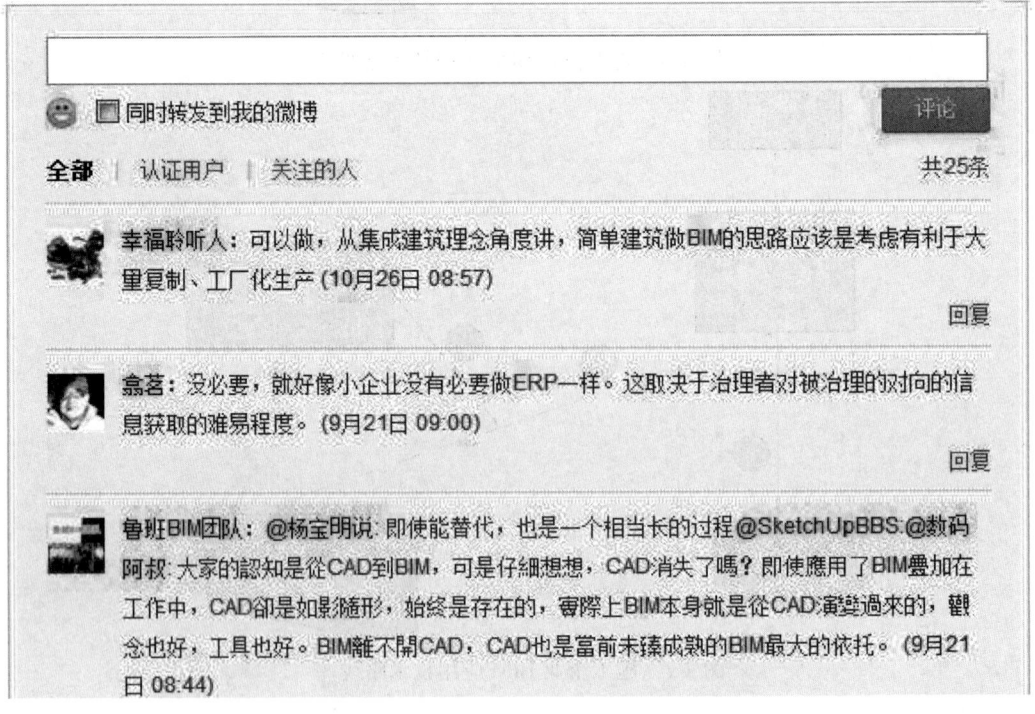

图 4-8　一个火柴盒似的学生宿舍是否有必要做 BIM

图 4-9 是作者当时的评论：

 heguanpei V：目前BIM用在大型复杂项目上的原因不是因为BIM不适合用于规则简单项目或规则简单项目不需要BIM，而是因为目前BIM应用还需要"额外"成本，就像20年前不是每个人都能用手机一样，不是手机不适合大众使用或大众不需要手机，而是成本效益问题。(9月18日 17:44)
回复

图 4-9 作者对图 87 问题的评论

上述评论是一个企业、一个人或者一个项目用或者不用 BIM 的经济考量，也是在市场经济条件下任何一种新技术、新方法、新产品有没有生命力的终极考量。因此赵老师的问题不纯粹是技术问题，还包括经济问题，这个问题就像 20 年前问"卖菜的、补鞋的、打工的、坐办公室的有必要用手机吗"类似，那个时候只有领导、老板和销售人员配备手机。

目前情况下，听到不少声音说某某企业或某某人或某某项目用了 BIM 没产生什么实质性的效益、投资得不到回报，但是还是坚持在用，而且越来越多的企业和个人正在加入或准备加入 BIM 应用的行列，这又是什么原因呢？因为除了技术和经济考量以外，还有另外一个因素就是所谓的"战略"考量，企业或个人在行业的地位、品牌、竞争力的考量，虽然就事论事 BIM 应用的投入产出不佳，但保证了企业和个人的整体市场竞争地位。

对于上述情况需要补充的是，根据作者这些年的 BIM 研究和实践体会，BIM 应用的投入产出不佳或者投资得不到回报，基本上可以认定是应用 BIM 的方法和过程出问题了，而不是 BIM 本身出问题了。中国建筑业协会工程建设质量管理分会主持的《施工企业 BIM 应用研究报告 2012》（中国建筑工业出版社 2013 年出版）其中的一个调研结果也从一个侧面说明了这个事实（图 4-10）。

上图是"问题 5-1：贵公司第一次使用 BIM 的时间是哪一年？后来是否持续使用 BIM？"的统计结果，虽然应用 BIM 的样本数量（58）不足调研样本总数（388）的 15％，但是用过 BIM 的样本却有 89％还在继续使用 BIM。

5-1：是否持续使用BIM

否 11%

是 89%

图 4-10 用过 BIM 的企业是否还在持续使用 BIM

当然，除了企业、个人、项目等层面的技术、经济、战略考量以外，政府可能还会有社会、安全等其他方面的考量，这部分内容跟赵老师的问题没有太大关系，此处不再展开。

4.5 如何解开国内 BIM 普及应用的死结？

工程项目建设和运维过程中尽管有许多不同类型的利益相关方，如果不算政府监管这一类型的话，实际上只有两方：买方和卖方。买方是指工程产品和服务的终极购买方，我们将其统称为业主，卖方是指各种工程产品和服务的提供方，包括设计、施工、运维、供货商等传统项目参与方，当然，既然谈 BIM 卖方自然也不能缺了 BIM 咨询服务机构。

不管以何种形式向什么组织提供哪些内容的 BIM 应用服务，其终极买方事实上只有一方，那就是业主。那么业主最关心的 BIM 应用问题是什么？其他国家和地区的情况作者了解不多，但是如果在国内这个问题无论是问业主本身，还是问为业主提供各类工程服务的项目参与方，估计得到的答案会非常一致，那就是"用了 BIM 能为业主或这个项目省多少钱？"

一方面，不管是专门的 BIM 咨询服务机构，还是设计、施工等项目参建方的 BIM 或项目团队，也不管是初出茅庐的 BIM 新手，还是相对来讲久经沙场 BIM 老兵，第一想学的大都是如何可以利用 BIM 赚更多的钱，谈起 BIM 价值人人都可以唾沫星子乱飞，讲得天花乱坠。另一方面，作为今天的业主，似乎比任何项目服务方都更加淡定，无论你把 BIM 说出花来，说 BIM 在规划、设计、施工、运维各阶段都有很多价值，我只问你 BIM 能帮我省多少钱。同一时代的产物，没有什么好坏对错，买方和卖方确实是天生的一对，无不打上时代的烙印。

一大批卖方（设计、施工、咨询服务商等）只想以最省事的方式用 BIM 赚钱，而十年寒窗苦读最好能有别人代受；大部分买方又只关心用了 BIM 能帮自己省多少钱，其他的诸如提高质量等好处最好能顺便获取或者本来就是卖方应该做到的。尽管目前国内业主应用 BIM 的案例已经不在少数，但作者认为这些案例仍然只是特殊的个案，如果站在整个市场的角度来看，卖方只想用 BIM 挣轻松钱而买方只想用 BIM 省钱这个现象事实上形成了国内 BIM 普及应用的一个关键症结，甚至可以说是死结。

之所以说这是一个死结，是因为国内同行回答不了用 BIM 能省多少钱这个问题，而且短期之内也无法得到合适的答案，原因在于，首先从技术上我们缺少这方面的积累，而且这还不仅仅是 BIM 单独面临的问题，即使用了其他技术和方法能省多少钱也没有很好的答案；其次从市场上我们缺少把这个事情弄清楚的土壤，个中原因不一而足。总之，建立一套新技术对工程建设行业生产力提升作用的数字度量体系非一日之功、非一人之功所能完成。

由于缺乏基本功，就只能靠花架子来补，因此贪大求全的虚胖或花架子也就成了绝大部分 BIM 服务团队的必杀技，以至于做 BIM 的人都不好意思说 BIM 的可视化和碰撞检查功能了，动辄 BIM 全生命期服务。治不好业主的忧郁症，我们就给业主浑身挠痒痒，如此一来死结只会越来越死，对业主来说 BIM 应用也就变成了挠痒痒。

路是一步一步走出来的，体系是一点一点积累起来的。新加坡国立大学的 Bon-Gang Hwang 和 CII（Construction Industry Institute）的 Stephen R. Thomas 等人在文章"Measuring the Impact of Rework on Construction Cost Performance"中对 CII 数据库里面的 359 个项目就返工对建造成本的影响进行研究，发现仅返工的直接成本对各种类型、规模和地域的项目就占项目总建造成本的 5% 左右，更不用说返工也是工期拖延和质量降低的主要因素之一了。

上述研究把引起返工的原因分成9类：

（1）业主变更（OC-Owner Change）；

（2）设计错漏（DE-Design Error/omission）；

（3）设计变更（DC-Design Change）；

（4）承包商错漏（CE-Constructor Error/Omission）；

（5）承包商变更（CC-Constructor Change）；

（6）供货商错漏（VE-Vendor Error/Omission）；

（7）供货商变更（VC-Vendor Change）；

（8）运输错误（TE-Transportation Error）；

（9）其他（OS-Other）。

研究的359个项目中181个由业主提供数据，178个由承包商提供数据，表4-2是不同类型项目引起返工前三个原因的统计结果。

不同类型项目引起返工的前三个原因　　　　　表 4-2

Summary of Three Greatest Sources of Rework Ranked by Cost Impact　　Table 11

Project characteristics		Owner			Contractor		
		First	Second	Third	First	Second	Third
Industry group	Buildings	DE	OC	OS	CE	DE	VE
	Heavy industrial	DE	OS	OC	DE	OC	VE
	Infrastructure	OC	CE	DE	OS	DC	DE
	Light industrial	DE	OC	OS	DC	OC	DE
Project nature	Add-on	DE	OC	OS	DE	OC	DC
	Grass roots	DE	OC	CC	DE	OC	DC
	Modernization	OC	DE	OS	DE	OC	DC
Project size	＜ ＄15MM	OC	DE	OS	DE	OC	DC
	＄15～＄50MM	DE	OC	OS	DE	VE	OC
	＄50～＄100MM	OC	DE	OS	OC	DE	CE
	＞＄100MM	DE	CE	VE	DE	VE	OC
Project location	Domestic	DE	OC	OS	DE	OC	DC
	International	DE	OC	CE	DC	DE	OS
Work type[a]	Construct only	NA	NA	NA	DE	DC	OC
	Design and construct	NA	NA	NA	DE	OC	VE

Note：OC＝owner change；DE＝design error/omission；DC＝design change；VE＝vendor error/omission；VC ＝vendor change；CE＝constructor error/omission；CC＝constructor change；TE＝transportation error； OS＝other；and MM＝million.

[a]Contractor reported projects only.

由表中数据可知，业主提供数据的181个各种不同类型的项目中，引起返工的前三个原因分别是设计错漏（DE）、业主变更（OC）和其他（OS），而承包商提供数据的 178 个各种不同类型项目中，引起返工的前三个原因分别是设计错漏（DE）、业主变更（OC）和设计变更（DC）。

作者没有找到国内研究统计项目返工成本的资料，如前所述，要得到这样的研究资料需要长期的积累和相对完整的体系，但是有一点估计同行大都不会反对，就是我们国家工程项目因返工而引起的直接成本增加占项目建造总成本比例的平均值不会比 CII 数据库里面 359 个项目统计结果 5% 的平均值低，即使没有统计数据，同行也清楚返工成本是一个大数，不是一个小数。还有一点可能绝大部分同行也都会同意，即如果与目前具有相同能力的工程技术和管理人员能够使用 BIM 技术和方法来完成其日常工作的话，对避免上述引起返工的 8 个（不包括最后一条"其他"的原因）原因都应该会有非常直接的作用，而且由此能够节省的建造成本也会是一个大数。

一般而言，市场是新技术、新方法普及应用最大的推动力，相信 BIM 也不会例外。作为终极买方的业主对 BIM 应用的态度会如何变化我们不得而知，但是作为各类 BIM 应用服务的卖方，不管是传统的设计、施工企业也好，还是新来乍到的 BIM 咨询服务机构也罢，天生不足后天补，从 BIM 帮助减少返工这样的基本功练起，或许能找到一条解开国内 BIM 普及应用死结的道路。

4.6 国内企业开展 BIM 应用的一些典型现象及个人看法

有过 BIM 应用经验的企业和个人估计绝大多数会认可"企业要成功应用 BIM 不能靠员工单打独斗去完成"这样一个道理和事实，关于这方面的内容作者在 4.2 节里面已经做了比较详细的分析，此处不再重复。由于越来越多的同行认识到企业 BIM 应用不能靠员工个人各自单独奋斗成功，因此有组织有计划实施 BIM 应用的企业数量也自然随之迅速增加，本文就目前国内企业 BIM 实施策略和计划中的一些典型现象以及个人对这些现象的一些思考和看法跟同行做一个交流，供大家参考。

楔子：BIM 应用是一个目标明确但路线和步骤不确定的事业

BIM 应用的目标明确吗？我想应该是相当明确的，那就是所有工程建设行业从业人员能够在应用现有已经普及使用的建筑业信息技术的基础上进一步掌握 BIM 技术的应用（包括 BIM 和其他建筑业信息技术的相互影响和融合）来完成其负责的工程任务，从而实现项目建设、运维质量和效率的提升。

但是实现这个目标的路线和步骤却有非常大的不确定性，包括应该制定哪些策略、计划和措施，采取什么组织形式，选择何种技术路线，采购什么软硬件产品，会有什么样的投入产出模式，需要多长时间，等等，今天都没有现成的样板可以依照，而且在我看来，即使有了所谓成功的样板，也未必能完全照抄，这和企业的管理和经营方法类似，需要根据每个企业自己的特点来对症下药。

而在实践 BIM 应用的过程中之所以出现下列典型现象，正是不同企业根据自身实际情况对上述问题的不同反应。从最终的 BIM 应用目标去衡量，我想如果说至今为止还没有企业整体成功应用 BIM 的案例应该不算太悲观或保守，因此特别说明，下面这些企业 BIM 应用策略和计划层面的尝试首先是有意义的，其次也不能完全断定这些方法是实现不了企业 BIM 应用目标的，我们只是分析这些方法在实现企业 BIM 应用目标的过程中可能遇到的问题会有哪些，以帮助企业在制定 BIM 应用策略和计划时尽可能避免。

现象一："BIM 型 BIM 团队"——工程任务和 BIM 应用两张皮

成立与现有企业项目执行方式无关的独立的"BIM 型 BIM 团队"是目前比较典型的企业 BIM 应用组织形式之一，BIM 型 BIM 团队作为项目团队的辅助力量，其主要职责是"做 BIM"而不是"做项目"。这种形式容易带来两个问题：

（1）项目团队用传统方式完成各自的工程任务，BIM 型 BIM 团队做的 BIM 应用工作与工程任务没有有机结合在一起，BIM 应用的价值取决于项目团队成员如何在其负责的工程任务中使用 BIM 成果，也就是所谓的专业和 BIM 形成"两张皮"的问题。

（2）这样的 BIM 型 BIM 团队成员其职业发展的问题，如果我们同意行业从业人员掌握 BIM 技术完成相应工程任务的最终 BIM 应用目标的话，一开始就应该要考虑这个问题。

现象二：非资深员工牵头企业 BIM 应用

有不少企业的 BIM 应用由企业内某一个或几个掌握若干 BIM 软件操作但缺乏工作经验、工程经验、企业运营经验的基层员工牵头，企业资深管理和技术人员因为工作忙、不会 BIM 软件操作等原因对 BIM 保持距离，让年轻人先去试验，总体来看这种做法的企业其效果也不是很好。

会不会操作软件和会不会应用 BIM 不完全是一回事，就像我们从来不会认为谁画图快谁的设计水平就高，谁力气大谁的施工水平就高一样，BIM 也是一个道理。企业应用 BIM 的目的是提高质量、效率、核心竞争力和盈利能力，当然最终需要依靠软件来实现，但是这个任务不是光靠缺乏实际工作经验、工程经验和企业管理经验的新从业人员可以完成的。

现象三："拒绝二维，全员 BIM"

这种做法的企业 BIM 应用有顶层设计，但风险比较大，英语中把这种方法叫做"boiling the ocean（煮沸海洋）"。

BIM 的应用对建筑业生产方式的改变可以这样来描述：从目前基本依靠图形（即二维，无论是数字介质还是实物介质）进行工程项目建设活动到同时依靠信息模型（即三维或更多维）和图形进行工程项目建设活动，实现行业工作质量和效率的全面提升。即使抛开法律层面不谈，直接从纯技术层面来分析，除非完全实现自动化生产的部分，在我们能看到的未来，二维图形无法代替，不管是过程还是结果。因此总体来说"拒绝二维"的说法不一定站得住脚。

从不会用 BIM 到会用 BIM，需要一个过程，一个工作效率从比原来低到慢慢上升和原来持平直至比原来高的过程，而更关键的问题是在目前的技术、流程和产品条件下每个人的这个过程无法在短期内完成，需要几个月甚至更长的时间，在这样的情况下，"全员 BIM"需要的成本绝大部分企业无法承受。

尾声：有比较可行的企业 BIM 应用策略和计划方法吗？——"项目型 BIM 团队"

根据作者个人和团队的经验，以下方法是在目前技术和产品条件下企业应用 BIM 比较可行的策略和计划方法：

（1）企业（或部门，跟企业规模有关系）资深员工负责企业 BIM 应用策略和计划；

（2）从一个或若干个"项目型 BIM 团队"开始，根据企业自身特点以及综合考虑市场、技术、经济等因素寻找合适的路线和步骤。

4.7　企业 BIM 实施需要了解的几条通用 BIM 应用认识

交流的时候总被问到类似的问题，调研的时候总是碰到类似的情况，评审的时候总是看到类似的资料。积累了一段时间以后，发现其中很多问题都是一些非常基本的认识问题，鉴于目前启动 BIM 实施的企业数量快速增长的现实，把个人对 BIM 应用的一些基本认识总结在这里供大家参考、讨论和批判。

（1）BIM 理论、技术、方法、软件工具还在快速发展阶段，未来会对整个建筑业生产方式产生巨大影响，目前已经可以产生明显经济和社会效益。

（2）企业信息化可以分为管理信息化和技术信息化两个领域，ERP 正在成为管理信息化的核心技术和方法，BIM 目前看来最有可能成为技术信息化的核心技术和方法。

（3）BIM 是建筑业各类企业一种新的信息技术工具，需要通过和现有其他信息技术结合在项目建设和运维过程中应用才能产生效益。

（4）BIM 这个药铺里面的药（功能）很多，不同企业和项目在不同阶段应该使用哪些药需要根据实际情况决定，但有一点是肯定的，把药铺里面所有的药都开在一个方子上一定不是一个好药方。

（5）把 BIM 当战术工具用很难有成功的机会，有统一规划、由了解企业核心盈利模式有影响力的资深员工牵头是 BIM 成功应用的基础。

（6）只有首先确定 BIM 应用的业务目标，才有可能判断什么是 BIM 应用合理的技术路线、策略和措施。

4.8　BIM 应用效益欠佳的根本原因既不在 BIM 本身
也不在一线作业人员

关于 BIM 应用效益这个问题，目前看到和听到的一个最普遍的现象是这样的：如果某个企业或项目的 BIM 应用效益（或效果）欠佳，第一大原因企业上下从决策和管理层到作业层都一定会毫不犹豫地归结于 BIM 本身，包括 BIM 技术不成熟、BIM 产品不好用、推广 BIM 的人瞎忽悠等；第二大原因企业会习惯归结于一线 BIM 应用人员。在此之后企业才会考虑其他原因。

事实果真如此吗？那么同样的 BIM 为什么有些企业和项目可以获得比较好的效益

呢？同样的一线 BIM 应用人员在有些企业能创造比较好的效益，而到了另外一些企业以后却做不到呢？反过来的情况也是一样。这就说明目前行业普遍对 BIM 应用效益不好根本原因的惯性认识是不怎么站得住脚的，那么真正站得住脚的那个答案应该是什么呢？让我们一起来看看 BIM 应用效益的产生路线，如图 4-11 所示。

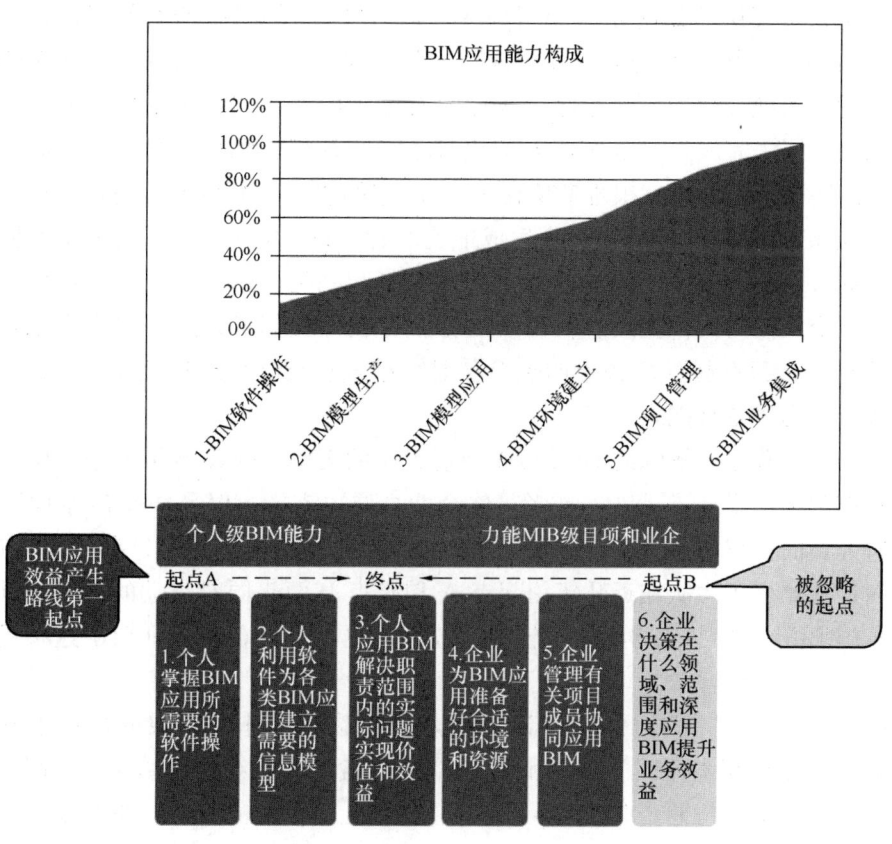

图 4-11　BIM 应用效益产生路线

图 4-11 上半部分是作者在 2011 年提出的 BIM 应用能力构成，详见 3.3 节，下半部分是企业 BIM 应用效益的产生路线，其中下半部分描述 BIM 应用效益产生路线各个步骤的编号 1～6 跟上半部分的 BIM 应用能力编号对应。

大家知道，BIM 应用效益发生在企业相关专业或岗位利用 BIM 完成各自任务和职责比既有方法提高质量和效率的时候，也就是图上的"终点"（对应 BIM 应用能力"3. BIM 模型应用"）位置。要顺利达到这个"终点"，个人需要掌握满足专业或岗位需求的 BIM 软件使用（对应 BIM 应用能力"1. BIM 软件操作"）以及使用这些软件创建 BIM 模型（对应 BIM 应用能力"2. BIM 模型生产"）；企业也需要在同时做好几个方面的工作，首先是根据企业自身的特点确定在什么时间、由什么人进行哪些 BIM 应用以及应用到什么程度来帮助企业提升经营效益（对应 BIM 应用能力"6. BIM 业务集成"），其次是对相关项目成员的 BIM 应用进行管理和协调以保证项目 BIM 应用实现既定目标（对应 BIM 应用能力"5. BIM 项目管理"），第三是为企业不同项目不同专业和岗位的 BIM 应用准备好合适的环境和资源（对应 BIM 应用能力"4. BIM 环境建立"）。

由上面的解释我们不难理解，实现 BIM 应用效益需要两个起点，"起点 A"主要是个人或者说一线作业人员的职责，BIM 的价值和效益实现离不开软件工具，因此个人掌握相应软件工具的操作是 BIM 应用最基本的事情；"起点 B"的职责主要在企业或者说企业决策和管理层，如何充分利用 BIM 为企业的经营和业务发展服务，如何配置 BIM 应用资源、如何确定 BIM 应用方向、如何研究 BIM 应用技术路线、如何选择合适的时间合适的人做合适的事才能使企业投入有合理的产出，这个工作只能由每个企业的决策和管理层来完成，一线作业人员代替不了，外部资源也代替不了。如果这个起点本身有问题的话，那么就很难期望在 BIM 应用的终点得到好的效益，也就是说，起点 B 企业决策和管理层的 BIM 业务集成能力相比 BIM 本身以及一线作业人员的 BIM 应用能力而言对企业 BIM 应用效益的高低或好坏起到的作用更大。

借用一个人们对天桥把式进行评价的方式，也许我们可以这样来形容几种不同的 BIM 应用模式：只有起点 A 没有起点 B 的是傻把式，只有起点 B 没有起点 A 的是假把式，两者都有的才是真把式。

到目前为止我们了解到的 BIM 应用效益欠佳的案例，绝大部分都是因为其 BIM 应用过程只有起点 A 没有起点 B，或者虽然企业高层也支持，但是并没有对 BIM 业务集成进行研究，而仅仅只是资金和政策等的简单支持，实质上仍然是只有起点 A 的模式。另一方面，优比咨询团队在近几年用起点 A 和起点 B 两头同时启动的模式帮助了数十家企业实施 BIM 应用并取得相对比较好的效益，也在某种程度上证明了这种模式的有效性。

当然，一个人和一个团队的知识、能力和经验都是非常有限的，希望通过上述 BIM 应用效益不佳根本原因的分析和 BIM 应用效益产生路线的总结交流，同行们可以探索和实践出更多能帮助企业在 BIM 应用上取得良好效益的方法、路线以及具体实施步骤，真正实现应用 BIM 提升企业核心竞争力和盈利能力的目标。

4.9　现阶段企业该如何看待 BIM 和 ERP 的信息共享问题？

当企业从整体层面开始规划 BIM 实施方案的时候，几乎所有企业负责人都会提出 BIM 和 ERP 的关系问题，尤其是已经完成企业信息化资质就位的施工企业和其他部署了 ERP 系统的企业。其中最典型的问题就是"BIM 信息能直接转到 ERP 系统被 ERP 系统使用吗"？相信纠结在这个问题里面的企业不在少数，有把 BIM 和 ERP 集成当作近期工作目标或研究课题的，也有号称两者已经在集成应用的，更多的则是陷在这个问题中不知道下一步该怎么做的。

对上述问题我个人的理解是：（1）能但没那么简单；（2）对绝大多数企业来说这个工作不是现阶段应该做的事情。为什么这么说呢？让我们一起来看看 BIM 和 ERP 应用效益的实现路径（图 4-12）。

如图 4-12 所示，BIM 和 ERP 作为企业技术信息化和管理信息化的两种标志性技

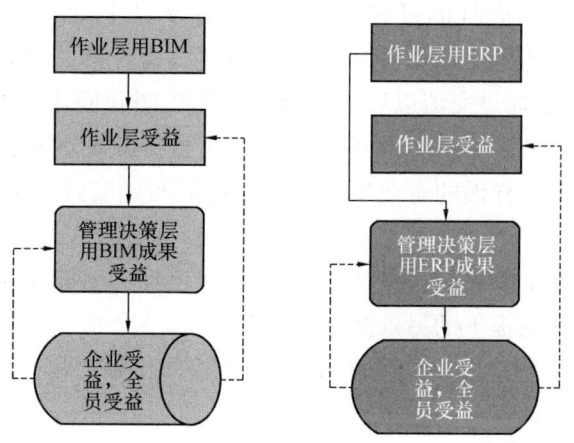

图 4-12　BIM 和 ERP 应用效益实现路径

术，其应用效益的实现路径有比较显著的差别。BIM 的应用效益实现路径表现为：BIM 一线使用者即时直接受益，然后企业决策和管理层受益，从而导致企业整体受益，最终 BIM 一线使用者由于企业整体受益而再次间接受益；而 ERP 的应用效益实现路径则表现为：ERP 一线使用者没有即时直接受益，当所有一线使用者都按照要求完成 ERP 应用的时候，企业决策和管理层就可以从所有一线使用者的 ERP 成果中受益，然后企业整体受益并最终使一线使用者间接受益。

BIM 和 ERP 之间的主要关系应该是明确的，BIM 将有可能成为 ERP 的项目基础数据来源。从上面的分析不难理解，要让 BIM 作为 ERP 系统项目基础数据的来源有一个前提条件，即使用 BIM 的项目数量必须达到一定的比例，否则把 BIM 信息交换或共享给 ERP 系统没有实际意义。此其一。

其二，BIM 和 ERP 系统软件种类繁多，不同软件之间信息交换和共享的技术、方法、工具、成熟度差距比较大，而且未来几年软件技术、产品和市场发展的变数也没有那么容易预测，因此这个工作等到有实际意义的时候再投入资源实现比今天先投资实现好等到有实际意义的那一天再来使用风险要小得多。

其三，以解决技术问题作为主要目标建立起来的 BIM 模型信息要交换或共享给以解决管理问题作为主要目标的 ERP 系统，需要考虑的因素和解决的问题应该既不会那么少也不会那么简单。

总体而言，BIM 应用才刚刚开始，目前仍处于早期探索阶段，ERP 应用的成熟也还需要假以时日。在这样一个两者都具有很大不确定性且几乎没有任何项目 BIM 数据积累的时间节点上，对于绝大多数企业而言，BIM 和 ERP 的信息共享作为一种技术研发和科研项目也许是合适的，但是作为企业 BIM 实施的工作内容之一还为时尚早。

4.10　企业 BIM 软件应用能力的分持方法

在我们跟设计和施工企业讨论确定面向企业大部分员工的"企业 BIM 生产力建设

基础培训课程"使用什么软件的过程中，经常碰到来自企业的两种非常典型的要求，其一是要求我们把目前用得上的软件尽可能都培训一遍，其二是要求我们提供所谓的"高级功能"培训。虽然通过交流以后大部分企业能按照我们建议的方案逐步推进，也有少数企业坚持他们自己的想法，并声明如果确实按照我们的预测那样效果不好，企业再来调整。几家坚持这样做的企业最后的事实都证明确实效果不好。原因比较简单，说明如下：

大家都知道依靠一个软件解决所有问题的时代已经一去不复返了，此外，相信大家应该也都会同意在此前提下的另外两个判断：

（1）让一个人掌握与其相关的所有软件应用几乎不可能做到（言下之意还是有人可以做到的）；

（2）让企业所有人掌握跟他们各自相关的所有软件的应用肯定不可能做到。

企业要用到一些什么软件是由市场决定的，企业中不同的人能掌握哪些软件应用是由个人的岗位职责和能力决定的，根据上面的判断我们知道，要解决这个矛盾只有一个办法，那就是安排不同的人掌握不同的软件，也就是本文标题所说的 BIM 软件应用能力分持，在此基础上组成企业整体 BIM 能力以满足市场对企业使用各种不同软件的需要。

因此，接下来的问题就只剩一个了，那就是企业里面不同人员如何进行 BIM 软件应用能力的分持呢？也就是说，到底安排什么人来掌握什么软件呢？图 4-13 是作者根据这些年的经验和理解归纳总结的一套企业 BIM 软件应用能力分持方法。

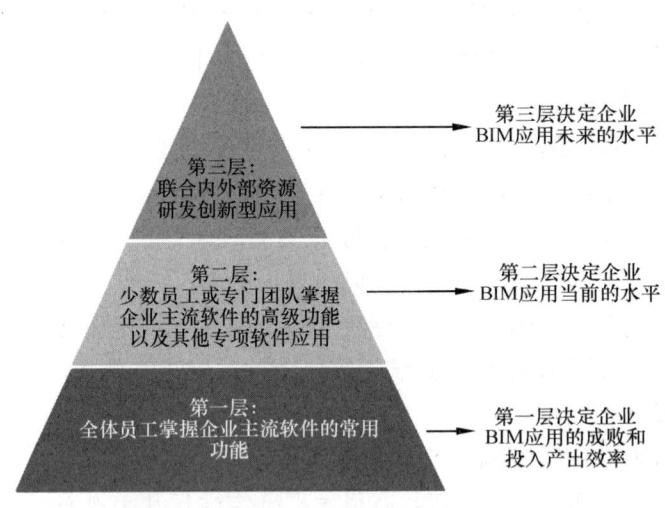

图 4-13　企业 BIM 软件应用能力分持方法

一般而言企业 BIM 软件应用能力可以按三个层次分别持有，第一层是面向全体员工的，要让 BIM 成为企业的有效生产力这一层是基础。如前所述，理想状态当然希望全体员工能把跟各自专业和岗位有关的软件都用得登峰造极，但事实上做不到，因此可行的方案只能是根据企业主营业务需要、专业岗位分工情况、软件本身技术能力、厂商综合服务能力以及其他非技术因素（关于非技术因素的具体内容可参考 5.14 节）

确定本企业应该使用的主流软件，然后安排员工掌握这几个主流软件的常用功能，满足每位员工完成日常专业或岗位任务的需要。第一层实现的正确与否直接关系到企业 BIM 应用的成败和投入产出效率的高低。

作为企业整体而言，只具备若干主流软件常用功能的应用能力显然是不能满足市场竞争需要的，一个企业需要掌握哪些 BIM 软件的应用能力最终是由市场来决定的，因此企业内部必须要有部分员工或专门团队掌握除上述所有员工掌握的企业主流软件之外的其他专项软件，以及企业主流软件常用功能之外的高级功能，从而既能够支持全体员工顺利完成日常工作，又能够使企业作为一个整体在市场竞争中生存发展。第二层决定了企业 BIM 应用的当前水平。

对于想引领市场的企业，除了前面两层能力以外，应该还需要进行 BIM 创新型应用，由于这部分工作没有现成的经验可供借鉴，没有人清楚到底应该怎么做，因此通常可以用课题研究这样的方式开始，从人力资源来看，除了企业内部资源以外，还可以使用企业外部资源。第三层决定企业的市场地位和未来竞争力。

其实软件能力分持并不是什么新鲜事物，事实上目前 CAD 环境下设计、施工企业都是这么做的，例如企业内所有建筑专业都要求会用 SketchUp 和 AutoCAD，但 3DS Max 和 Rhino 就不是每个建筑师都会用的了；结构也一样，所有结构都要用 PKPM 和 AutoCAD，但 ANSYS 和 ABAQUS 只要少数人会用；设备电气工程师也都要会用天正、鸿业、博超和 AutoCAD，但会用 IES/EnergyPlus/Fluent 等软件的也只是少数。

在 BIM 开始逐渐融入、影响或者替代工程建设从业人员现有软件工具乃至生产方式的时候，希望本节能够给正在计划开展 BIM 应用的企业在确定究竟如何布局企业的 BIM 软件应用能力的过程中提供参考和提醒，事实上企业自己是知道该怎么做的，如果没有因为碰到 BIM 这个新名词而一下子把过去和现在已经成功的经验都忘记了的话。

4.11 地方政府要求该地企业使用某个指定 BIM 软件究竟对企业意味着什么？

近段时间来自同一城市的不少设计和施工企业相继询问同一个问题，据这些企业介绍的大致情况如下：该地方政府和某个 BIM 软件厂商签署协议推广该厂商生产的 BIM 软件在这个地区的应用，政府部门要求本地工程建设行业的相关企业都使用该软件，与之配套，该地政府投资项目也计划要求所有参与方使用该软件。这些企业的问题是：在这种情况下，本企业的 BIM 应用就选上述指定软件了，行吗？

5.14 节对这个问题有比较详细的分析，虽然该节内容主要是针对施工企业的，但是对同样处于"承包方"的设计和运维企业也一样有效，即"承包方"的 BIM 应用技术路线选择要根据"发包方"的规定和要求来确定，这也是作为"承包方"的设计、施工、运维企业需要拥有和掌握多种软件的主要非技术原因之一。

在企业 BIM 应用技术路线选择的过程中，政府通常扮演两个角色，一个角色是作为行业管理部门，可以通过行政措施引导、推荐甚至干预相关企业的技术路线选择，第二个角色是作为政府投资项目的发包方，其对承包方技术路线选择的影响跟其他发包方基本相同。

那么对于当地的设计、施工、运维等"承包方"企业，是否仅仅应用政府和政府投资项目推荐或指定的 BIM 软件就可以解决问题了呢？答案其实不复杂：除非这家企业只做当地政府投资的项目，否则就必须要考虑企业的主要"发包方"以及相关上游或强势企业在各种情况下有可能要求该企业使用什么 BIM 软件。因此，对于主要需要依靠市场来生存和发展的企业而言，如果地方政府指定的 BIM 软件与前述企业发展需要的市场主流软件一致，那么企业就皆大欢喜，否则，企业就需要在满足一般市场要求的基础上再额外拥有和掌握一个该地方政府和政府投资项目指定的 BIM 软件。

4.12 美国陆军工程兵 2006 年 BIM 路线图实际进展回顾给我们带来的信息是什么？

美国陆军工程兵（USACE-the U. S. Army Corps of Engineers）是美国联邦政府最积极推动 BIM 应用的机构之一，其在 2006 年制订了一个为期 15 年（2006～2020年）的 BIM 应用路线图 "Building Information Modeling（BIM）A Roadmap for Implementation to Support MILCON Transformation and Civil Works Projects within USACE"，该路线图设置了 6 个大目标，每个大目标下设置若干子目标，共计 21 项子目标。

该组织 2012 年发布第二个 BIM 路线图 "The US Army Corps of Engineers Roadmap for Life-Cycle Building Information Modeling（BIM）"，除了设置新的 BIM 应用目标以外，对 2006 年设置的 BIM 应用目标实际进展情况进行了评估和回顾，表 4-3 是评估结果汇总（中文为作者所加，目标 6 因为时间没到，不做评估）。

美国陆军国内工程兵 2006 年 BIM 路线图实际进展评估　　　　表 4-3

美国陆军工程兵 2006 年 BIM 路线图实际进展评估(2006～2012 年)		
2006 年制定的目标	衡量指标	到 2012 年的实际进展
Goal 1：Establish metrics for success（建立衡量标准用于度量过程改进）		
1.1：Creat Lean Sigma for Building Information Modeling process[为 BIM 过程建立精益 6σ(Lean Six Sigma)]		has not been completed(未完成)
1.2 Capture Metrics from BIM projects(从 BIM 项目中获取衡量指标)		in progress(进展中)
Goal 2：Establish Initial Operating Capability for BIM no later than 2008(不晚于 2008 年建立 BIM 初始操作能力)		

美国陆军工程兵 2006 年 BIM 路线图实际进展评估(2006～2012 年)		
2006 年制定的目标	衡量指标	到 2012 年的实际进展
2.1 Achieve focused expertise in MILCON Centers of Standardization(在建筑工程标准化中取得 BIM 专家知识)	Eight COS trained an productive in BIM by 2008	has been accomplished(完成)
2.2：Establish BIM Capability at remaining geographic districts(再剩余的地区建立 BIM 能力)	One BIM per geographic district by 2008	has been partiallyac-complished(完成)
2.3：Develop enterprise repository(ies) for BIM (为 BIM 开发企业数据仓库)	Repository will contain a minimum of eight facility type in BIM by 2008	accomplished later than the 2008 target date[延迟完成(延迟到 FY11)]
2.4：Prepare standard facility types for a-dapt-build reuse using best design/construction practices from BIM transformation projects(从 BIM 转换项目中使用最佳设计、施工实践准备标准设施类型为改造/建设重复利用服务)	Eight standard facilities in BIM by 2008(one per COS)	has been accomplished(完成)
2.5：Use BIM in Planning/Design Charrettes(在规划和设计专家会议中使用 BIM 模型)	COS use BIM in at least one Planning Character and one Design Charrette by 2008	has been accomplished in some area(部分领域完成)
2.6：Conduct automated design analysis using BIM(使用 BIM 进行自动的设计分析)	Used on 50% of projects	has been accomplished(完成)
Goal 3：Establish facility life-cycle interoperability no later than 2010(不晚于 2010 年建立设施生命周期的数据互用)		
3.1：Ensure that National BIM Standard meet the requirements of USACE and our customers(保证美国国家 BIM 标准满足美国陆军工程兵及其客户的要求)		has not been completed(未完成)
3.2：Use NBIMS to control cost, quality and validation of design, Construction, and O&M submittals(使用美国国家 BIM 标准控制造价、质量和审核设计、施工、运营维护提交成果)	90% compliant with National BIM standard	has been accomplished to a limited extent(有限程度完成)
3.3：Establish Interoperability with life-cycle information technologies(和生命期所有信息技术建立数据互用)	Define and demonstrate capability	has been accomplished to a limited extent(有限程度完成)
Goal 4：Achieve Full Operational Capability using NBIMS based e-commerce no later than 2012(不晚于 2012 年实现使用基于美国 BIM 标准电子商务的完全操作能力)		

美国陆军工程兵 2006 年 BIM 路线图实际进展评估(2006～2012 年)

2006 年制定的目标	衡量指标	到 2012 年的实际进展
4.1: Expand number of NBIMS based models(扩大基于美国国家 BIM 标准的模型数量)	All COS standard facility designs in BIM	has been reevaluated(目标重新评估)
4.2: Conduct business transactions using NBIMS(使用美国国家 BIM 标准处理业务)	All medium to long term sustainable projects will use NBIMS	has been reevaluated(目标重新评估)
Goal 5: Use NBIMS in asset management and operations and maintenance(O&M) of facilities no later than 2012(不晚于 2012 年把美国 BIM 标准用于资产管理和设施运营管理)		
5.1: Seamlessly transfer NBIMS information into coputerized maintenance management systems(把美国国家 BIM 标准信息无缝转换给计算机维护管理系统)		are investigating(调研中)
5.2: Scheduling of maintenance actions based on NBIMS(基于美国国家 BIM 标准计划维护行动)		are investigating(调研中)
5.3: Repository for O&M documentation (commissioning and client)[运营维护数据仓库(调试和客户)]		are investigating(调研中)
5.4: Point of service access to O&M information (e. g., RFID, IBR)(服务点访问运营维护信息(如 RFID, IBR-Intelligent Business Reminder 智能业务提醒系统))		are investigating(调研中)
Goal 6: Leverage NBIMS 同 automate life-cycle tasks later than 2020(不晚于 2020 年利用美国 BIM 标准使项目生命周期任务自动化)		时间未到

目标 1～5 共包含子目标 17 项,该 17 项子目标的实际进展情况可以分为三种类型:

(1) 已经完成的子目标 3 个,占 3/17 = 18%,表中浅灰色行;

(2) 延迟完成、部分完成、部分领域完成和有限程度完成的子目标 5 个,占 5/17 = 29%,表中白色行;

(3) 未完成、进展中、需要重新评估和调研中的子目标 9 个,占 9/17 = 53%,表中深灰色行。

对上述评估结果相信每位同行都会有自己的解读,对我本人而言,最明显和深刻的认识就是 BIM 的应用和发展目前仍然存在相当大的不确定性,需要全体从业人员大量的探索和实践去逐步解决,然后才有可能让行业充分利用上 BIM 带来的价值。

4.13　究竟什么样的项目应该用 BIM，用到什么程度合适？

"究竟什么样的项目应该用 BIM?"这个问题近几年来国内同行一直有讨论甚至争论，我个人对这个问题的理解已经表达在 4.4 节中了，并没有新的补充。近期看了一些国外新的资料，同时联想到一些老的资料，感觉有些内容对国内企业理解和认识这个问题从而制定适合企业自身的 BIM 应用计划比较有针对性，因此在这件事情上花了点时间，整理出如下资料供大家参考。

相信图 4-14 是被引用得最多的一张描述北美 BIM 普及应用情况的图，这张图来自 McGraw Hill 的市场研究报告 "The Business Value of BIM in North America-Multi-Year Trend Analysis and User Ratings（2007～2012）"：

图 4-14　北美 BIM 应用情况（资料来自 McGraw Hill）

图 4-14 的数据和文字显示北美 BIM 普及应用程度从 2007 年的 28％上升到了 2012 年的 71％，同一份报告对这个数据在不同类型企业中的应用情况进行了细分如图 4-15 所示：

数据显示到 2014 年 6 成以上项目应用 BIM 的建筑师机构、工程师机构、施工企业和业主机构的比例分别为 75％、43％、55％和 44％。

但是我们从 2014 年 6 月 11 日美国住宅建筑商协会（The National Association of Home Builders（NAHB））的一份美国 BIM 应用最新情况的资料里面看到了完全不一样的数据（图 4-16、图 4-17）。

该资料显示，根据 2013 年的调研数据，被调研的美国住宅建筑商（Home Builder）有 50％不知道 BIM 是什么，只有 7％正在使用 BIM（并没有说用到什么程度）。而 McGraw Hill 报告中 6 成以上项目使用 BIM 的施工企业 2012 年为 31％，预计 2014 年达到 55％，不知道 McGraw Hill 调研报告中的施工企业是否包含住宅建筑商这类企业？

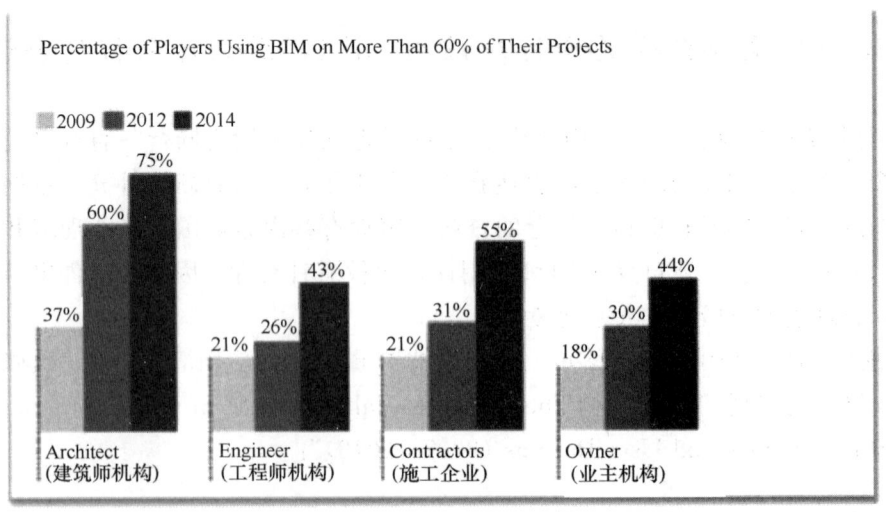

图 4-15　不同参与方 BIM 应用情况（资料来自 McGraw Hill）

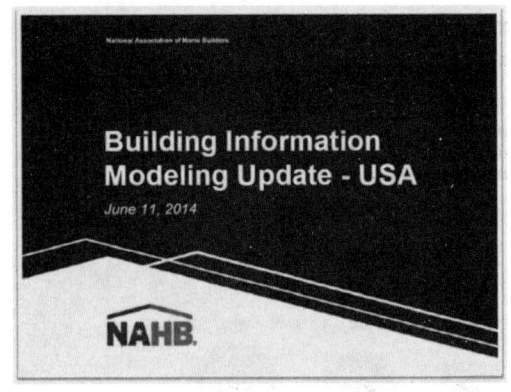

图 4-16　美国住宅建筑商 BIM 应用情况封面　　图 4-17　美国住宅建筑商 BIM 应用情况统计数据
（资料来自美国住宅建筑商官方网站）　　　　　　（资料来自美国住宅建筑商官方网站）

　　根据美国住宅建筑商协会的官方网站（http：//www.nahb.org/）介绍，该协会有成员 14 万个，其中三分之一为住宅建筑商，其余为跟住宅建设相关的其他类型企业，美国每年 80％的新建住宅（包括独栋和多家庭住宅）由该协会成员企业完成。

　　在此我们不打算对不同市场研究报告统计数据结果不同的原因进行讨论，但由此可以得出一个结论，即美国住宅项目的 BIM 应用率还非常低，同时成立的结论是美国住宅项目的 BIM 应用比例要比非住宅项目低很多。事实上国际住房协会（IHA-International Housing Association）在 2014 年 2 月份才签署支持 BIM 应用的协议，参与该协议签署的国家包括澳大利亚、加拿大、法国、日本、尼日利亚、挪威、南非、英国和美国。

　　了解了美国住宅建筑商 BIM 应用的情况以后，我们再来看一下美国 BIM 应用最领先的联邦机构之一——美国陆军工程兵（USACE-US Army Corps of Engineers）对本节标题这个问题的回答，美国陆军工程兵 2012 BIM 路线图明确要求美国大陆所有那些经济上可行（for which it is economically feasible）的项目在设计和施工阶段使用 BIM，为此该路线图提供了一个什么项目该如何应用 BIM 的决策流程如下（图 4-18，图中的中文为作者所加）。

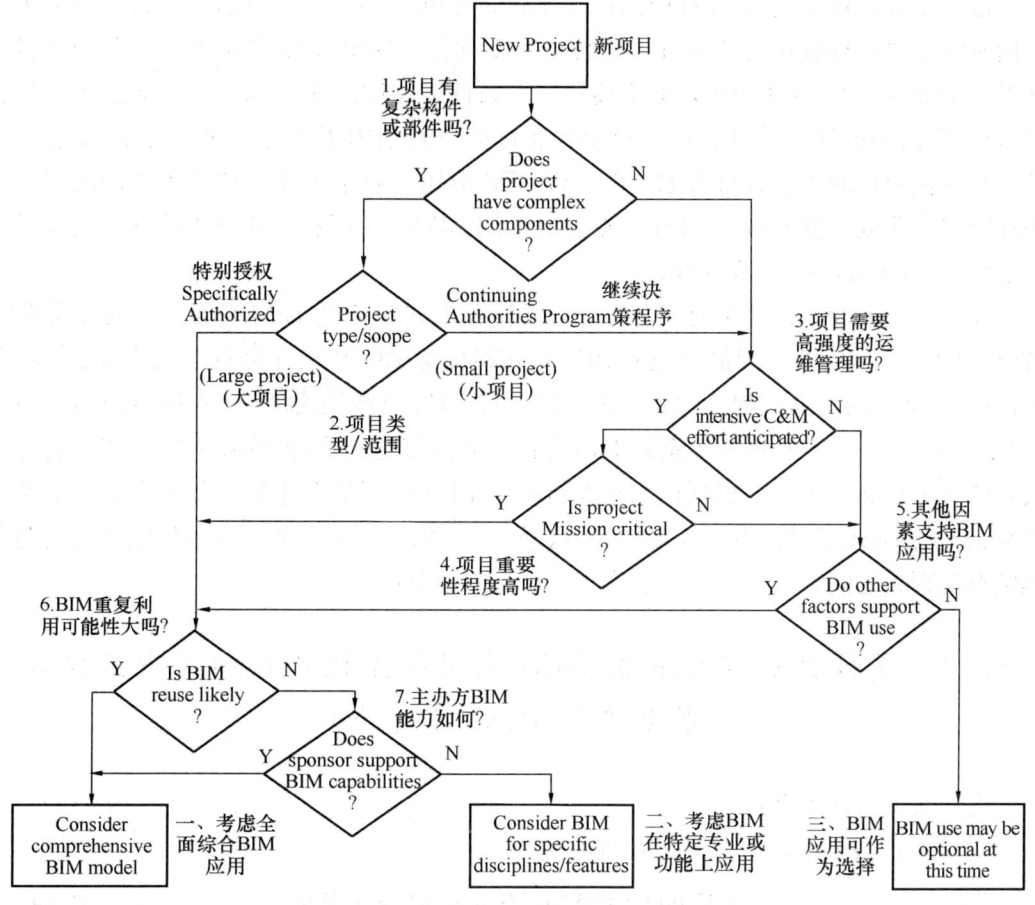

图 4-18 美国陆军工程兵新项目 BIM 应用决策流程

图 4-18 流程图对每个新建项目是否应用 BIM 以及用到什么程度设置了 7 个判断因素和 3 个选择结果，其中 7 个判断因素为：

（1）项目有复杂构件或部件吗？

（2）项目的类型/范围。

（3）项目需要高强度的运维管理吗？

（4）项目重要性程度高吗？

（5）其他因素支持 BIM 应用吗？

（6）BIM 重复利用可能性大吗？

（7）主办方 BIM 能力如何？

根据每个项目在上面 7 个判断因素中的具体情况，最终可以在下面三个 BIM 应用方案中选择其一。

（1）考虑全面综合 BIM 应用；

（2）考虑 BIM 在特定专业或功能上应用；

（3）BIM 应用作为可选项。

也就是说，对于美国 BIM 应用最领先的联邦机构之一，美国陆军工程兵目前也只在同时满足"项目包含复杂构件或部件、大型项目、BIM 重复利用程度高"的项目上才考虑全面综合的 BIM 应用，如果前述三个条件不能同时满足的话，可能还需要具备"项目需要高强度运维管理、项目重要性程度高、其他因素支持、主办方 BIM 能力支持"等其他因素的支持方可考虑全面综合 BIM 应用，对于不满足这些条件的项目只考虑在特定专业或功能上应用 BIM 甚至暂时不用 BIM。而所有这些决策的基本前提是经济上可行（economically feasible）。

作者个人认为，在这个时间节点上，美国住宅建筑商的 BIM 普及应用程度非常低（2013 年数据），以及美国最领先的 BIM 应用机构美国陆军工程兵对不同项目是否以及如何应用 BIM 的决策流程（假设 USACE 2012 BIM 路线图类似 2006 BIM 路线图也管6 年：2012～2018 年）这两个资料对国内企业如何制定和实施 BIM 应用计划具有非常实际的参考意义。因为，根据国内企业目前的 BIM 应用情况来看，如果我说我们绝大多数企业的 BIM 应用技术、经济、装备、能力、管理等方面介于美国住宅建筑商与美国陆军工程兵之间，相信大家不会有太大的反对意见吧。

4.14 是什么原因让美国 BIM 应用领先机构在项目中只要求最基本的 BIM 应用的？

先给大家看两个资料：

资料一：（表 4-4，中文为作者所加）

美国陆军工程兵项目分阶段 BIM 应用要求　　　　　　　　　　表 4-4

Mandatory and elective BIM Uses by project phase

（分阶段强制和可选 BIM 应用点）　　　　　　　　　　Table 1

Plan	Design	Construct	Operate
Programming	Design authoring（设计建模）	Site utilization planning	Building system analysis
Site analysis	Progress reviews（设计进展审查）	Construction system design	Asset management
	Interference management（3D coordination）［冲突管理（3D 协调）］	Interference management（3D coordination）［冲突管理（3D 协调）］	Space management/tracking
	Structural analysis	Digital fabrication	Disaster planning

Plan	Design	Construct	Operate
	Lighting analysis	3D control and planning	
	Energy analysis	Record modeling（记录模式）	Operation&maintenance Record modeling
	Program validation	Field/material tracking	
	Mechanical analysis	Digital layout	
	Other engineering analysis		
	Sustainability(LEED) evaluation		
	Code validation		
Phase planning(4D)	Preliminary construction scheduling(4D)	Construction scheduling(4D)	Building maintenance scheduling(4D)
Cost estimation(5D)	Cost estimation(5D)	Cost estimation(5D)	Cost estimation(5D)
Existing conditions modeling	Existing conditions modeling	Existing conditions modeling	Existing conditions modeling
Construction Operations Building information exchange(COBie)	Construction Operations Building information exchange(COBie)	Construction Operations Building information exchange(COBie)	Construction Operations Building information exchange(COBie)

BIM Uses in gray-shaded cells are mandatory. All others are elective.
（灰色格子 BIM 应用点为强制要求，所有其他 BIM 应用点都为可选）

资料二：（图 4-19）

1.设计阶段实施目标

(1) 可视化
(2) 协同设计
(3) 性能模拟
(4) 设计优化
(5) 设计出图

2.施工阶段实施目标

根据项目施工进度，建设单位协调项目各方、BIM工作组、设计院和施工单位制定项目施工进度规划，并对项目关键施工节点区域制作施工时间进度模型。

根据项目施工进度配合完成施工阶段的建筑、结构、水暖电BIM模型应用，配合各专业运用BIM模型进行施工图深化设计。

把BIM模型与进度计划或施工方案进行数据集成，对施工进度、施工方案进行4D施工模拟,BIM模型与进度计划集成，生成月、周、天的施工进程。

3.运维阶段实现目标

制定适合运维单位的运维业务工作流程和安全权限管理机制；实现快速将Revit和AutoCAD工程图纸及模型导入管理系统，为运维提供可视化操作平台；运维系统数据库信息数据与图形化工程图纸和模型实时双向互动更新；实现关联性故障的精确排查，设施设备维修维护提醒管理;设施设备的模拟操作培训，灾害发生时应急的处置方案。

图 4-19　国内某项目 BIM 应用要求

第一份资料是美国 BIM 应用最领先的联邦机构之一——美国陆军工程兵 2012 BIM 路线图中对项目 BIM 应用的要求，表格包括了 20 多项 BIM 应用点，分为强制要求和选择性应用两个类型，其中强制要求的 BIM 应用点有 4 项（设计和施工阶段强制要求 BIM 应用点有 1 项重复），其余都是选择性应用。按阶段要求如下：

（1）规划阶段：没有强制 BIM 应用要求；

（2）设计阶段：有 3 项强制 BIM 应用要求，分别为设计建模、设计进展审查和冲突管理（三维协调）；

（3）施工阶段：有 2 项强制 BIM 应用要求，分为冲突管理（三维协调）和记录模型；

（4）运营阶段：没有强制 BIM 应用要求。

第二份资料为某国内央企业主对项目 BIM 应用的要求，这份要求在国内目前能看到的业主 BIM 应用要求中具有普遍性，这个普遍性可以归纳为两点：其一是要求 BIM 应用有相当的广度和深度，其二是要求 BIM 应用有亮点。

从 BIM 应用点的数量和 BIM 应用范围来看，显然美国陆军工程兵对项目 BIM 应用的硬性要求比某国内企业项目 BIM 应用的要求要低不少。美国陆军工程兵的第一份 BIM 路线图发布于 2006 年，2012 年发布第二份 BIM 路线图，并对 2006 BIM 路线图制定的 BIM 应用目标进行了回顾，具体内容请见 4.11 节，那么究竟是什么原因使美国 BIM 应用领先的联邦机构在 2012 年发布的 BIM 路线图上对自身项目的 BIM 应用只要求在比较基本的水平上的呢？我的理解大致有两个主要原因：

（1）从经济效益上 BIM 应用的投入产出比要合适；

（2）从社会效益上作为联邦机构要考虑大多数项目参与方的技术能力。

4.15　我们把 BIM 数据互用这件事情想得过于简单了

大家都知道数据互用（Data Interoperability）既是 BIM 技术存在的主要前提，也是 BIM 技术要实现的核心目标。真所谓：天下熙熙，皆为数据互用来，天下攘攘，皆为数据互用往。那么，在国际数据互用联盟（IAI-International Alliance of Interoperability）成立 20 年、BIM 专业术语被全球行业接受 10 多年以后，BIM 数据互用这个核心目标实现的能力和情况究竟如何呢？

美国陆军工程兵 2006 BIM 路线图第 3 个目标（Goal 3）是关于数据互用的，具体内容和到 2012 年的实现情况见表 4-5（中文为作者所加）。

美国陆军工程兵 2006 BIM 路线图目标 3（Goal 3）实现情况　　　　表 4-5

美国陆军工程兵 2006 年 BIM 路线图实际进展评估（2006～2012）		
2006 年制定的目标	衡量指标	到 2012 年的实际进展
Goal 3：Establish facility life-cycle interoperability no later than 2010(不晚于 2010 年建立设施生命周期的数据互用)		

美国陆军工程兵 2006 年 BIM 路线图实际进展评估(2006～2012)		
2006 年制定的目标	衡量指标	到 2012 年的实际进展
3.1：Ensure that National BIM Standard meets the requirements of USACE and our customers(保证美国国家 BIM 标准满足美国陆军工程兵及其客户的要求)		has not been accomplished (未完成)
3.2：Use NBIMS to control cost, quality and validation of design, Construction, and O&M submittals(使用美国国家 BIM 标准控制造价、质量和审核设计、施工、运营维护提交成果)	90% compliant with National BIM Standard(90%符合美国国家 BIM 标准)	have been accomplished to a limited extent(在有限的范围内完成)
3.2：Establish Interoperability with life-cycleinformation technologies(和生命期所有信息技术建立数据互用)	Define and demonstrate capability(定义和证明能力)	have been accomplished to a limited extent(在有限的范围内完成)

Goal 3 的目标是"不晚于 2010 年建立设施生命周期的数据互用",分为三个子目标,到了 2012 年(在目标预定实现时间两年以后)三个子目标 3.1 没有实现,3.2 和 3.3 只在有限的范围内实现了目标,也就是说,总体上这个目标实现得不理想。

2012 年美国陆军工程兵重新制订和修订了一份新的 BIM 路线图,仍然包含数据互用这个目标,但新路线图在这个目标的设定上跟原路线图相比有所降低,也就是说,同样一个部门,作为美国 BIM 应用水平最高的联邦机构之一,6 年后制定的 BIM 数据互用目标比 6 年前制定的目标还要低一些,个人认为,这是一件需要国内同行给予充分重视的事情。图 4-20 是美国陆军工程兵 2012 BIM 路线图数据互用目标的具体内容。

这个目标定义为"协同:促进各自动化系统和业务线之间的有效数据转换",比较 2006 版本的目标"不晚于 2010 年建立设施生命期的数据互用"后我们可以发现,首先新的目标没有规定明确的时间表(原目标为 2010),其次没有规定明确的指标(原目标是数据互用,现目标改为有效数据转换),第三覆盖范围没有原目标广(原目标是设施生命期,现目标是业务线和使用的自动化系统)。

其中的倒数第二段文字这样写道:"陆军工程兵、其他联邦部门以及整个行业在新旧 IT 系统的集成工作中面临巨大挑战,推动数据互用标准的早期努力把项目相关方在所需信息及其格式方面达成共识这件事情上的困难看得过于简单化(oversimplify)了(中文为作者的参考译文)"。

美国 Fiatech(http://www.fiatech.org)2013 年发布的报告"An Overview of Existing BIM Standards and Guidelines:A Report to Fiatech AutoCodes Project"对此前已经公开发布的全球 28 个 BIM 标准(包括指南)进行了分析,图 4-21 是这些标准中跟数据互用有关的情况汇总。

图 4-21 左侧是报告分析的 28 项 BIM 标准中的文件交换格式(一个标准可能会用

2.1.3 Collaborate: promote effective data transfer among automated systems and business lines

USACE will continue to advocate for technology interoperability in the market in order to maintain the broadest options for software selection based on cost-effectiveness and end-user satisfaction. In addition, USACE implementation of COBie and other open data standards will promote further coordination along similar lines for operations-related deliverables. Given the large number of projects under concurrent development, USACE will be well positioned to lead in the development of best practices for potential adoption by both private and public sectors.

Multiple Army enterprise applications contain building information, including the General Fund Enterprise Business System (GFEBS), Computerized Maintenance Management Systems (CMMS; e.g., Maximo, GFEBS), Computer Automated Facility Management (CAFM), Capital Planning/Sustainment Management Systems (SMS) (BUILDER), Building Automation Systems (BAS), and geographic information systems (GIS: e.g

Army Mapper). Many of these systems contain duplicated information, but it is captured in nonstandard formats that impede data integration, interoperability, and standardization among them.

The Army, other Federal departments, and industry face large challenges in progress toward integrating legacy systems and business processes with new information technologies. Early efforts in promoting interoperability standards tended to oversimplify the difficulties of achieving consensus on required information and formats among the many stakeholders.

Many organizations, including USACE, are supporting and working with technical and professional organizations such as the NIBS buildingSMART alliance™, the US Green Building Council (USGBC), Construction Specification Institute (CSI), International Code Council (ICC), Association of General Contractors (AGC), American Institute of Architects (AIA), and the American Society of Heating, Refrigerating, and Air-Conditioning Engineers (ASHRAE) to develop standards and guidance that will facilitate the integration of these building information technologies for greatly improved life-cycle management.

图 4-20　美国陆军工程兵 2012 BIM 路线图数据互用目标

两种或两种以上的文件交换格式，下同）：其中 17 项标准用 IFC，6 项标准用 RVT/NWD/DWG，2 项标准用其他，8 项标准没涉及这个内容。右侧是交付文件格式：2 项标准用 IFC，4 项标准用 IFC＋原始格式（Native），4 项标准用 IFC＋原始格式＋2D，10 项标准用原始格式＋2D，3 项标准用其他，8 项标准没涉及这个内容。

从图 4-21 的数据可以得出这样一个结论：交换主要靠 IFC（17/28 项标准提及），

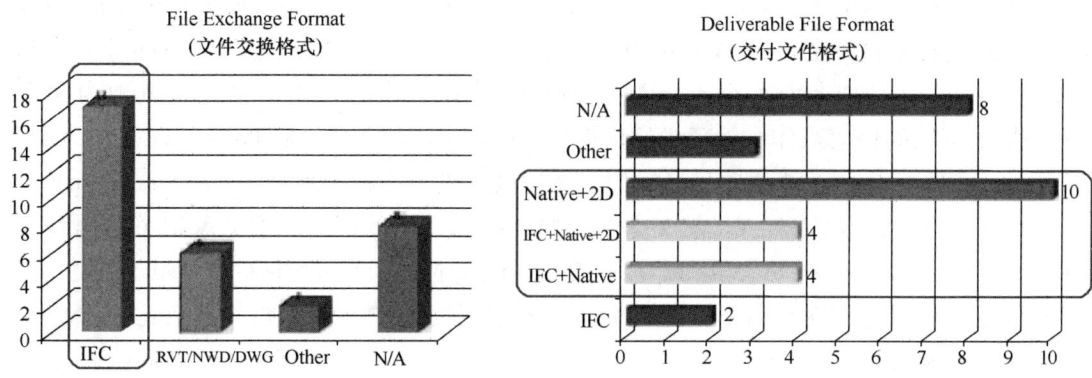

图 4-21　全球 28 本 BIM 标准的文件交换和交付格式

交付主要靠原始格式（18/28 项标准提及），IFC 的利弊大家都很清楚，这里不再赘述。这个结论从另外一个角度说明了美国陆军工程兵 2012 BIM 路线图里面调低数据互用目标的原因：我们把 BIM 数据互用这个问题想得过于简单了。

4.16　从 Oversell（过度销售和夸大）到 Oversimplify（过于简单化），国内企业 BIM 应用采取哪种策略最合适？

有一件事一直记得很清楚，2012 年 6 月随住房城乡建设部《勘察设计和施工 BIM 技术发展对策研究》课题组 BIM 考察团在与美国建筑科学研究院几位 BIM 专家交流临近结束之际，李云贵博士问了北美 buildingSMART 联盟主席 Deke Smith 先生一个问题"BIM 发展和实施过程中可能的最大风险是什么"？Smith 先生的回答极其简练，就一个单词"Overselling"，意为过度销售和夸大。

其后看到"The US Army Corps of Engineers Roadmap for Life-Cycle Building Information Modeling（BIM）"里面的一段话一下子就让我把"oversell"和"oversimplify"两个单词联系在一起了，这段话的内容如图 4-22 所示。

The Army, other Federal departments, and industry face large challenges in progress toward integrating legacy systems and business processes with new information technologies. Early efforts in promoting interoperability standards tended to oversimplify the difficulties of achieving consensus on required information and formats among the many stakeholders.

陆军工程兵、其他联邦部门以及整个行业在新旧IT系统的集成工作中面临巨大挑战，推动数据互用标准的早期努力把项目相关方在所需信息及其格式方面达成共识这件事情上的困难看得过于简单化（oversimplify）了。（中文为作者的参考译文）

图 4-22　把数据互用看得过于简单了

之所以把看似毫无关联的上述两个单词和两件事情突然心有灵犀地联系到了一起，是因为在我看来目前企业 BIM 应用中碰到的大部分问题都可以从这两个单词身上找到原因。Oversell 是指夸大了今天 BIM 能发挥的作用和实现的价值（主要表现为误把 BIM 未来可能的价值当作今天现成的价值），从而不少数量的企业和项目都在追求 BIM 应用的大而全，导致企业或项目目标的不能达成、投入回报的不理想；Oversimplify 是指低估了 BIM 应用的困难（虽然文本中指的是数据互用的困难，但大家知道数据互用和信息共享是 BIM 的核心价值和存在前提），由此导致 BIM 应用技术实现的层次、程度和效率大大低于预期和期望，而解决这个问题所需要的时间和投入却会比大家想象的要来得长和大。

也就是说，BIM 今天能实现的价值还非常有限，而要比较全面实现 BIM 价值所要克服的困难却非常大，应该说用这两句话描述 BIM 现状是相当准确和到位的，因此在 BIM 应用和发展的道路上，我们既不能 oversell BIM 的价值或效益，也不能 oversimplify 实现 BIM 价值和效益的困难，否则碰钉子的可能性就会大大增加。

当然这样的一个 BIM 现状不会快速改变、不会轻易改变、也不会自动改变，而只能通过从业人员大量的研究和实践去逐渐改变。那么在这样一种现状下，国内企业的 BIM 应用采取一种什么样的策略比较合适呢？显然这是一个没有标准答案的问题，答案的内容也可简可繁可粗可细。根据我们长期对 BIM 应用的研究实践和企业 BIM 生产力建设的咨询服务经验，李云贵博士为中建 BIM 应用提出的策略应该普遍适合现阶段绝大多数国内企业，这个 BIM 应用策略可以简单地归纳为以下六个字：

不能等，不能急。

所谓"不能等"大概包含这么几层意思：首先是市场和客户对 BIM 应用有需求，所以不能等；其次是 BIM 应用的成熟和全面 BIM 价值实现依赖于业内企业和个人的不断探索和实践，所以不能等；第三是不具备 BIM 能力的企业和个人在竞争中会出现竞争劣势，所以不能等。

所谓"不能急"的意思可以这么理解：首先，BIM 价值或效益需要通过 BIM 软件来实现，而目前各种 BIM 软件能力有限且提升需要一个过程，因此不能急；其次，不同类型和内容的 BIM 应用价值实现的代价和难度不一样，因此不能急；第三，BIM 普及应用涉及技术、经济、政策、法律等方方面面，不是短时间内可以完成的，因此不能急。

4.17 企业的战略或科研型 BIM 应用必要和可行吗？

目前企业正在实施的 BIM 应用可以分为效益型、市场型、培训型和战略型（或科研型）应用 4 个类型，要证明上述分类的科学性以及给每类 BIM 应用下一个确切的定义可能需要颇费一些周章，而且未必有什么意义，也不是本文想要做和能做的事情。为了叙述方便，我们暂且把目的在于增强企业核心竞争力、当次应用投入大于产出、一次所需投入比较大、计划在未来应用中获益的 BIM 应用确定为本文将要讨论的战略型或科研型 BIM 应用。

一般而言，战略型或科研型 BIM 应用都包括或多或少的软件开发工作，由于工作的关系，接触到不少这类应用成果，其中大部分这类应用的目的、定位、技术路线选择都比较明确，应该可以取得比较好的效果。但也看到有相当一部分这类应用由于没有做或者没有做好必要性和可行性分析方面的准备工作，花了不少人力物力财力做出来的成果未必能得到比较好的回报，这对投入资源的企业和参与实施的个人来说都可能是一种损失。

事实上不仅仅局限于 BIM 应用，对于所有具有战略或科研意义的工作来说，必要性和可行性研究以及技术路线选择等前期工作的重要性自不待言，况且可行性研究本身就是一个专门的学问，不是一篇小文能谈清楚的，本人也没有这方面的专门研究。本节只是根据本人对 BIM 应用的理解提出一个对战略型或科研型 BIM 应用进行必要性和可行性分析的简单有效的判断方法，供从事这方面工作的同行参考（图 4-23）。

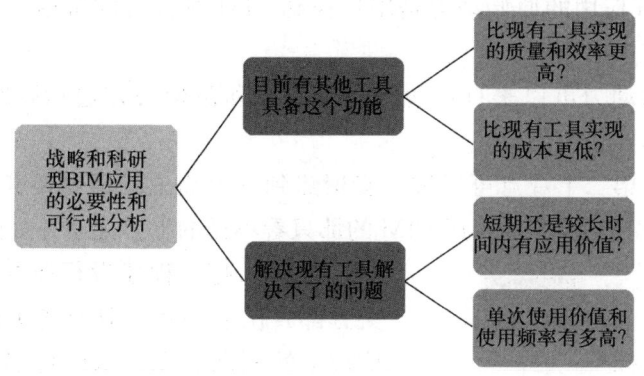

图 4-23　战略型 BIM 应用的必要性和可行性分析

这个判断可以先从两个大的方面去分析，即首先了解目前市场上是否存在能够实现相应功能的产品，如果这样的产品已经存在，那就要分析计划研发的产品在实现该功能的时候是否效率更高、质量更好或者成本更低，否则的话，就需要进行更多调研分析；如果市场上目前没有这样的产品存在，就要分析计划研发的产品价值是短期的还是长期的、使用频率高还是低、可复制性是否大、单次使用价值是否高等因素，如果这些因素都不是那么有利，那也需要继续多做一些调研分析。

确保在 BIM 应用上的投入有合理的产出是 BIM 持续正常发展的前提条件，对于那些战略型或科研型 BIM 应用而言，尤其如此。

4.18　竞争对手是企业 BIM 应用的原始驱动力和 BIM 软件选择不可忽视的参照物

"是否要应用 BIM？"以及"如果用 BIM，应该选择什么样的 BIM 软件？"是所有工程建设行业企业必须要面临和解决的两个涉及 BIM 应用效益的基本问题。对于第一个问题企业常见的做法有那么几类：

（1）有钱就用，没钱就不用；

（2）有要求就用，没要求就不用；

（3）不能落后，必须要用。

对于第二个问题，来自软件厂商的意见和建议最多，通常可以分成下面几种类型：

（1）国外软件落不了地，应该用国内软件；

（2）国内软件水平不高，应该用国外软件；

（3）某些软件是用在设计阶段的，施工阶段不好用，或者反之。

那么对企业而言，到底哪种方案合适呢？究竟应该如何选择呢？原因又是什么呢？如果仔细分析大家可能都会发现下面两个有意思的事实。

1. 竞争对手是企业 BIM 应用的原始驱动力

我们在 2.4 节中讲过两个个人观点：

（1）驱动 BIM 应用的原始动力是用户找到 BIM 对自身的价值，我们把这类 BIM 应用称之为主动应用；

（2）这个原始动力可以来自行业的任何一个利益相关方包括政府、业主、设计、施工、运维等机构或企业。

今天看来上述第二个观点可以进一步聚焦到一个点上，那就是和企业处在同一水平上的竞争对手会是驱动企业应用 BIM 的那只看不见的上帝之手，如图 4-24 所示。

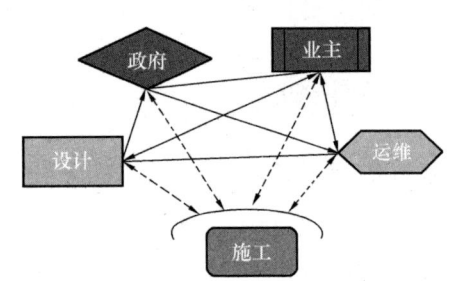

利益相关方BIM应用互相驱动关系

图 4-24　项目各方 BIM 应用
互相驱动关系

图 4-24 把工程建设行业的几个主要利益相关方都放在了一起，双向箭头直线表示在 BIM 应用上的驱动关系，从中可以清楚地看到，企业 BIM 应用的驱动力可以来自任何一方，例如最开始在大家都不知道 BIM 的时候，有一家设计企业为某个业主项目应用了 BIM，这家业主就会开始要求为其服务的其他设计企业也用 BIM，会考虑要求为其服务的施工、运维企业及相关也用 BIM，还会告诉政府 BIM 是个好东西，然后政府也开始以政府特有的方式进行驱动，诸如此类。此时这家设计企业是 BIM 应用的主动驱动者。

在这个互相驱动的过程中，如果其中某一类企业没有响应，如图 4-24 假设所有施工企业都不对这类驱动做出反应，那么这类企业就有可能整体屏蔽这类驱动，反之，只要有一家这个类型的企业做出反应，那么这个驱动就会扩散到所有这类企业身上，其中最早被波及的一定是处在同一水平上的竞争企业。这是驱动者也是被动驱动的情形。

以上无论哪种情形，同类竞争对手都是企业 BIM 应用的始作俑者。

2. 竞争对手是企业 BIM 软件选择不可忽视的参照物

5.14 节对施工企业 BIM 软件选择的企业外部非技术因素总结了以下四条（原图请

参见该节）：

(1) 2.1　业主要求；

(2) 2.2　和设计企业配合；

(3) 2.3　和项目其他施工企业配合；

(4) 2.4　政府部门要求。

上述四条虽然是针对施工企业而言的，主要内容其他类型企业也可以此类推。唯一一个问题是这篇文章的总结忘记了很重要的一条：那就是处在同等水平上的竞争对手的选择。

企业采用新技术、新方法、新工具的根本目的是为了提高自身核心业务（如设计、施工、运维等）的工作和交付效率及质量，在某些时候或者在某些工作和交付上这些新技术、新方法、新工具本身就会起到决定性的作用，此时最直接受影响的就是在同一个项目中竞争的同行，以及同一区域、同一领域、同一水平线上的同行。很简单，如果一个企业的直接竞争对手在同一个项目上使用了某个或某几个具有客户需要的特定功能的 BIM 软件时，一定会直接影响到该企业 BIM 软件的选择。事实上不仅 BIM 软件选择如此，其他技术、方法和工具的选择也类似，只要其中任何一个企业为客户提供了某项服务，那么为这家客户服务的所有企业就都有可能收到同样的要求，如图4-25 所示。

作为软件研发企业而言，每家软件厂商都有充足的理由建议企业使用该厂商的 BIM软件，而企业在选择软件的时候除了考虑各类技术和非技术因素以外，在自身对各类BIM 软件没有深入了解的情况下，仔细调研同行企业尤其是处在同一水平线上的竞争对手使用哪些 BIM 软件不失为一个行之有效的决策方法，即使企业本身对 BIM 软件有

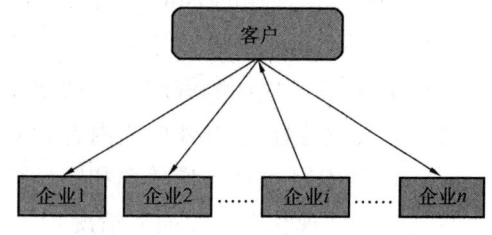

图 4-25　企业和客户的驱动关系

足够了解，竞争对手的选择也是一个不可忽视的参照物。

4.19　企业 BIM 应用决策管理层面的真正风险只有一个——过早大投入

2014 年 12 月 23 日在第二届中国工程建设 BIM 应用大赛优秀成果交流会暨颁奖大会的现场互动环节有与会同行问了这样一个问题："企业在应用 BIM 的过程中可能会有些什么风险？"我当时是这样回答的："在我看来，企业在 BIM 应用的过程中，真正的风险只有一个，那就是一开始的投入太大"。在这里我想把对这个问题的理解再稍微多做一点说明。

根据前面十几年的经验，大家都知道实际上企业在 BIM 应用的过程中可能会碰到各种各样的问题或风险，例如：

（1）选择的 BIM 应用软硬件产品不合适；

（2）选择的 BIM 应用人员和团队不合适；

（3）选择的 BIM 培训和咨询服务不合适；

（4）选择的 BIM 应用试点项目不合适；

（5）设置的 BIM 应用目标、内容和方法不合适；

（6）管理制度和流程与 BIM 应用要求不配套；

……

上述这些问题几乎所有企业或多或少都会碰到，不太可能完全避免，这是 BIM 也是所有其他新技术新方法普及应用所必须经历的过程，也会产生一定的损失或者风险，但一般情况下不会成为对一个企业而言真正的风险，除非在这件事情一开始的时候过早投入太大。

下列情况都可以归结为过早投入太大：

（1）一开始购买和装备太多跟 BIM 应用有关的软件和硬件；

（2）一开始就要求所有人、所有项目都用 BIM，有一句作为企业 BIM 应用策略很典型的话叫作"全员 BIM，拒绝二维"，说的就是这种情况。

大家知道投入大不是问题，只要产出合适。对 BIM 应用而言过早大投入很容易转变成企业经营的真正风险，主要原因如下：

（1）目前可以使用的 BIM 软件还不够成熟、不够配套；

（2）企业员工的 BIM 应用能力普遍还不高；

（3）企业 BIM 应用的资源积累和制度建设还没到一定程度；

（4）综合效益好的 BIM 应用内容和方法还在探索过程中；

（5）应用 BIM 提高工作效率和质量需要一定的学习时间。

在这样一种现状下，没摸清情况一上来就大投入就必定会出现产出在数量和时间上都不能满足预期的问题，从而影响企业整体经营水平，成为企业在决策和管理层面的真正风险。

在 BIM 这个生态圈里面，除了建设、设计、施工企业等项目主体也是 BIM 应用主体即消费者外，还有政府主管部门、科研机构、BIM 软硬件供应商、BIM 咨询服务机构等 BIM 供给者，每一类机构由于本身经济立场和工作目标的不同会对那个同样的 BIM 做出不同的诠释，这是一种非常正常的市场经济现象，而作为 BIM 主要消费者的建设、设计、施工企业一定会碰到难以判断哪一家说的道理更适合自己从而导致决策失误投资损失的时候，但是只要坚持不过早大投入这样一个基本原则，就不会发生对企业而言真正意义上的风险。

4.20　企业 BIM 应用实施执行层面的真正风险也只有一个——把 BIM 当魔术

building SMART International 对 BIM 的定义分为三个层次：

（1）Building Information Model（建筑信息模型）；

（2）Building Information Modeling（建筑信息模型化）；

（3）Building Information Management（建筑信息管理）。

个人认为这样的一个定义和解释是比较合理和完整的。

在实际应用中，可以看到和听到同行对 BIM 的各种理解和演绎，例如把 BIM 理解为方法、理念、技术、流程、模型、软件、管理甚至关系等，这些理解和演绎也都显示了 BIM 的不同侧面和构成。

上一节从决策和管理层面回答了"企业在应用 BIM 的过程中可能会有些什么风险?"这个不少同行关心的问题，现在我们从实施和执行层面来分析一下同一个问题。

在《施工企业 BIM 应用研究报告 2012》（中国建筑工业出版社 2013 年 1 月出版）的调研问卷中我们设置了"贵单位在项目中使用 BIM 技术的主要风险是什么?"这样一个问题，列举了 5 类风险 20 个风险点，包括：①技术风险（BIM 技术适应性差，BIM 技术更新快，BIM 技术难度高，BIM 技术专业性不够，BIM 技术选择存在误区）；②人力资源风险（现有人员回避新技术，现有人员知识与能力结构不足，BIM 人才缺乏，现有业务繁忙培训难）；③经济风险（短期成本高，收益的不确定性，投资回报期长）；④管理风险（管理方式转变困难，业务流程转变困难，管理层接受度不高）；⑤其他风险（缺乏 BIM 行业标准，法律责任界限不明，知识产权归属不明）。

图 4-26～图 4-27 是调研样本（总样本 388 份）对这个问题的反馈情况。

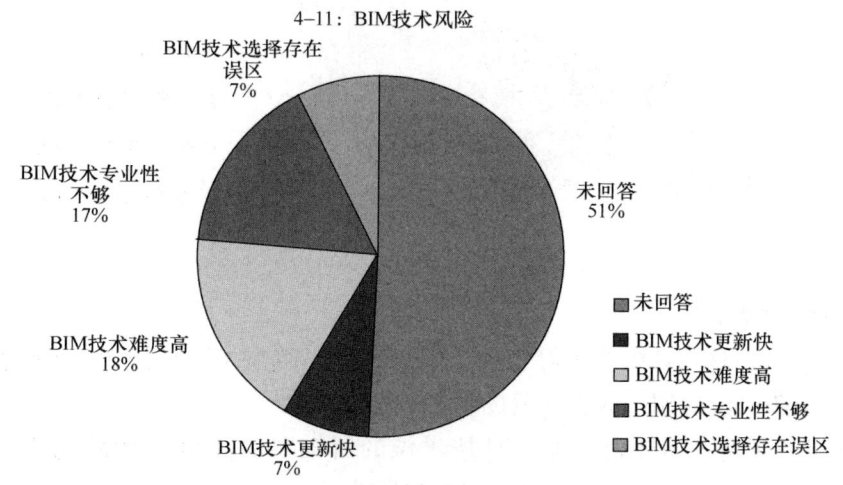

图 4-26　BIM 应用技术风险

上面列举的这些问题企业在 BIM 应用的过程中或多或少都会碰到，也会一个一个被企业用各自不同的方法化解掉，企业还可能碰到这里没有列举到的风险类型和风险点，或者不同企业会有自身对风险的定义和分类方法。但如果当我们把上面这些风险（以及还没有包括在上面的其他风险）站在企业经营的角度从决策与管理和实施与执行两个层面去归纳总结的话，跟 BIM 应用有关真正能够伤筋动骨影响企业经营的决策管理层面风险只有一个，即"过早大投入"，同样地，实施执行层面风险也只有一个，那

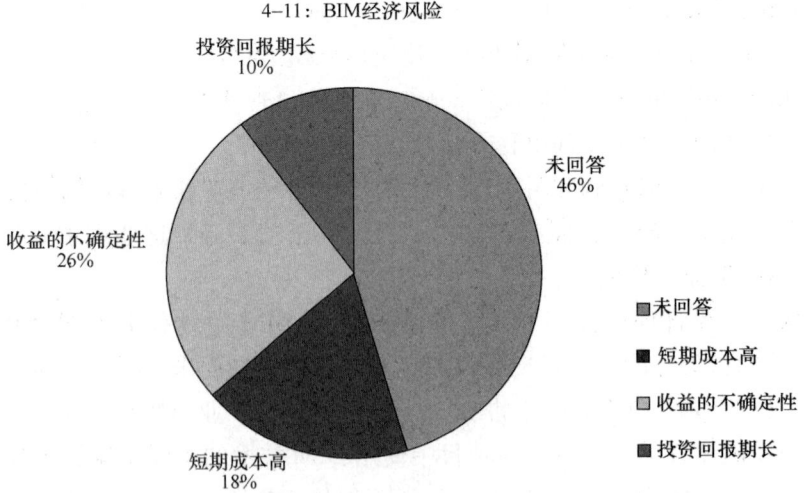

图 4-27 BIM 应用经济风险

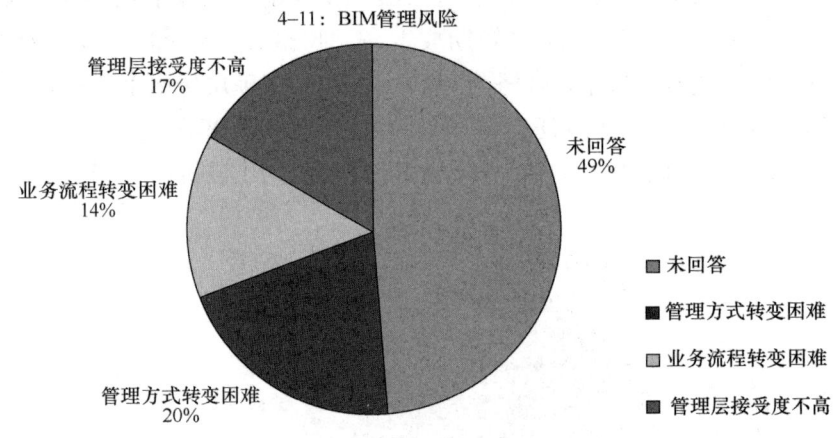

图 4-28 BIM 应用管理风险

就是"把 BIM 当魔术"。

"过早大投入"这句话的意思好理解，但"把 BIM 当魔术"是什么意思呢？请大家一起来看看目前 BIM 应用中非常普遍的若干典型现象：

（1）多关注把各种不同建筑业信息技术做的所有事情都归到 BIM 身上，少关注 BIM 跟其他建筑业信息技术的各负其责与各尽所能；

（2）多关注把一个项目所有的工作都用 BIM 去完成，少关注如何合理应用 BIM 提高项目效率和质量；

（3）多关注用 BIM 做出一些吸引眼球的新奇应用，少关注如何让 BIM 成为企业的生产力；

（4）多关注请外部资源和专门团队把 BIM 做出花样来，少关注提升每一个岗位人员的 BIM 应用能力从而把 BIM 变成从业人员的工具；

（5）经常有人问这样的问题：由于 BIM 模型出错而导致的项目管理、技术、经济

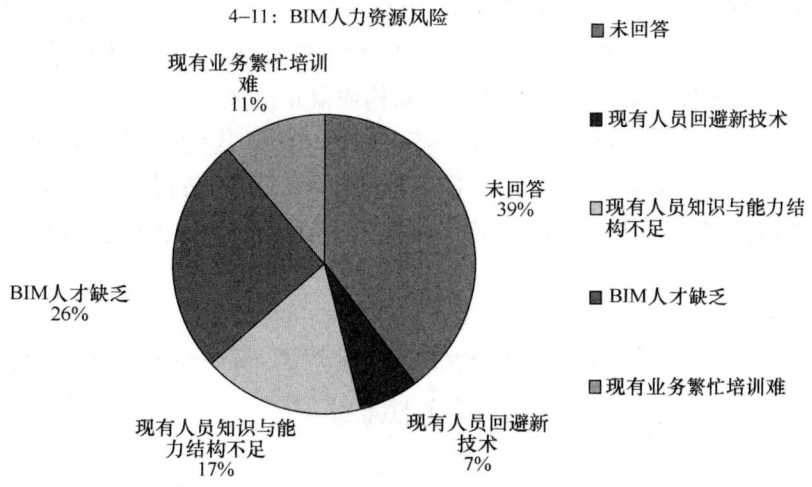

图 4-29　BIM 应用人力资源风险

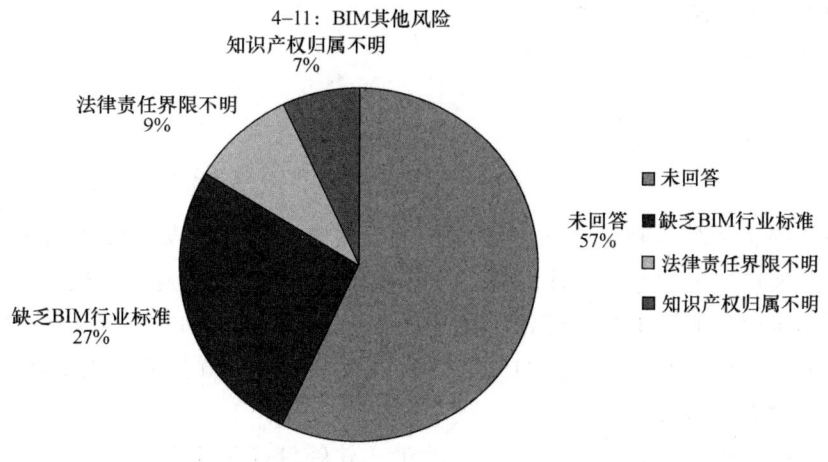

图 4-30　BIM 应用其他风险

等问题谁来负责？

　　大家想过这样的问题吗？——Word 文件出错谁负责？Excel 表出错谁负责？CAD 图形文件出错谁负责？

　　大家知道 BIM 的价值只能通过各个岗位应用 BIM 模型提升工作质量和效率来实现，因此，如果没有某个岗位从业人员 BIM 应用能力的提高，也就不会有相应岗位 BIM 应用价值的较高水平实现。

　　因此我把上面这些"自己不变让世界变然后自己坐享其成"的现象统统归纳为"把 BIM 当魔术"，因为在这些现象中，BIM 已经超越了 BIM 是一种方法、理念、技术、流程、模型、软件、管理甚至关系等的理解，而把 BIM 异化成一种"魔术"了，这是今天我能看到的企业应用 BIM 过程中在实施和执行层面的真正风险所在。

　　最后，我们把个人对企业决策管理和实施执行两个层面 BIM 应用风险的认识简化为两句话：

（1）企业 BIM 应用的成功一定会需要不断的研究和实践，也一定会碰到各种困难甚至失败，在决策和管理层面而言，什么样的 BIM 应用方式和内容都可以进行尝试，只要不过早进行大的投入，就不会对企业经营构成真正的风险。

（2）在 BIM 应用的实施和执行层面，不管是把 BIM 理解成方法、技术、工具还是管理、流程、关系在不同企业、不同项目、不同目的、不同阶段、不同水平的情况下都有其必要性和合理性，只要不把 BIM 当成魔术，就不会产生企业整体经营层面意义上的真正风险。

4.21 影响 BIM 应用的原生因素只有一个——从业人员的 BIM 能力

近期看到和听到不少专家和同行就影响国内 BIM 普及应用的主要原因发表各自的意见和建议，大多聚焦在下面这些内容上：

（1）缺乏标准、政策；

（2）软硬件不够成熟；

（3）流程不配套；

（4）构件库缺乏或不足；

……

由此各类编制标准、制定政策、研制软件、改造流程、开发构件库的工作也都在如火如荼地开展过程中。那么上述问题是影响 BIM 应用的因素吗？当然是！这些因素重要吗？当然重要！但如果我们仔细分析就会发现，上面提到的这些因素实际上都不是原生因素而只是派生因素，真正的原生因素只有一个，那就是从业人员的 BIM 能力问题。为什么这么说呢？

其实这个问题很简单，无论是标准、政策、软硬件还是流程、构件库，都必须依靠具有 BIM 能力的从业人员去把他们做出来，大家可以设想一下，如果没有足够的项目实际应用广度和深度作为积累，又如何能凭空生产出好的标准、政策、软件、流程、构件库等 BIM 应用需要的产品、制度和资源呢？还有一个大家都了解的事实是，在目前同样的 BIM 应用条件下不同的团队可以产生完全不同的应用效果，应该也是团队的BIM 能力不同在起作用吧。

退一步思考，当某一天应用 BIM 的各种条件如标准、政策、软件、流程、资源库等都摆在从业人员面前的时候，如果从业人员并没有准备好与之对应的 BIM 能力，谁又有能力把 BIM 真正用起来呢？

从业人员的 BIM 能力问题是全球性问题，这个事实可以从历年来各个国家和地区的 BIM 应用调研报告中清楚地看到，不同国家和地区也都在采取相应的措施解决这个问题，包括提升学校 BIM 教育能力、资助从业人员学习 BIM 等。

而这个问题在国内显得特别突出，因为事实上绝大部分从业人员尤其是有一定经验的从业人员到现在还没开始在个人 BIM 能力建设上动手呢，总体上还处于 BIM 应用是一个专门的工作而不是所有从业人员手边一个工具的状态。大家知道，BIM 价值的实现来自于对 BIM 模型的应用，谁用 BIM 模型谁的价值才能得到提升，一个让部分专门人员用 BIM，其他大部分从业人员试图从中受益的状态只是一个试验性应用的状态，离 BIM 的生产性应用还有很长的路要走。

碰到不少企业计划把 BIM 应用的第一件事就放在制定标准、流程、构件库甚至定制开发软件等 BIM 应用环境的建设上，个人认为这种做法很难成功。

在没有全体从业人员 BIM 能力得到建设和提升以及没有足够广度和深度实际项目 BIM 应用积累的前提下，有两件事情是大家都应该能预期到的：

（1）不能指望一步到位就会研制出好的标准、政策、软件、流程、构件库等 BIM 应用条件或环境来；

（2）即使有了比较好的上述 BIM 应用条件和环境，BIM 应用也没办法顺利地开展起来，BIM 价值也不可能充分实现。

因此，要从根本上解决影响 BIM 应用的问题，除了从培养和提升全体从业人员的 BIM 能力做起外，看不到有任何其他的办法。

4.22　BIM 模型的对应性和适应性问题

从理论上来说，能正确描述一个工程项目的数字模型只能有一个，如果不考虑模型元素的组织方式、细分程度和携带信息的多少的话，也就是说在同样的模型元素组织方式和同样的信息种类数量等同等条件下对应实际工程项目的正确模型只能有一个。因此，理论上也存在一种把工程项目不同细度要求下的正确模型创建出来支持该项目所有工作任务的可能，在讨论这个问题的时候我们暂且先把建模工作如何分配以及投入产出是否合理这些疑问在旁边放一放。

任何一个工程项目从概念到拆除的全生命期可以说是由一系列专业不同、大小不一的工作任务组成的，而完成每一项工作任务的基础是关于该工程项目的全部或部分信息，其中几何模型、实物模型、图纸、文字、表格甚至自然语言、肢体动作等都是工程项目信息的表达、传递和呈现工具与方式，但使用这些工具和方式完成各项工作任务的时候存在信息利用的效率比较低、经常要做比较多的重复工作、各种错误发生的概率也比较大等问题。

BIM 应该是整个行业到目前为止找到的能最好解决上述问题的一种技术、工具和方法，基于 BIM 的信息结构化和可视化能力，使得从业人员利用信息的效率得以提高、重复工作得以减少、错误得以避免或降低。

应用 BIM 完成或辅助完成工作任务的过程基本上可以划分为两个环节，首先是利用项目已有信息和任务责任人的专业能力和职责形成一个 BIM 模型，然后是利用这个 BIM 模型完成对应的工作任务。如果这个 BIM 模型能够用来完成某项工作任务，我们就可以说这个 BIM 模型与该项任务的对应性好；如果这个 BIM 模型能够用来完成多项工作任务，就表明这个 BIM 模型的适应性好。

行文至此，我想所有人脑袋里都会蹦出同一个问题：能不能形成一个能完成一个工程项目全生命期内所有工作任务的 BIM 模型呢（准确一点描述应该是：同样的信息内容所有项目相关人员只需有人创建一次，不需要其他人重复创建，而不一定是指完完整整的一个模型）？大家知道，这个问题本质上不是简单的能和不能的问题，而是能到什么程度的问题，因为解决这个问题是 BIM 技术产生的主要推动力也是 BIM 赖以存在和发展的基本前提。也就是说，如果一个 BIM 模型能 100% 满足某一项工作任务的完成，那么这个 BIM 模型对该项任务的对应性就是 100%；同理，如果一个 BIM 模型能 100% 满足一个项目 100% 工作任务（即该项目生命期内所有工作任务）的完成，那么这个 BIM 模型对该项目的适应性就是 100%。

道理很简单，一个 BIM 模型要做到对一项任务的 100% 对应性并不难，难的是对 100% 的任务都做到 100% 的对应性，今天的技术和软件工具水平能够做到的只是对 $x\%$ 的工作任务满足 $y\%$ 的程度，其中 x 和 y 都小于 100，有的时候还是远远小于 100。这两个数字达不到 100 不仅仅是工作量大小和投入产出是否合理的问题，而是目前的 BIM 技术路线和软件工具还没有能力实现的问题。也就是说，即使不计成本、不遗余力，用现在我们能够看到的技术水平和软件工具，这个目标是实现不了的。因为一个项目中不同的工作任务对模型的要求有些是互相兼容的，有些是互相冲突的，对模型元素的组织和细分方式以及信息内容是有不同要求的，这些要求不是今天的技术路线和工具能做到的，还需要进一步的研究和实践找到合适的技术和工具来实现，如果最终能够实现的话。

因此，在目前的实际 BIM 应用过程中，BIM 模型的创建除了关注经济上的合理性以外，技术上就必须也只能综合考虑和平衡其对应性和适应性，由此产生出一条尽人皆知的建模规则：根据模型应用的要求来确定如何创建模型。而当这个要求变成是满足项目生命期内所有工作任务的完成时，就只好八仙过海了。

4.23　BIM 不是一个软件的事，但其中一个软件的选择却通常事关成败

最近一段时间内连续碰到企业更换 BIM 软件的事情，设计企业和施工企业都有。有一家基础设施领域的设计企业，连续几年在一个 BIM 软件平台上深入应用和定制开发，后面发现如果使用该软件平台进行推广普及的话，无论从经济上还是人员能力培养上都不堪重负，最终决定更换；一家机电安装企业一开始采用某一款软件进行 BIM 应用，一段时间以后发现大部分业主要求使用另外一款软件，最后也不得不进行更换；另外一家大型民用建筑设计企业，在相当长时间内使用某一款软件并在其上投入力量进行定制开发，前段时间我碰到该企业的一位专业总工问情况如何，这位总工回答了 4 个字说这是"自废武功"；还有一个城市政府和一家国外软件企业签署战略合作协议要求该市企业和项目使用某一款 BIM 软件，不难理解其结果就是加重当地企业的负担，使得当地企业除了根据市场需求选择软件外还得额外使用该地政府要求的那一款软件。

BIM 软件如何选择一直是大家关心的重点，在"何关培博客"中与 BIM 软件和软件选择有关的文章包括：

（1）《BIM 软件知多少》上、中、下、四、五共 5 篇；

（2）《竞争对手是企业 BIM 应用的原始驱动力和 BIM 软件选择不可忽视的参照物》；

（3）《地方政府要求该地企业使用某个指定 BIM 软件究竟对企业意味着什么？》；

（4）《施工企业 BIM 应用技术路线选择的非技术因素分析》；

（5）《施工企业 BIM 应用技术路线分析》。

有一个事实是在目前技术和市场条件下任何人都无法改变的，那就是一个工程项目各阶段、各参与方、各专业和岗位所需要完成的工作任务不可能依靠一个软件来完成，也不可能靠一个厂商提供的软件来完成，套用一句现在时髦的话来说就是使用多个厂商的多个软件来完成项目任务是目前这个阶段企业软件使用的新常态（这里只讨论跟工程建设各专业相关的软件）。

BIM 不是一个软件的事，但肯定不能也不需要让企业每一位员工都掌握所有软件的使用，而且不同软件在企业软件序列里面的地位和作用也是不完全一样的，我们可以通过需要使用的人数、使用的频率以及解决问题的多少等几个方面对每一个软件在企业中的定位进行分析，如图 4-31 所示。

假设有四款软件，A 软件具备 A 功能、B 软件具备 B 功能、C 软件具备 C 功能，D 软件同时具备 A、B、C 三种功能，但 A 功能没有 A 软件强、B 功能没有 B 软件强、C 功能没有 C 软件强，如果只需要某一项单一功能，选哪个软件就很简单，如果同时需

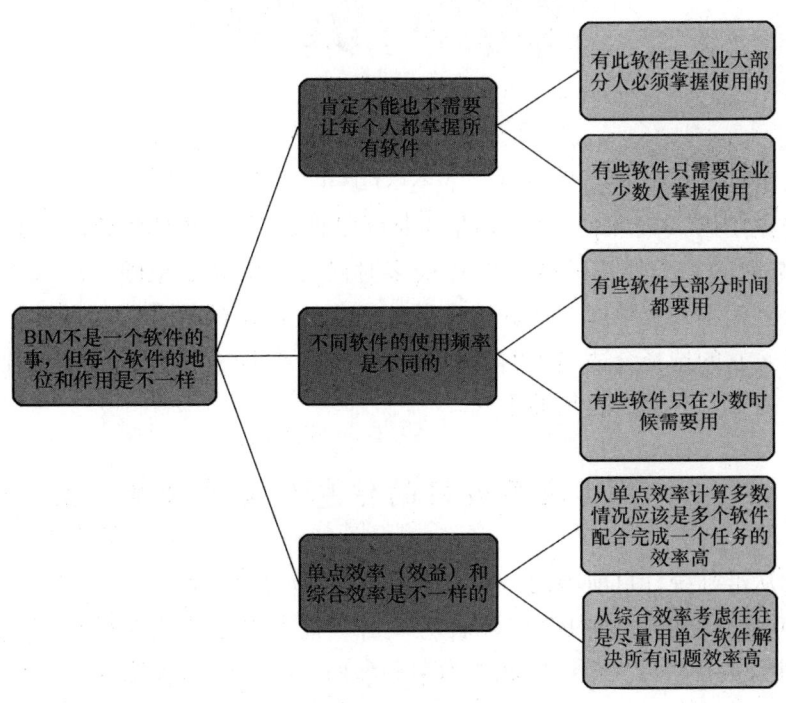

图 4-31　不同 BIM 软件的地位和作用不同

要 A、B、C 三个功能，那么究竟同时选择 A、B、C 三款软件好呢还是选择 D 软件好呢？单纯从技术上看，无疑第一个选择最好，但事实上却往往未必，即使我们既不考虑不同软件之间的信息共享问题，也不考虑经济问题，也还有一个非常致命的问题是怎么绕也绕不开的，是让一个人掌握三个软件来完成工作还是让三个人每人掌握一个软件一起配合来完成工作呢？这就是图 4-31 所谓单点效率（或效益）与综合效率的关系问题，这不是一个简单的问题。

企业在实际工作中肯定需要用到多个软件，能完成同类功能的软件一般也会有不止一家厂商的产品，有些软件由于初始选择不当而进行更换对企业影响不是太大，而有些软件这样做可能就会伤筋动骨，因此在确定和选择这一类软件的时候需要格外谨慎。图 4-32 是帮助企业确定这类软件一种简单而有效的方法。

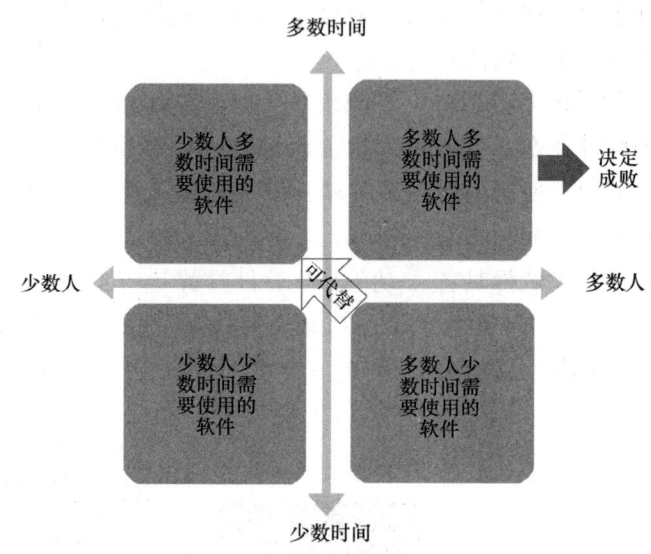

图 4-32　软件使用人数和使用时间与选择方法

我们根据使用人数和使用时间的多少可以把软件分成四个象限，其中第四象限"多数人少数时间需要使用的软件"在很多时候可以由第二象限"少数人多数时间使用"来替换，而第一象限即"多数人多数时间需要使用的软件"就是那个对企业影响最大的软件，它的选择合适与否通常会严重影响企业 BIM 应用的效益甚至成败，这样的教训不在少数，应该引起足够重视。

4.24　BIM 应用最好的信息交换方法是不交换

我们无从准确统计目前国内一共有多少项目在应用 BIM。

中建 2014 年做的一项内部统计表明，当年整个中建系统在设计和施工过程应用 BIM 的项目数量有八百多个，以此作为某种参照，综合全国各地各企业有关 BIM 应用的介绍材料，估计全国应用 BIM 的项目应该在万位数上下，涉及的从业人员数量有数万甚至更多。

无论目前应用 BIM 的项目是 1 万也罢，是 5000 也好，虽然比例不高，相对全国每年大约 70 万个项目而言在 1‰ 上下，但考虑到应用 BIM 项目的规模大小、复杂性和重要性，这个数字已经相当可观，如果按每个项目 BIM 应用的增量投入为 10 万元计算，就有 5～10 亿元，事实上的数字肯定还要大。

BIM 在这些项目中的应用团队目标有区别、解决问题有多少、应用效益有高低、投入产出比有好坏，这是非常正常的现象。但大家有没有想过这样一个问题？这么多项目、这么多从业人员、这么大规模投入的 BIM 应用我们能够得到的交付成果是什么？这些交付成果能满足项目各方的需求吗？大家知道答案是非常不乐观的。

表 4-6 是作者整理的目前能够看到的各类 BIM 应用成果交付方式、优点和存在问题的一个列表（种类数量和分类方法请同行批评指正和补充完善）。

BIM 成果交付方式比较　　　　　　　　　　　　　　　　　　表 4-6

BIM 成果交付方式	优点	存在问题
BIM 软件原始格式	信息完整	其他软件无法直接使用
IFC 等公开格式	支持软件多	信息不完整、效率低
视频、PDF、图像等	使用方便	信息不完整、无法修改
二维图纸如 DWG、DGN 等	使用方便	信息不完整、无关联
数据库、PDM 系统等	信息集成度高	信息完整性有问题、使用不方便、支持软件少

从表 4-6 可以看到，尽管 BIM 应用已经有了不小规模的工程实践，也实现了一定的价值和效益，但到现在为止还没有找到一种方式是能够把 BIM 应用成果同时以信息完整而又方便后续使用为目标实现交付的，目前能够交付的要么只有部分成果、要么使用起来非常不方便，因此很难说这样的交付是合格的。

更加不幸的是，目前还看不出能短期解决这种现状的可能，尽管为此而努力的软件厂商和软件产品不在少数。也就是说，整个行业还要在相当长时间内以这种交付现状继续进行 BIM 应用。

2013 年美国行业组织 FIATECH（http：//www.fiatech.org）发布了一份名为 "An Overview of Existing BIM Standards and Guidelines" 的研究报告，该报告对全球各国公开的 28 种 BIM 标准和指南的发布机构、发布时间、覆盖内容、成果交付、信息交换等进行了统计分析，图 4-33～图 4-35 三张图分别是报告封面、标准名称和发布时间以及报告涉及的 28 种

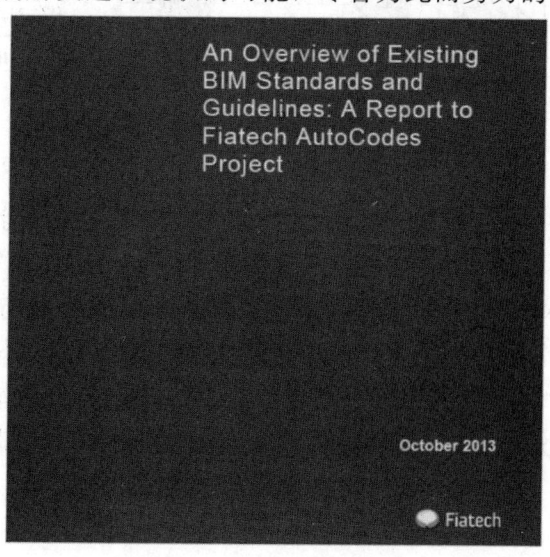

图 4-33　Fiatech 报告封面

标准指南在 BIM 成果交付和信息交换方面的统计结果。

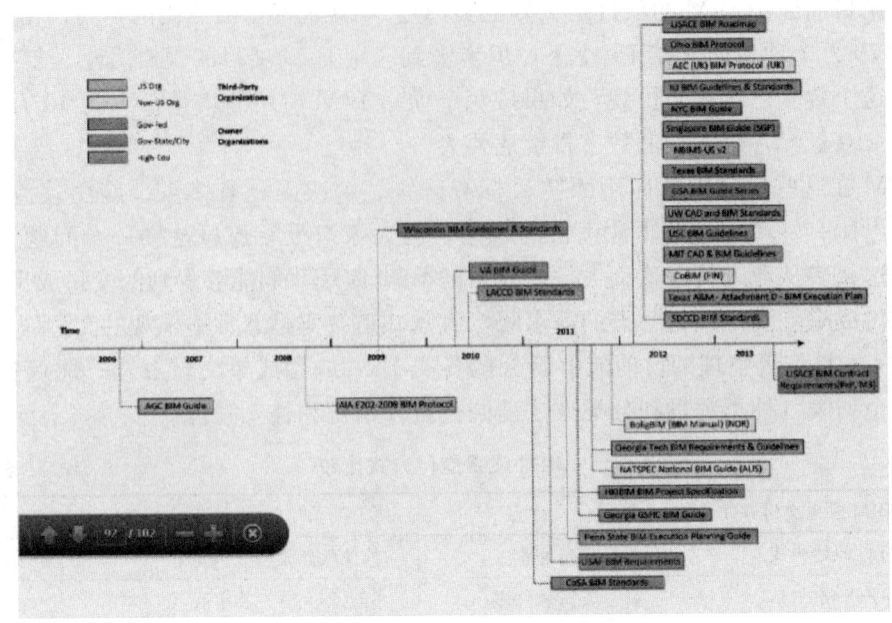

图 4-34　BIM 标准指南发布时间

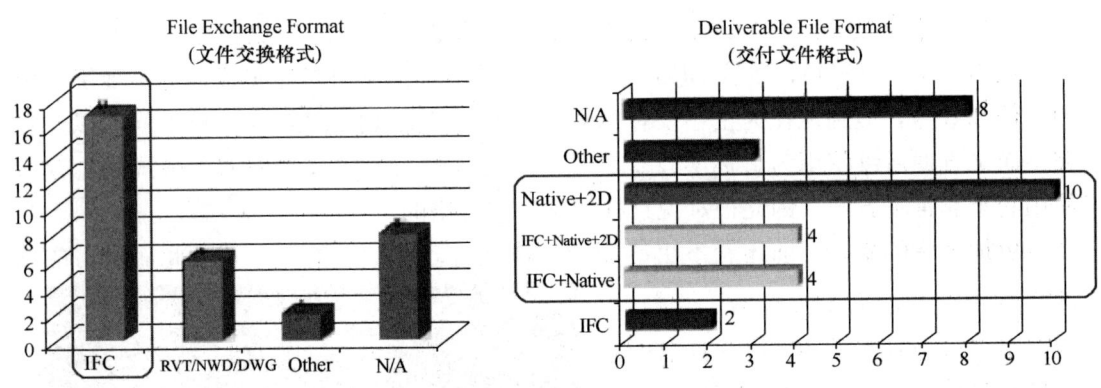

图 4-35　BIM 标准指南文件交换和交付格式

从文件交换格式和文件交付格式两张统计图里面可以得出这样一个结论：报告涉及的 28 种标准指南文件交换主要靠 IFC（17/28 本标准），文件交付主要靠原始文件即Native（10＋4＋4＝18/28 本标准），这两种方式的利弊我们在前文已经分析过了，除此之外这 28 本标准指南并没有提供更好的交付和交换方式。

BIM 应用不能停下来，合格的交付方式短期内又不太可能出现，在这种情形下，建议企业在选择软件产品和制定应用流程的过程中应该尽量避免信息交换或者实在不行的话减少信息交换的次数和频率。

5 不同类型企业 BIM 生产力建设方法

5.1 业主准备好用 BIM 了吗？（一）：
业主用 BIM 需要准备吗？

随着 BIM 技术的不断推广普及，对 BIM 有了解的业主数量也在逐年增加，自然而然地，业主要求项目参建方在设计、施工过程中使用 BIM 的项目数量也越来越多。业主要求在项目中用 BIM 的方式基本上可以分为两大类：一类是在设计、施工等（好像还没听到或看到在运维招标中这样做的）招标文件中要求投标方应用 BIM，另一类是对设计施工等项目参建方不做 BIM 应用要求，业主招聘第三方 BIM 咨询顾问应用 BIM。

尽管此类项目的数量没有完整的统计数字，我估计到目前为止国内业主在设计、施工招标文件中要求 BIM 应用的项目数量应该可以数以千计了。这里用"业主"泛指行使建设项目甲方权利的实体，包括政府、企业、开发商、代建方等，区别于建设项目的设计、施工、咨询、供货商等其他乙方和丙方，也就是英语文献中使用"Owner/Developer"来表示的这部分群体。

业主在项目中用招标文件形式要求使用 BIM 对于 BIM 技术的普及应用以及把 BIM 作为谋生手段的 BIM 同行来说自然是一件大好事，但是在大家欢呼雀跃的同时，也能听到和看到不少的疑惑、不满甚至愤怒：例如业主要求不明确，业主自己不知道要用 BIM 做什么、BIM 能做什么，业主花了钱没达到目的、做 BIM 的（不管是项目参建方还是第三方 BIM 顾问）出了比预计还多的力却没有得到业主认可等。而这些现象都是在业主、设计施工等项目参建方、第三方 BIM 咨询都认识到 BIM 对项目建设效率和质量有价值的前提下发生的，我想应该引起同行足够的重视，解决好了这些问题就能加快 BIM 顺利发展，否则就会成为阻力。

发生上述情况的原因肯定有很多种，而且不同情形的原因可能也不尽相同，大家尽可以对具体问题做具体分析。但是就我们的理解来看，关键问题还在于业主没有为项目使用 BIM 做好相应的准备。虽然项目其他参建方和第三方 BIM 咨询顾问可能也存在类似问题。

看到这里相信有不少人会问，业主在项目中使用 BIM 需要做准备吗？在回答这个问题前，我们先来看一张简化以后的项目 BIM 应用情形（表 5-1）。

之所以说简化是因为我们根据项目 BIM 应用的特点把利益相关方分成了三类：业主、项目参建方和第三方 BIM 咨询顾问（这里特指业主直接聘用的第三方 BIM 咨询顾问，不包括设计、施工等参建方聘请的 BIM 顾问）。除了情形 1 项目肯定不能用 BIM 外，站在业主角度我们从上面这张表看出什么问题来了吗？

项目 BIM 应用情形 表 5-1

项目 BIM 情形	设计、施工等项目参建方	业主聘用第三方 BIM 咨询	业主
1	不用 BIM	不聘用	没有 BIM 能力
2	不用 BIM	不聘用	有 BIM 能力
3	不用 BIM	聘用	没有 BIM 能力
4	不用 BIM	聘用	有 BIM 能力
5	用 BIM	不聘用	没有 BIM 能力
6	用 BIM	不聘用	有 BIM 能力
7	用 BIM	聘用	没有 BIM 能力
8	用 BIM	聘用	有 BIM 能力

（1）情形 5～8：业主要求参建方用 BIM 干什么？

（2）情形 2：参建方不用 BIM、也不聘请第三方 BIM 咨询顾问时，业主团队用 BIM 干什么？

（3）情形 3：业主团队没有 BIM 能力时，参建方不用 BIM，业主聘请第三方 BIM 咨询顾问干什么？

（4）情形 4：业主团队有 BIM 能力时，参建方不用 BIM，业主聘请第三方 BIM 咨询顾问干什么？

（5）情形 7～8：参建方用 BIM，还需要聘用第三方 BIM 顾问吗？这个时候聘用第三方 BIM 顾问干什么？

（6）情形 2、4、6、8：业主有 BIM 能力如何在项目中用 BIM？

（7）情形 1、3、5、7：业主没有 BIM 能力如何在项目中用 BIM？

估计大家还可以看出更多问题来，试想如果业主在要求项目使用 BIM 以前没有对这些情形进行过思考和分析，那么出现上面提到的问题也自然就在所难免了。由此可见，业主在项目中要求用 BIM 以前是要做准备工作的，而且要做的准备工作可能还不少。可以这么说：业主 BIM 准备工作的质量在很大程度上决定了项目 BIM 应用效果的大小。

韩愈《马说》开篇里说道："世有伯乐，然后有千里马。千里马常有，而伯乐不常有"，从这个角度来讲，决定城市建设好坏美丑的不是建筑师和工程师，而是业主——各种各样掌握建设投资的业主。因为业主想做好的美的，就会有一大堆做好的美的建筑师和工程师，反过来应该也一样。

那么 BIM 是否也如此呢？

5.2 业主准备好用 BIM 了吗?(二): 什么会什么不会因为 BIM 改变?

如果我们问,在同一个项目上,业主用 BIM 和该项目的设计企业用 BIM 一样吗?业主用 BIM 和该项目的施工企业用 BIM 一样吗?相信任何一个业主被问到这个问题的时候,答案都毫不犹豫,"不一样"!但是如果接着问同一个业主,为什么会不一样?有什么不一样?今天在用 BIM 的业主想到和做到这个不一样了吗?今天的业主是在和设计企业、施工企业不一样地用 BIM 吗?答案就相对要困难得多了。以作者之见,这恰恰是业主用 BIM 必须要做好的准备之一。

让我们通过图 5-1 一起来看看对业主来说什么会、什么不会因为 BIM 而改变。

1. 什么不会因为 BIM 而改变(图 5-1 的上半部分)?

首先站在企业层面,用 BIM 前是业主,用 BIM 后是什么呢?当然还是业主。用 BIM 前是竞争力很强的业主,用 BIM 后呢?当然也还是很强的业主。同样的道理,弱的也不例外,强弱的改变不是一朝一夕的事情,不是一时一地的事情,BIM没有可能眼睛一眨让老母鸡变鸭,

什么不会因为BIM改变?
- 业主核心业务内容、模式、竞争力不会改变
- 员工基本岗位职责划分不会改变

什么会因为BIM改变?
- 员工的知识和技能构成会改变
- 使用的软件工具会改变
- 工作方法和流程会改变
- 交付成果形式、内容、质量会改变

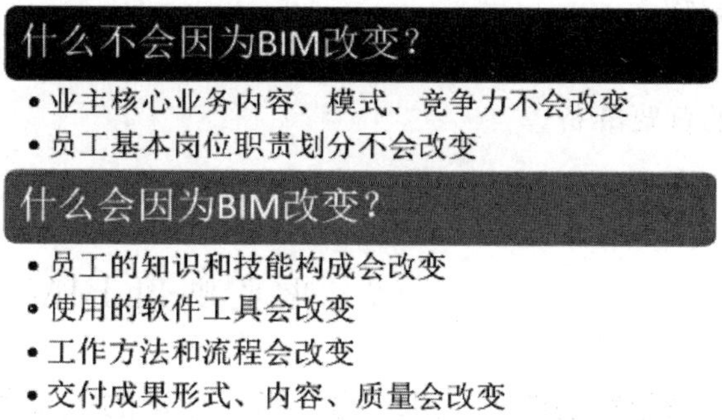

图 5-1 什么会、什么不会因为 BIM 而改变

不管是老母鸡比鸭好,还是鸭比老母鸡好,都不可能。至于日积月累用 BIM 再加上其他努力使企业发生了根本性的变化,那是另外一回事。

其次站在个人层面,在业主里面工作的同行,用 BIM 以前负责设计管理,用 BIM以后的岗位职责是什么呢?当然毫无疑问还是负责设计管理,其他岗位也一样(因为BIM 应用可能增加的专职 BIM 岗位和调换工作除外)。

2. 什么会因为 BIM 而改变(图 5-1 的下半部分)?

除了上述不会因为 BIM 而改变的东西以外,确实还有另外一些东西在用 BIM 前和用 BIM 后是不一样的,下面是属于这个类型的一些例子。

首先,业主团队的知识和技能构成要随着 BIM 的应用而改变,显然业主团队要具备 BIM 应用有关的知识和技能才有可能把 BIM 用好。

其次,业主团队完成岗位职责使用的软件工具也需要改变(增加),从应用 BIM 前的 CAD 软件到应用 BIM 后的 BIM 软件。

第三,由于应用了 BIM 这样一种新的技术、方法、工具,业主完成工作任务实现工作目标的工作方法和工作流程也可能需要随之而改变,使之更有效发挥 BIM 的价值,实现工作效率和质量的提高。

第四,由于 BIM 的应用,使得同样岗位职责可以交付的成果形式、内容、质量也

会跟着改变，例如没用 BIM 以前的主要交付内容是图纸（电子或纸介质），用 BIM 以后除了交付图纸以外，还可以交付 BIM 模型了。

3. 小结

对上面的探讨也许不同的行家会有不一样的理解，不同的企业需要不一样的分析，这些都可以根据业主需求和实际情况进行调整。但作者认为无论是会因为 BIM 改变的部分，还是不会因为 BIM 而改变的部分，业主在应用 BIM 以前都需要做相应的准备。前者大家好理解，后者不会因为 BIM 改变的部分业主需要做什么准备呢？

要回答这个问题我们先来看看作者之所以把业主的工作分成会和不会因为 BIM 改变这样两个类型的主要原因是什么，这样做的主要目的就是要给 BIM 赋予一个适当的应该属于 BIM 的使命。不管什么原因现在行业内存在不小数量的说法似乎有把 BIM 当作神丹妙药的趋势，这是危险的。因为大家知道，能包治百病的一定是假药。

因此弄清楚什么会、什么不会因为 BIM 而改变，也许可以说是业主应用 BIM 需要做的首要准备。

5.3 业主准备好用 BIM 了吗？（三）：业主要用 BIM 做什么？

从组织的性质、组织的目标、经营的范围等不同角度可以把业主分成很多类型，而且不管是同类还是不同类的业主其内部的组织架构设置都存在或多或少的不一致，但是所有业主的工作客体都是一样的，那就是他们负责的那些工程项目，那些工程项目全生命期中的一部或全部。

因此为了避免接下来的讨论跟业主的不同类型和不同组织架构产生关联，我们把本次讨论限定在项目和针对项目的主要工作任务这个层面上，这也是所有业主的核心工作内容所在。表 5-2～表 5-4 分别是业主在项目设计、施工、运维阶段典型工作任务的一个样本。

业主设计管理部门典型工作任务　　　　　　　　　　　　表 5-2

编号	工作类别	工作事项
1	设计委托或招标	规划、方案阶段
		项目后期及零星设计
2	设计文件管理	方案确认：设计定位、总体规划、建筑单体、景观总体、分区规划、结构方案、设备选型、装修标准等
		施工图确认
		设计变更审批
3	计划审批	工程进度及资金投入计划
		设计文件需求计划

编号	工作类别	工作事项
4	支付审批	设计费支付审批
		工程款支付审批
		工程通知单审批
5	标准化管理	制度建设
		案例推广
		标准化图库建设
		信息管理

业主工程管理部门典型工作任务   表 5-3

编号	工作类别	工作事项
1	工程委托	工程委托
		工程招标
2	成本控制	制定基准成本单价
		审批单项变更或增加
3	工程生产	制定工程生产总目标
		审查工程项目施工组织设计
		编制工程项目监理规划
		审查单位（项目）工程施工总进度计划、分阶段进度计划、进度调整计划
		审核施工单位每月报送的施工形象进度及工程量清单
		组织竣工初验
4	"四新"工作	"四新"推广、试点
5	技术管理	审批工程项目施工组织设计方案

业主运维管理部门典型工作任务   表 5-4

编号	工作类别	工作事项
1	维护操作	家具维护
		装饰维护
		预防性维护
		设备宕机维护
		建筑物外部维护
		景观维护
2	空间管理	空间库存、空间分配、室内空间规划
		面积需求预测
		家具采购、家具规范化、家具库存、家具搬迁
		重大项目再设计
		废弃品、危险物处理
3	设施规划	运营规划
		紧急预案
		战略规划
		能源规划

编号	工作类别	工作事项
4	健康与安全	人体工程
		能源管理
		室内空气质量
		循环利用计划
		排放

前面已经说过，不同业主的内部组织机构设置以及工作任务划分可能不一样甚至非常不一样，但只要目的是管理、协调各个项目参建方把项目建起来、用起来，这些不同就不会影响我们的讨论结果。

业主要用 BIM 做什么？答案是显而易见的，业主用 BIM 是要帮助自己更快、更好地完成上面这些表里（和表外）的工作任务。业主的工作任务和设计企业一样吗？业主的工作任务和施工企业一样吗？业主的工作任务和运维企业一样吗？当然不一样。那么业主的 BIM 应用呢？自然也不一样。

在跟业主的沟通中，经常碰到业主这样的表述：我们这个项目设计院在用 BIM 了，或者施工单位在用 BIM 了，用 BIM 不是我们业主的事。这样的表述把业主和设计、施工的职责混淆了。没错，用 BIM 做（辅助）设计是设计院的事，不是业主的事；用 BIM 做（辅助）施工是施工企业的事，也不是业主的事；那么用 BIM 做业主（辅助业主工作）呢？当然只能是业主的事。

大家知道，BIM 本身不是业主的目标，BIM 只是帮助业主实现自身目标的工具和手段，业主的 BIM 应用不是要给业主团队增加额外的工作量（学习阶段除外），而是要把 BIM 集成到业主的日常工作中去从而改善业主的日常工作效率和质量。至于业主的每一项工作任务要如何通过 BIM 应用来提高效率和质量则是一项需要全体同行共同努力去研究和实践的长期而艰苦的工作，并非一朝一夕可得。

5.4 业主准备好用 BIM 了吗？（四）： 《美国业主 BIM 指南》解决问题了吗？

2012 年 7 月美国宾夕法尼亚州立大学计算机集成建造研究计划（CIC-Computer Integrated Construction Research Program）发布了其承担的 buildingSMART 联盟研究项目《业主 BIM 规划指南 1.01 版》——"BIM Planning Guide for Facility Owners Version 1.01"，图 5-2 是该指南的封面。

《指南》为业主建议了如下 8 条关键 BIM 应用（中文为作者提供的参考翻译）：

（1）Data Commissioning 数据调试：A process in which facility data，such as part numbers，warranty information，from a BIM Model is used to populate an organization's facility management system (FMS) while ensuring the accuracy of the information and significantly reducing the data entry time. 把部件编号、保用信息等数据从 BIM 模型植

图 5-2 美国《业主 BIM 规划指南封面》

入到设施管理系统中的过程，以保证数据精确和减少数据输入时间。

（2）Performance Monitoring 性能监测：A process in which BIM can be used to assist in monitoring the preformation of the facilities including items such as energy，air quality，and security. BIM 用于辅助监测能源、空气质量、安保等设施性能的过程。

（3）Systems Control 系统控制：A process in which BIM can be used to assist in controlling elements or systems of the facility such as lighting，electrical，HVAC，and conveying to name a few. BIM 用于辅助控制诸如照明、电力、暖通空调、输送等设施元件或系统的过程。

（4）Space Tracking 空间跟踪：A process in which BIM is used to monitor the usage of spaces within the facility. BIM 用于监测设施空间使用的过程。

（5）Asset Management 资产管理：A process in which BIM is used to assist in the management of facility assets to ensure optimal value over its life cycle. These assets，consisting of the physical building，systems，surrounding environment，and equipment，must be maintained，upgraded，and operated at an efficiency which will satisfy both the owner and users at the lowest appropriate cost to support financial decision-making as well as short-term and long-term planning. Asset categories can include personnel，space，equipment，systems，FF&E systems and components，Information Technology and Audio-Video systems components and other data to be determined to be of value by each customer. BIM 用于辅助设施资产管理以保证生命周期最优价值的过程，这些资产包括建筑物本身、系统、周围环境、设备等，必须以最低可能成本有效维护、更新和运行让业主和用户满意从而支持财务决策以及短期和长期规划，资产类型可以包括人员、空间、设备、系统、家具装置系统和部件、信息技术和音频视频系统部件以及其他对客户有价值的数据。

（6）Maintenance Management 维护管理：A process in which BIM is used to assist in actions intended to retain facility elements，or restore facility elements to，a state in which the facility element can perform its intended function. BIM 用于辅助保持或恢复设施元素达到正常运行状态的各类行动的过程。

（7）Condition Documentation 状态记录：A process in which BIM is used to assist in recording the state of the facility. This can be accomplished with a number of tools including but not limited to laser scanning，photo-geometry，and traditional surveying. BIM 用于辅助记录设施状态的过程，这个过程的完成可以利用诸如激光扫描、成像几何和传统测绘等其他工具。

（8）Scenario Forecasting 场景预测：A process in which BIM is used to predict possible situations within the facility such as crowd flow，evacuation procedures and other disasters. BIM 用于预测设施内诸如人流、疏散安排和其他灾害等可能情况的过程。

看完《指南》为业主建议的上述关键 BIM 应用，我想大家应该跟作者一样都看出问题来了，没错，《指南》建议的业主 BIM 应用都是运维阶段的，但是却没有设计和施工阶段的，那么业主在设计和施工阶段是不是就不需要用 BIM 辅助和提升其工作效率和质量了呢？答案显然是否定的。

就这个疑问作者和美国宾夕法尼亚州立大学《业主 BIM 规划指南》的研究人员进行了讨论，对方同意并确认业主在设计和施工阶段的 BIM 应用是《指南》下一步需要研究的内容之一。这个情况结合国内同行对 BIM 讨论的一些常见问题本人得到以下几点启发供大家参考：

（1）BIM 刚刚开始，即使在美国也是这样。

（2）不需要等 BIM 完善以后再使用 BIM，甚至 BIM 标准和指南也是如此。

（3）BIM 的发展和完善不是能等来的，是需要靠不断的研究和实践去实现的。

（4）中国是全球最大的建筑业市场之一，自然也是最大的 BIM 应用市场之一，如何借助这个最大的 BIM 应用市场提升我国 BIM 技术的整体能力和水平是全体同行不可推卸的责任和使命，同时也蕴含着巨大商机。

5.5 业主准备好用 BIM 了吗？（五）：业主 BIM 应用的任务分类

我们在 5.3 节中介绍了业主典型的设计、施工和运维管理部门日常需要完成的典型工作任务，在 5.4 节中我们又介绍了《美国业主 BIM 指南》建议的业主关键 BIM 应用，并且了解到上述指南建议的业主关键 BIM 应用全部集中在项目运维阶段，对业主在设计和施工阶段的 BIM 应用还没有提及，需要进一步补充完善。

上面提到了两个概念，一个是"工作任务"，另外一个是"BIM 应用"，这两者不完全是一回事，我们来看看《美国业主 BIM 指南》对这两者关系的描述（中文为作者译文，下同）：

A BIM Use is defined as a method or strategy of applying Building Information Modeling during a facility's lifecycle to achieve one or more specific objectives. 一个"BIM 应用"被定义为在设施生命周期内为实现一个或多个特定目标而应用 BIM 的一种方法或策略。

工作任务是对工作目标的分解，两者不是一个东西，但是在讨论 BIM 应用时为了叙述方便我们可以把两者当作一个东西去看待，因为工作任务和工作目标是工程语言，而 BIM 应用是建筑业信息技术语言。两者的关系可以描述为：完成一个工作任务或目标可能需要一个或多个 BIM 应用，一个 BIM 应用可以为一个或多个工作任务或目标服务。表 5-5 是对工作目标和 BIM 应用两者之间关系的一个举例说明，同样来自《美国业主 BIM 指南》。

工作任务和 BIM 应用之间的关系   表 5-5

GOAL 工作目标或任务	BIM USES BIM 应用
Improve construction quality 改善施工质量	Design Review, Design 3D Coordination, Digital Fabrication 设计复核，设计三维协调，数字加工
Reduce RFls and Change Orders 减少资料申请单和变更指令	Design Review，3D Coordination 设计复核，三维协调
Reduce Energy Use 减少能耗	Energy Analysis，Performance Monitoring 能量分析，性能监测
Provide facility managers improved facility data after building turnover 项目完成后为设施经理提供更好的设施数据	Record Modeling，Existing Conditions Modeling 记录模型，现状条件建模

在讨论确定业主 BIM 应用应该做些什么的过程中，分析业主的工作目标和工作任务并为此找到对应的 BIM 应用应该是一件必不可少的工作。同一个业主不同的项目或者不同的业主之间只要工作目标和工作任务不同，BIM 应用也自然不同，没有一成不变的葵花宝典可以直接套用。换言之，只要有新的工作目标和工作任务出现，就有可能需要用到目前还不存在或者还没有人用过的 BIM 应用。

利用工作目标或工作任务确定 BIM 应用的方法不是业主的独门秘籍，所有项目利益相关方都可以使用这个方法来为自己参与的项目确定与本组织或本人职责相匹配的 BIM 应用，这是一个因项目而异、因职责而异、因任务而异的工作，而且会随着时间的推移因为技术的发展和工作任务的变化而不断变化，这是以工作目标和工作任务来确定 BIM 应用所得到的结果。

上述确定业主 BIM 应用的方法简单实用，但是其结果是变化的、发散的和不封闭的，那么我们是不是可以找到一种结果具有相对封闭性的方式来对业主的 BIM 应用进行分析研究呢？图 5-3 是作者尝试用业主 BIM 应用的行为类型而不是项目任务或目标来对业主的 BIM 应用进行分类的结果。

作者根据业主 BIM 应用的行为类型把业主的 BIM 应用归纳为如下四个大类：

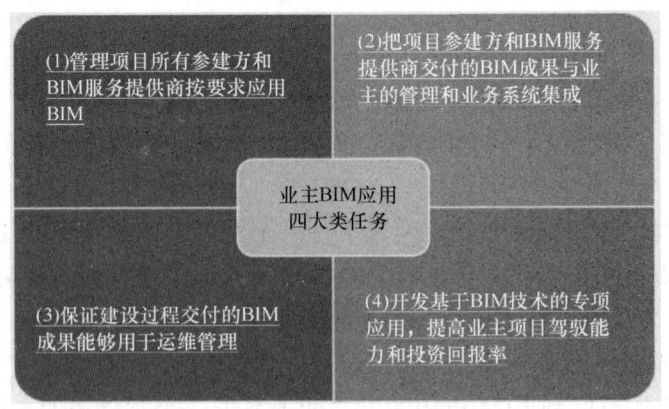

图 5-3　业主 BIM 应用四类任务

（1）管理项目所有参建方和 BIM 服务提供商按要求应用 BIM：包括建立参建方 BIM 应用标准、定义招标文件 BIM 要求、审核投标方 BIM 生产能力、验收参建方和 BIM 服务提供商的 BIM 交付成果等。

（2）把参建方和 BIM 服务提供商交付的 BIM 成果与业主的管理和业务系统集成：包括造价系统、采购系统、项目管理系统、财务系统、ERP 系统等。

（3）保证建设过程交付的 BIM 成果能够用于运维管理：管理 BIM 竣工模型使其能够和业主的运营维护管理系统实现数据集成。

（4）开发基于 BIM 技术的专项应用，提高业主驾驭项目的能力，提高项目投资效益：例如基于 BIM 的建筑性能分析、设计施工方案优化、设备应急维护、BIM 租售管理等。

根据作者的理解和实践，这种"业主 BIM 应用行为分类方法"具备比较好的封闭性，与《美国业主 BIM 指南》建议的"工作目标确定 BIM 应用"方法配合使用，可以从不同角度保障业主制定出适合自己的 BIM 应用战略和实施计划。

5.6　业主 BIM 应用之头等大事：建设自身团队 BIM 能力

业主是 BIM 应用的最大受益者，我想这个判断应该不会错。其实不仅仅 BIM 的最大受益者是业主，其他新技术和新方法的最大受益者也应该是业主，因为业主首先是最大投资人和最大风险承担者，所以"业主是 BIM 最大受益者"只是市场经济的一般规律，并不存在太多讨论的必要。

问题的关键在于业主如何才能得到其可能得到的 BIM 应用的那个最大受益呢？

从事 BIM 技术应用研究和实践以来与作者本人面对面深入交流过想用 BIM 的业主应该超过 100 家了，根据个人自己的经历，绝大部分业主对 BIM 的基本认识为以下两点：

（1）BIM 应用对业主的价值最大；

（2）BIM 应用是设计、施工等项目参与方或 BIM 咨询服务方的事，业主只要下指令就行了。

上述第 1 条认识促使越来越多的业主会在自己的项目中开始使用 BIM 技术，而第 2 条认识则导致业主基本没有机会实现第 1 条认识里面自身受益最大的目标。原因很简单，一个不会开车的人得到一辆车不但没有成为代步的工具，反而会成为某种经济或其他方面的包袱。

近几年也陆续参与了相当数量业主的 BIM 应用要求、实施方案以及应用成果等的评审，各种资料和方案里面看到各种各样业主对项目参与方、BIM 咨询服务方、BIM 应用和交付等的具体规定，但鲜有见到业主团队自身具备或有计划建设合适 BIM 能力的。

也受到不少业主邀请参与起草业主 BIM 应用规划或项目 BIM 应用技术要求等文件，我给这些业主的第一个建议就是业主要有计划建设自身团队的 BIM 能力，业主的 BIM 应用广度和深度要和业主团队成员的 BIM 能力相匹配，业主的 BIM 应用规划等涉及整个企业从一年到数年的整体性计划要等业主团队具备一定 BIM 应用经验和能力以后再开始制定，仅仅依靠外部资源是做不好这样的规划的。因为在目前这个时代，由于网络的便利性，要凑一个头头是道的所谓规划方案基本上是弹指一挥间的事情，相当于买了一本字典而已，跟自己会认字和会写文章不是一回事。

上一节我们提到过可以把业主的 BIM 应用大致划分为四种类型（图 5-4）。

就图 5-4 的四类 BIM 应用来看，如果业主自身团队不具备相应的 BIM 应用能力，无论哪一类任务都很难真正做到为业主创造最大价值，当然这样的一个说法需要格外注意以下两件事情：

（1）第一，上述说法与业主是否使用 BIM 外部资源无关。

（2）第二，业主团队需要具备的 BIM 能力和设计施工等项目参与方以及 BIM 咨询服务方所具备的 BIM 能力是有区别的。

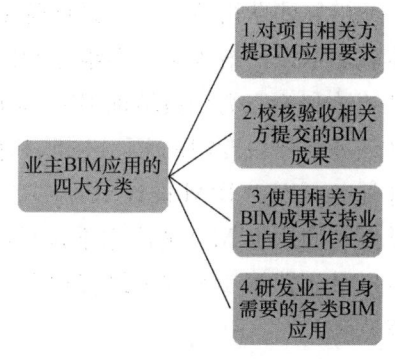

图 5-4　业主 BIM 应用四大类型

借用一句伟人语录作为本节的结尾：没有业主自身团队的 BIM 能力，便没有业主 BIM 应用的最大受益。

5.7　设计院 BIM 实施从哪里入手更多的是战略和经济问题

作为整体而言设计院无疑是国内最早开始研究实践 BIM 的建设工程项目利益相关方，套用时髦的说法可以再加上一句，没有之一。从 2003 年到现在十年过去以后，业主和施工企业对 BIM 价值以及价值实现路径正在日趋清晰和落地，而设计院却成了业主、设计、施工三个主要项目参与方中 BIM 应用最迷茫的一方，是否还能如 CAD 普及应用时代那样继续独领风骚傲视群雄的辉煌变成了一个大大的问号。

设计院的迷茫来自于这样的一个现实：用 BIM 实现比 CAD 提高图纸质量的目标

比提高制图效率的目标实现起来要容易，而提高图纸质量所能带来的效益是慢效益或间接效益，提高制图效率所能带来的效益是快效益和直接效益。前述所谓的"容易"是指投资相对少、见效相对快、影响面相对小。另外请注意我们这里说的是图纸质量和制图效率，而不是设计质量和设计效率，后者要综合和复杂得多。而用不用 BIM 出图也正是目前国内设计院 BIM 实施路线决策过程中的最主要争议之一。

在讨论设计院的 BIM 应用迷茫和为设计院寻找成功 BIM 实施路线的时候，还有一个前提条件需要明确，那就是在正常设计费以外业主不再为设计院应用 BIM 支付额外的费用，因为一旦有了额外的费用，这个迷茫也就不存在了，或者说至少是暂时不存在了。因此，设计院在探索适合自己的 BIM 实施路线的过程中要解决的真正问题是只有正常设计费（即业主没有因为设计院使用 BIM 而专门付费，设计院只完成设计业务职责范围内的工作，不包括延伸业务）应该从哪里入手实施 BIM？

有了上面的前提条件界定以后，影响设计院 BIM 实施路线选择的主要因素就可以用图 5-5 来表示。

下面从图 5-5 列举的几个方面来分析一下上述设计院 BIM 实施路线选择时所需要考虑的影响因素。

（1）团队组建方式：设计院 BIM 团队的组建和培训可以有多种形式及其组合，但本质上可以归纳为第一类组建专门的 BIM 团队、第二类抽调专业设计人员组成 BIM 设计团队和第三类全员培训 BIM 应用，第三类好理解，前两类的区别在于第一类方式设计任务需要由专门的 BIM 团队和传统的设计团队互相合作才能完成，而第二类方式设计任务可以由 BIM 设计团队独立完成，显然第二类是第三类的局部试点，第三类全员掌握和应用 BIM（请注意不是只用 BIM）是最终目标，而第一类是另外一种尝试，也可以是实践第二类并最终实现第三类的一种探索。不同团队组建方式的优势和不足见表 5-6。

不同团队组建方式利弊分析   表 5-6

团队组建方式	优势	不足
组建专门的 BIM 团队	对现有业务影响小	BIM 团队和设计团队的合作需要磨合
抽调专业设计人员组建 BIM 设计团队	专业设计人员掌握 BIM 一步到位	被抽调的设计人员负责的业务在学习期会受影响
全员培训 BIM 应用	置之死地面后生，一旦成功成效显著	风险比较大，对现有业务影响大

（2）BIM 应用范围：介绍 BIM 在设计阶段应用的材料很多，大体上可以归纳为图 5-5 所示的 6 种类型，不同的是作者在这 6 种 BIM 应用中都加上了"支持"两个字，其意义是 BIM 需要和建筑业其他信息技术一起帮助设计人员完成各类设计任务，而不是靠 BIM 一种技术。具体内容可参考本书 2.7 节。

（3）BIM 应用方法：BIM 应用方法归根结底只有两种，即图形和模型两条腿走路以及图形由模型自动生成。具体内容可参考本书 2.5 节。

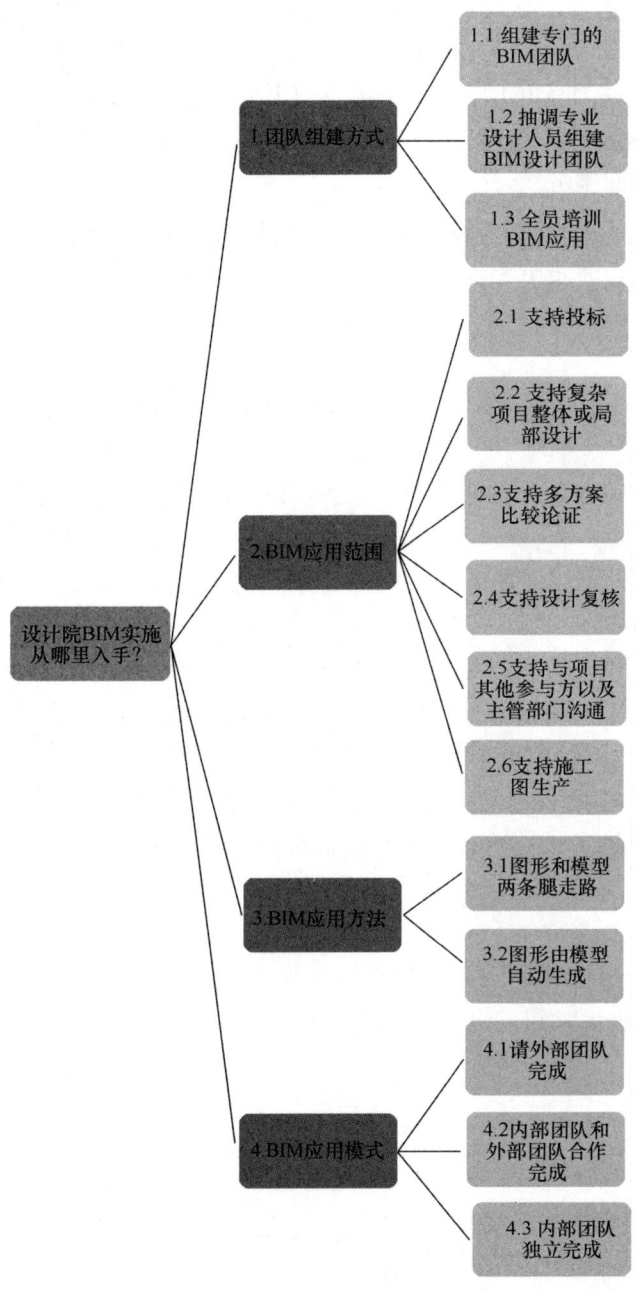

图 5-5 设计院 BIM 实施从哪里入手?

（4）BIM 应用模式：应用模式无非请外部团队做、合作做和自己做三种。

图 5-5 列举和分析了典型的 3 种团队组建方式、6 种 BIM 应用范围、2 种 BIM 应用方式、3 种 BIM 应用模式，大家知道，实际情况肯定更复杂，那么在这样复杂的情况下，设计院要实施 BIM 到底应该从哪里入手呢？从市场经济的角度考虑其实这个问题并不难回答，那就是选择风险低、投资回报好的实施路线。

同一个时期不同设计院能够使用的 BIM 技术和 BIM 软件产品基本是一样的，但是每个设计院的核心能力、盈利模式、项目特点、人员构成、地域特性、客户类型等则是不一样的，每个设计院都必须根据自身的特点选择合适的团队组建方式、BIM 应用范围、BIM 应用方法和 BIM 应用模式作为 BIM 实施的切入点以及不同发展阶段的 BIM 实施重点，才能用好 BIM 这个新的建筑业信息技术为设计质量和效率以及设计院整体竞争力的提升而服务。

也就是说，设计院 BIM 实施到底从哪里入手以及遵循一条什么样的发展路线，更多地不是技术问题，而是战略和经济问题。所谓经济就是今天的效益，所谓战略则是明天的效益。

5.8 如何解开设计院 BIM 应用的收益困惑？

估计绝大多数同行会认可这样一个事实，即目前设计院 BIM 应用的主要困惑是收益困惑，说明白一点，那就是设计院都知道用 BIM 需要投入，包括购买软硬件、招聘和培训人才、聘请外部服务团队等，但上述 BIM 应用投入的收益回报从哪里来却还没法找到一个清晰的答案。

一方面从技术和市场的角度设计院认识到掌握和应用 BIM 是行业发展的必然趋势，另一方面由于 BIM 应用收益模式的不确定性导致设计院不知道该怎么办才好，因为什么时候用 BIM、谁来用 BIM、用 BIM 做什么、如何用 BIM 这些设计院 BIM 应用的关键问题都跟 BIM 应用的收益是什么和怎么来有关系，这个问题得不到解决，设计院的 BIM 应用就一直会处于比较被动的状态。而要解决这个问题，首先必须从根本上弄清楚设计院的 BIM 应用收益问题到底是一个什么样的问题，然后不同的设计单位才能根据自身的具体情况去找到合适的解决方案。

那么设计院 BIM 应用效益问题的本质究竟是什么呢？我们一起来看图 5-6。

图 5-6 的横轴表示时间，纵轴表示设计的质量或效率。图上有三条线，0 号线表示

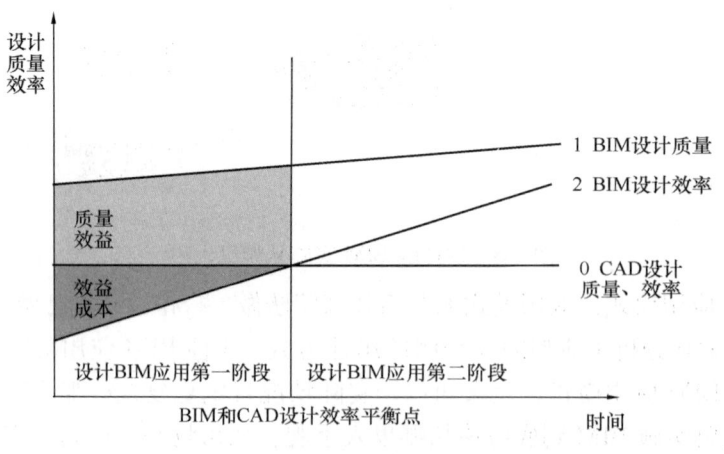

图 5-6 设计院 BIM 应用效益分析

设计院使用 CAD 的设计效率和质量，为了方便叙述，我们把 CAD 设计效率和质量假设为一个常量。1 号线表示用 BIM 的设计质量，大家都知道同一个设计师用 BIM 做设计的设计质量比用 CAD 高，这个质量还会随着 BIM 技术和产品自身的改善以及设计师对 BIM 的掌握程度提高而逐渐有所提升。2 号线表示用 BIM 的设计效率，总体上来说目前用 BIM 做设计的效率比用 CAD 要低，BIM 设计效率也是一个逐渐提升的过程，会在某一个时间点达到和用 CAD 做设计效率相同，然后逐步超过 CAD 的效率。

根据 BIM 设计效率和 CAD 设计效率的平衡点可以把设计院的 BIM 应用分为两个阶段，平衡点左边为第一阶段，右边为第二阶段。从图上可以看到，设计院 BIM 应用的困惑主要发生在第一阶段，到了第二阶段以后就不会再有全局层面的困惑了，因为到了第二阶段设计院应用 BIM 在效率和质量上都已经是正效益了。

设计院 BIM 应用第一阶段的主要问题表现在用 BIM 做设计的效率比 CAD 低，其结果形成了效率成本（图上的深灰色三角形区域），而用 BIM 做设计的质量比 CAD 高，这个结果带来的是质量效益（图上的浅灰色四边形区域）。由此很清楚，设计院在这个阶段的困惑可以归结为如下几个问题：

（1）由于效率降低而带来的成本增加是显性和即时的，是真金白银的多花了钱；而由质量提高带来的效益却是隐性和滞后的，不一定能马上带来经济效益。

（2）由质量提高带来的效益提高部分是否能完全抵偿由效率降低而带来的成本增加部分，甚至还能产生净利润？

（3）设计院需要多长时间和在具备什么条件下才能够到达 BIM 和 CAD 设计效率的平衡点？

不同设计院由于自身品牌、核心业务、技术、管理、人员、基础设施甚至地域等情况的不同，上述同一个问题的答案也不一定是完全一样的，但不管每个企业的具体特点如何，有一点是肯定的：要很好地找到上述问题的解决方案和实施步骤，全面深入分析产生设计 BIM 应用效率成本的原因和把设计 BIM 应用质量效益转换为经济效益的可能途径是所有设计院必须要做的基本功课。图 5-7 和图 5-8

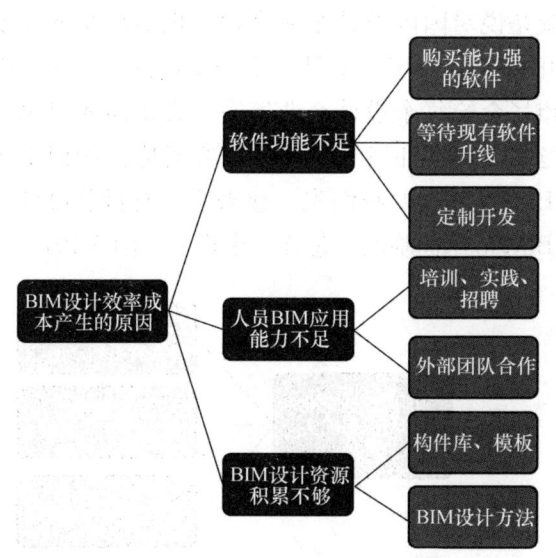

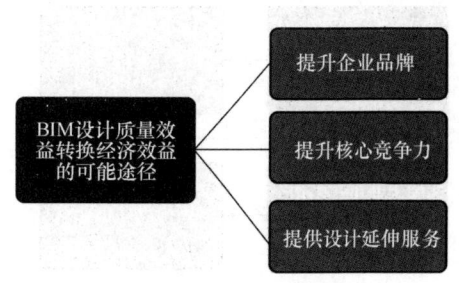

图 5-7　BIM 设计效率成本产生的原因　　　图 5-8　BIM 设计质量效益转换经济
效益的可能途径

提供对前述两个问题的分析供设计院在制定 BIM 应用规划时参考。

5.9 设计企业 BIM 应用之头等大事：把握应用 BIM 的方向和力度

国内设计企业无疑是 BIM 应用发展过程中最纠结的项目主体。这么多年来。只要跟设计企业交流 BIM 应用，都会有人问那个祥林嫂式的问题——"设计院做 BIM 谁来付费"？

美国 XTWO 公司（XTWO International LLC）合伙人王新先生（微博：http：//weibo. com/bimclubchina）近年来一直致力于中美建筑业同行之间的 BIM 应用交流，他曾经专门发过一条微博描述这个现象：每次交流只要有国内设计院人士参加，就一定会问美国的设计同行"你们做 BIM 是谁给你们付费的"这个问题，而美国同行的反应和回答也几乎都是标准答案"设计企业用 BIM 还需要别人付费吗"？

在上述两种中美设计企业对待 BIM 应用同一个问题的不同反应当中，除了两国设计收费相差 3~5 倍等市场和经济等方面的原因以外，有一个很重要的 BIM 认识问题，那就是看待 BIM 应用这件事情的一字之差——"做 BIM"还是"用 BIM"。"做 BIM"似乎是在设计任务之外又完成了额外的工作，要专门的费用不敢说理直气壮起码也算说得过去；而"用 BIM"只是改变了设计的工具和方法，自然没有额外要费用的道理。

这样就形成了国内设计企业 BIM 应用的典型纠结场景，如图 5-9 所示。

改变上图所述长期形成的行业现状既非一日之功，也不是设计企业日常经营活动的主要任务。因此，事实很清楚，目前暂时对 BIM 置之不理、等所有问题都解决以后再来用 BIM 显然不是设计企业的最佳甚至可行选择，也就是说对国内设计企业来说，现实环境下要不要开展 BIM 应用并不是一个需要讨论的问题，因为市场会给每个设计企业答案。真正需要讨论的问题是在现实环境下设计企业究竟应该如何来开展 BIM 应用呢？我们先一起来看一看目前设计企业 BIM 应用面临的是怎样一个现实（图 5-10）。

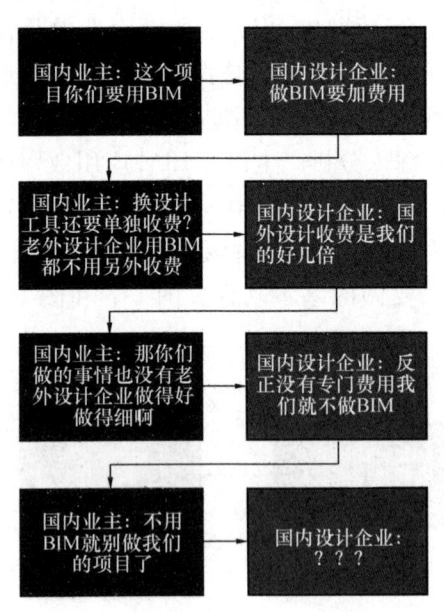

图 5-9 设计企业应用 BIM 的纠结

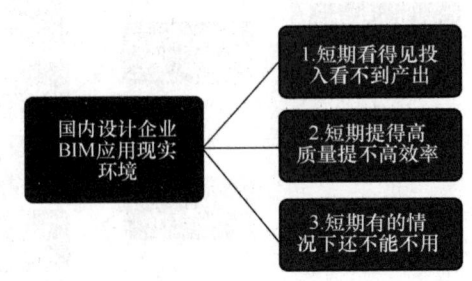

图 5-10 国内设计企业 BIM
应用现实环境

图 5-10 第 1 条不算设计企业拿到 BIM 应用专项费用的情况，因为有专门费用 BIM 应用就变成一项专门服务了（即成为做 BIM 了），此时投入产出的计算就不再是一个问题或者变成了另外一个问题，这种情况目前成不了设计企业 BIM 应用的主流，而行业服务体系是否会发生朝这个方向的变化今天并无明确结论，尚需要时间来证明；第 2 条有人可能会有不同意见，事实上即使在目前的产品条件下，也可以实现效率与 CAD 相近甚至更高，但其前提条件是要实现这个目标预先需要与之匹配的这样一个投入："一个团队规模的软件采购＋一个团队规模的硬件采购＋培训采购＋一个团队 6 个月左右及以上的效率降低过渡"，其结果是得到和没有这个投入以前类似的效率（当然还有质量的提高和潜在的竞争力等）；第 3 条不用更多解释。

设计企业 BIM 应用的纠结正在于此：现实情形下有时候不用 BIM 还不行，用 BIM 短期好像又看不到明显的效益。那究竟采取什么样的 BIM 应用路线、方案和措施合适呢？

诚然，不同设计企业 BIM 应用的具体方案和措施需要考虑各自的实际情况，但就我个人的理解和认识而言，其中的关键点只有一个，那就是把握好 BIM 应用的方向和力度。所谓方向就是确定用 BIM 做什么，而力度是指在什么样的规模上来开展 BIM 应用，我们用图 5-11 来对此做进一步的说明。

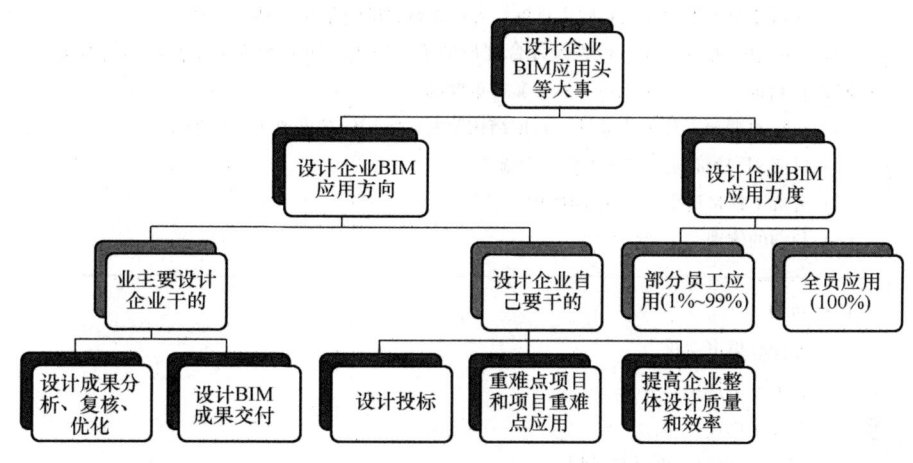

图 5-11　设计企业 BIM 应用要把握好方向和力度

就 BIM 应用方向而言，不管设计企业的 BIM 应用会发展出多少内容来，都可以归纳为两种类型：第一类是业主要求设计企业干的，第二类是设计企业自己要干的。第一类 BIM 应用如果干不了就满足不了合同要求，第二类 BIM 应用如果没有一定的储备，显然就既不能应付今天已经存在的第一类 BIM 应用，也没有为未来的发展储蓄这个方面的资源。因此，寻求既能满足自己服务的业主今天对 BIM 应用的需求，又能为企业未来的发展做好合适准备的 BIM 应用方向和具体内容，是设计企业 BIM 应用头等大事的一个方面。

设计企业 BIM 应用头等大事的另一个方面是用什么样的力度来开展上面确定的 BIM 应用，对于设计企业来说，投入的力度基本上可以用投入的人数来计算，包括每个人需要的硬件、软件、培训、产值损失等。现实情况下投入 10％的人还是投入 100％的人开展 BIM 应用，对设计企业来说是一个需要仔细论证的问题，尽管我们知道未来 BIM 是所有设计人员都需要掌握的工具和方法。

根据个人的认识和实践经验，只要设计企业在开展 BIM 应用的过程中把握好应用 BIM 的方向和力度，就不会出现大的偏差。

5.10 施工企业关心 BIM 应用中的一些什么问题？

在中国建筑业协会工程建设质量管理分会组织的一次施工企业技术负责人 BIM 培训班上我们安排了两次分组讨论，相信以下讨论结果应该可以帮助大家从中探索和实践中国施工企业 BIM 发展的方向和路线。

分组讨论问题一：国内施工企业面临的主要挑战有哪些？BIM 在哪些方面可以帮助施工企业提升项目质量、效率和利润？

	问题一讨论结果	5-7
第 1 组	主要挑战： （1）建筑造型越来越复杂，施工难度较大，新材料的更新快，种类多 （2）目前施工人员是施工检验设计合理性的第一要素，BIM 技术要求高，如何对施工人员进行 BIM 软件培训，提高施工人员素质是非常重要的 （3）BIM 对普通工程的重要性，在钢结构装配式结构的精度要求有优势 （4）目前 4D 掩饰对业主的优势大于施工 （5）造价工程量清单 BIM 中的应用 （6）利润的体现	
	BIM 价值： （1）设计效果可视化 （2）施工方案优化 （3）支持深化设计 （4）4D 施工模拟、可见性模拟 （5）施工质量与进度监控 （6）支持预制加工，协同作业管理	
第 2 组	（1）工期紧（政治因素、设计滞后、各专业图纸不协调） （2）利润低（低价中标、管理粗放） （3）安全压力大（方案不完善；人员意识不足、施工环境复杂）	
	质量效益： （1）深化设计应用、图纸转换 （2）信息共享、科技成果推广 （3）可视化、形象指导施工 （4）二维难以解决的问题	

第 3 组	（1）BIM 技术要求高、投资高 （2）企业是否承接高精尖项目试用 BIM，有可能拥有明显收益 （3）低耗、高效、有效沟通
第 4 组	面临挑战： （1）工程质量技术要求越来越复杂 （2）利润空间低 （3）BT 项目模式更多，要求施工企业具备深化设计能力 （4）市场运营成本不断提高（工资、材料、价格） （5）用工荒 （6）业主的不规范行为影响（不合理工期、随意变更设计、降低造价） （7）政府主管部门监控力度不足 （8）招标投标市场不规范（暗箱操作）
	BIM 价值： （1）深化设计、碰撞检查可以避免返工，符合低碳环保发展方向 （2）帮助创建优质、策划亮点 （3）便于控制进度，优化计划 （4）有利于实现创建共享、监控平台、实现实时精细化管理 （5）有利于增强设计与施工之间的沟通，实现优化设计方案 （6）数字化监控模式，可以有效监控现场，远程施工控制，质量检查验收 （7）设计效果可视化便于现场理解设计意图，提高技术交底针对性 （8）4D 模拟方便技术文件编制（投标、创优、科研）
第 5 组	主要挑战： （1）人力资源（专业人员、一线工人） （2）设计问题（管线冲突等） （3）边设计边施工（变更、索赔） （4）建筑材料再生利用、新材料 （5）预算与决算大相径庭 （6）专业化程度与国外接轨
	BIM 运用的可能性： 质量：（1）可视化施工 　　　（2）模拟化施工方案 效率：（1）资源配置合理 　　　（2）促进施工工艺的改进 　　　（3）团队成员间工程沟通 　　　（4）起重设备选择更加合理 　　　（5）安全管理 利润：（1）大型公共项目有预期 　　　（2）专业化集成的项目

第6组	(1) 建筑成本控制如何做到最低 (2) 缺乏资金 (3) 领导层的认识、适应过程 (4) 如何在工期紧、利润低的情况下保证工程质量和安全

分组讨论问题二：如何制定 BIM 应用实施计划，内容包括：

(1) 用什么步骤和方法开展哪些方面的 BIM 应用？先做什么，后做什么？为什么？

(2) 上述 BIM 应用对企业、项目、部门或专业分别有些什么价值？

(3) 在这个过程中可能碰到的主要困难有哪些？用什么办法克服这些困难？

(4) 预计的成本和收益情况如何？

问题二讨论结果   表 5-8

第1组	(1) BIM 应用对企业项目部门或专业分别价值 1) 企业定义：设计、施工、业主或 BIM 实用者 2) 使用者从 BIM 可以提取信息，可以将复杂工程可视化，模拟施工，解决问题，计算工程量，加强企业对项目的可控度，节约成本，降低风险，使各专业协同工作，发现各专业之间三维碰撞检测，及时发现调整设计，避免施工浪费，以降低风险，使施工人员实现整个施工周期的可视化模拟与管理，将施工过程对业主的运营和人员影响降到最低，提高文档质量，改善施工规划，节省施工过程管理问题上投入的时间与资金。在运营阶段提供建筑项目协调一致，可计算信息，可共享和重复利用。对于时间较长，成本较高的维护和运营阶段使用 BIM，可大大降低成本损失 (2) BIM 模型的创建与完善，标准制度的建立当然最重要的是政府对于 BIM 的态度。BIM 的发展在建筑行业发展中的比重 (3) BIM 模型自身的价值体现，各方资源的共享，应用 BIM 的成本问题（时间，人员，财力） (4) 预计成本和收益由市场决定
第2组	(1) 步骤与方法 1) 扩大学习面 2) 领导重视 3) 以点带面（先选深化设计、碰撞检查做试点） 4) 发挥集团优势，固定 BIM 的项目人员 5) 建议简化 BIM 操作，优化系统 (2) 价值 1) 做好事前控制，降低风险，避免浪费 2) 有利创优，亮点策划 3) 有利于投标时展示技术实力 (3) 困难办法 1) 资源配置，成本投入加大 2) 政府业主推动，领导支持 (4) 收益 试点推广阶段投入大，收益小，后期预计逐步收回成本，应用前景广阔

第3组	(1) 公司领导的认知度
	(2) 外部环境成熟或政府强制性（各地市政府或协会内部人员的认知度）
	(3) 资金及人力资源＋技术
	(4) 从设计角度入手先搞好
	(5) 施工企业科技研发投入（硬件＋软件）
第4组	(1) 碰撞检查在投标过程中展示企业的能力
	步骤：
	1) 成立组织机构，确定相应 BIM 的团队，推动 BIM 应用
	2) 以 1~2 个项目为试点
	(2) 能在技术交底等过程中更直观的体现 BIM 的作用
第5组	如何制定 BIM 实施计划：
	(1) 国家有相关政策扶持
	(2) 高层领导重视（业绩考核）
	(3) 组织机构相应调整
	困难：
	1) 企业应用 BIM 成熟度不高
	2) 人员培训及流动
	3) 资金
第6组	(1) 用什么方法、步骤
	1) 企业主要领导支持
	2) 企业设立专门的 BIM 应用机构
	3) 人员培训（BIM）
	4) 选择试点项目
	5) 分析、总结、改进、推广、应用
	(2) BIM 的应用价值
	1) 减少各专业之间的碰撞
	2) 加强了部门之间的信息共享，提高了工作效率
	3) 方便了业主、设计、总包、分包、监理等各参建方的沟通协调
	4) 降低了企业成本，提高了企业利润
	(3) 应用 BIM 的困难
	1) 相关软件接口不兼容
	2) 人才短缺
	3) 成本和收益的不确定

5.11　施工 BIM 应用和《建筑施工企业信息化评价标准》

1. 缘起

有段时间在跟施工企业的各级主管人员进行 BIM 应用交流的时候，几乎都会被问到同样的一类问题："BIM 和前段时间的特级资质就位信息化评估有什么区别？怎么我们刚完成评估又要搞另外一个了？BIM 也是政府主管部门强行推行的东西吗？如果两者不是同一个东西那么 BIM 和资质就位信息化的关系是什么呢？听说搞 BIM 的投入比资质就位信息化的投入还要大，企业如何承受得了啊？"。

这类问题的产生大都跟这本《建筑施工企业信息化评价标准》有关（下文简称为标准），见图 5-12。

UDC

中华人民共和国行业标准　　

P

JGJ/T 272-2012

备案号 J 1341-2012

建筑施工企业信息化评价标准

Standard for evaluating the informatization
of construction enterprises

2011-12-26　发布　　　　　2012-05-01　实施

中华人民共和国住房和城乡建设部　　发布

图 5-12　建筑施工企业信息化评价标准

刚刚完成上述标准定义的"企业信息化"评价的施工企业之所以提出上述问题的原因可能有这么几个：

（1）标准定义的"企业信息化"评价这件事情投入比较大，产出不太理想，害怕又来一个类似的事情，企业受不了。

（2）既然标准说的是"建筑施工企业信息化评价标准"，难道 BIM 不是施工企业信息化的一部分吗？

（3）如果说标准不包括 BIM，那 BIM 和标准所说的"施工企业信息化"又是什么关系呢?

2. 信息化、技术信息化、管理信息化

让我们一起来看一张描述建筑业信息化地位和现状的图（图 5-13）。

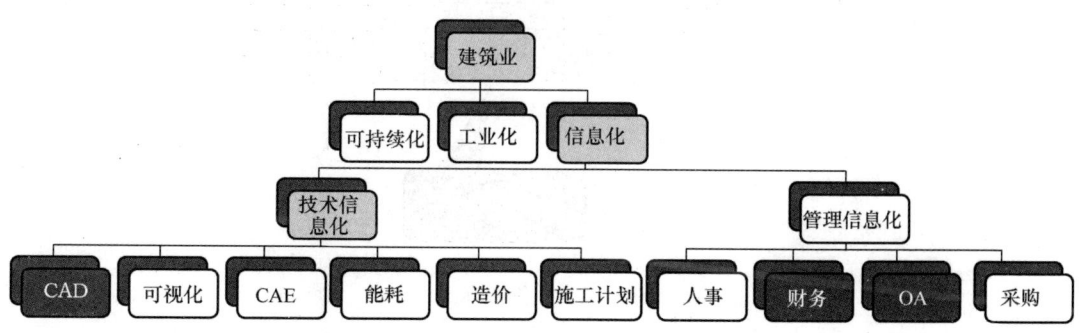

图 5-13　企业信息化现状

这张图传递的信息有以下几点:

（1）可持续化、工业化和信息化是建筑业未来发展的几个主要战略方向和目标，这是社会发展对行业的要求和行业为了实现社会发展需求做出的选择。

（2）信息化可以划分为技术信息化和管理信息化两个部分，技术信息化目前的核心应用是 CAD，管理信息化目前的核心应用是财务和 OA（办公自动化）。

（3）建筑业企业信息化的现状可以简单地描述为"纵向打通了，横向没打通"这样一句话，表现为:1）几乎每个人每个任务都在用软件完成;2）不同软件之间数据不能方便、准确、有效交换。这里的"横向没打通"包括技术信息化不同应用之间、管理信息化不同应用之间以及技术信息化和管理信息化之间都没有打通。

3.《建筑施工企业信息化评价标准》中定义的"信息化"内涵分析

标准一共设置了 15 个企业信息化的评价指标如图 5-14 所示，其中只有 1～3 是跟企业业务活动有关的指标，其余指标基本上只跟制度、环境和 IT 技术本身有关，可以归入施工企业管理信息化范畴。

15个评价指标:

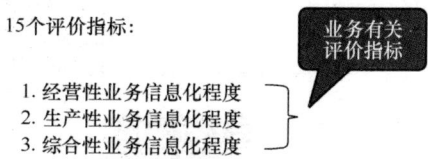

1. 经营性业务信息化程度
2. 生产性业务信息化程度
3. 综合性业务信息化程度

4. 数据管理水平
5. 数据集成水平
6. 应用集成水平
7. 信息化建设投入程度
8. 信息化建设规划编制与实施状况
9. 信息化制度制定与执行状况
10. 信息化组织健全度
11. 信息化安全保障度
12. 信息化应用范围
13. 管理标准化程度
14. 管理创新程度
15. 总体应用效果

图 5-14　企业信息化评价指标

图 5-15～图 5-17 是我们对指标 1～3 的构成要素进行的一个简单分析归类。

由上述分析我们似乎可以得出这样一个结论:《建筑施工企业信息化评价标准》定义的"信息化"其主要内容属于施工企业的"管理信息化"范畴，由此作者认为，目前该标准最合适的名称也许应该叫作《建筑施工企业管理信息化评价标准》，这样的叫

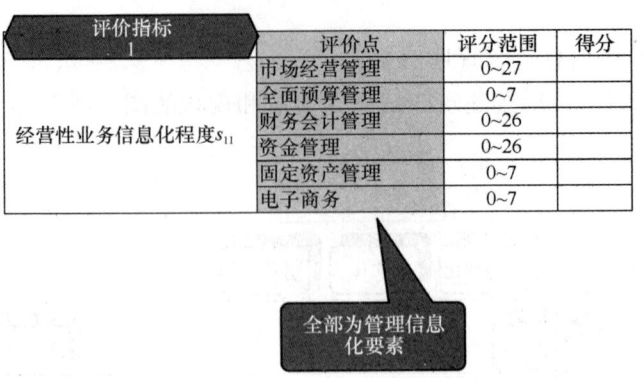

评价指标1	评价点	评分范围	得分
经营性业务信息化程度s_{11}	市场经营管理	0~27	
	全面预算管理	0~7	
	财务会计管理	0~26	
	资金管理	0~26	
	固定资产管理	0~7	
	电子商务	0~7	

全部为管理信息化要素

图 5-15　评价指标 1

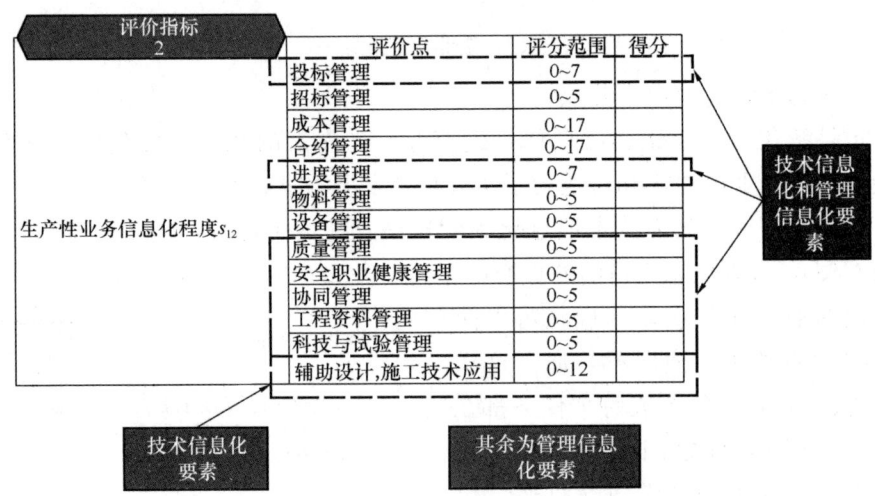

评价指标2	评价点	评分范围	得分
生产性业务信息化程度s_{12}	投标管理	0~7	
	招标管理	0~5	
	成本管理	0~17	
	合约管理	0~17	
	进度管理	0~7	
	物料管理	0~5	
	设备管理	0~5	
	质量管理	0~5	
	安全职业健康管理	0~5	
	协同管理	0~5	
	工程资料管理	0~5	
	科技与试验管理	0~5	
	辅助设计,施工技术应用	0~12	

技术信息化和管理信息化要素

技术信息化要素

其余为管理信息化要素

图 5-16　评价指标 2

评价指标3	评价点	评分范围	得分
经营性业务信息化程度s_{13}	风险管理	0~8	
	人力资源管理	0~30	
	办公管理	0~30	
	网站及企业内网门户	0~7	
	档案资料管理	0~7	
	企业知识管理	0~7	
	综合报表管理	0~11	

全部为管理信息化要素

图 5-17　评价指标 3

法既能与标准包含的评价内容相符，也有利于澄清本文开头的施工企业各级负责人的有关问题。

4. BIM＋ERP：建筑业信息化至今为止为自身找到的最佳解决方案

回答了我们从哪里来的问题以后，就该回答我们要到哪里去的问题了。既然"纵向打通了，横向没打通"是目前建筑业信息化的现状，那么完成上文提到的三类横向打通就是建筑业信息化的奋斗目标了（有关横向打通的价值已经有很多资料介绍，此处不再重复）。

那么如何实现这三类横向打通呢？全球同行们上下求索至今的结果是找到了两个至今为止能够找到的最好的东西，一个叫 BIM（还有一个叫 BLM 的概念，基础还是BIM）作为未来建筑业技术信息化的核心技术和方法，另一个叫 ERP 作为未来建筑业管理信息化的核心技术和方法，这两者在建筑业信息化的使命以及建筑业信息化今天能看到的未来作者以为可以用图 5-18 表示（BIM 和 ERP 支持的应用会随着技术发展和应用深入而变化）。

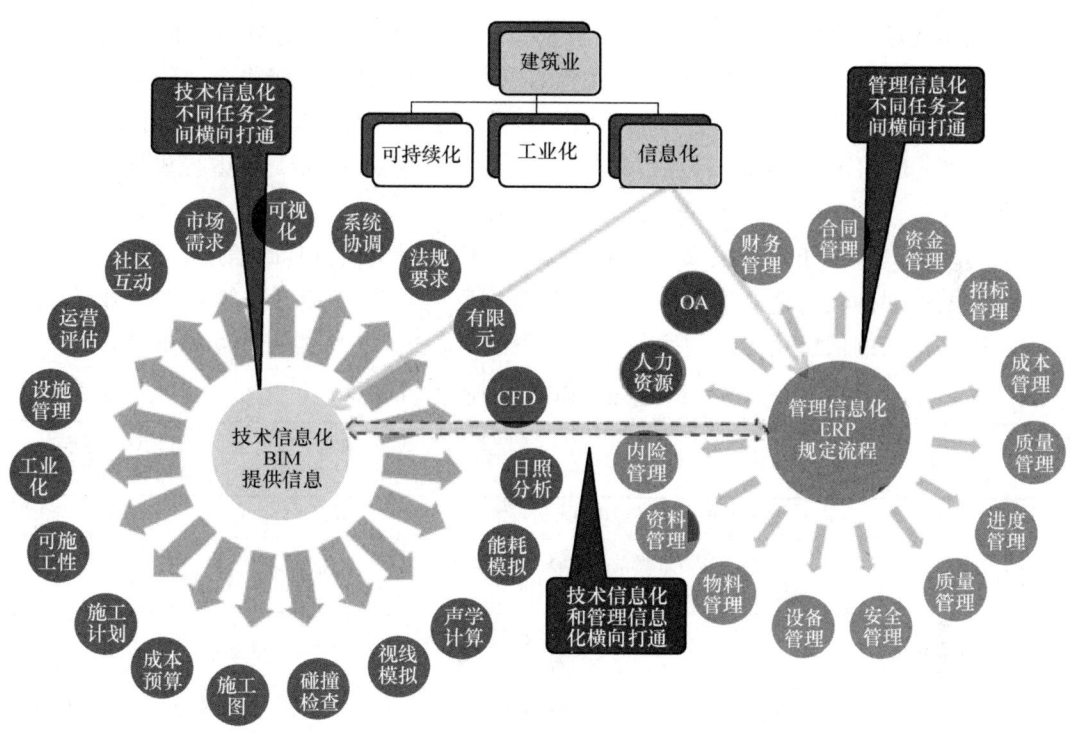

图 5-18　企业信息化未来趋势

从这张图上可以看到，特级资质就位信息化或者《建筑施工企业信息化评价标准》所做的工作主要是上图管理信息化的范畴，而 BIM 更多地属于技术信息化的范畴。当然，正如我们在对评价指标 2 的评价要素进行分析的那样，有些业务活动是技术信息化和管理信息化兼而有之的。

5. BIM 和《建筑施工企业信息化评价标准》定义的信息化之间的关系

如果我们把精细化管理和可持续发展看成是绝大部分建筑业企业的主要经营目标的话，BIM 和 ERP 的主要作用可以用图 5-19 表示。

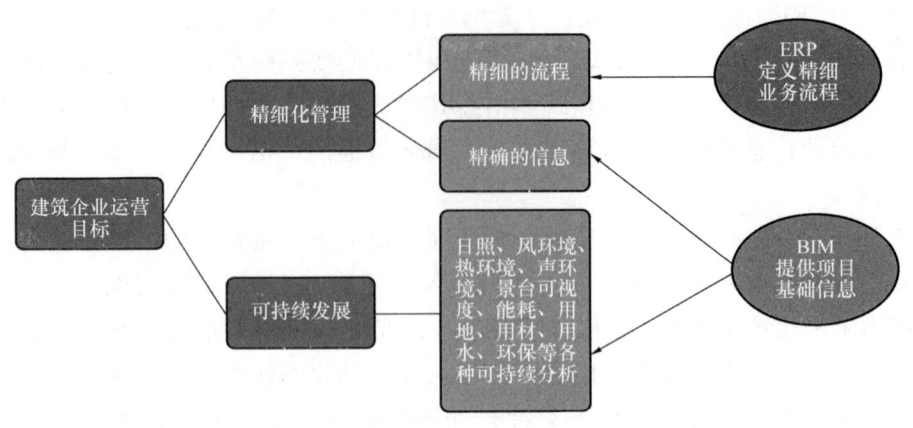

图 5-19　企业精细化管理和可持续发展目标的技术支撑

精细化管理需要同时具备精细的流程和精确的信息，这样的分析可以解释为什么目前企业 ERP 系统的应用效益普遍不理想的原因了，ERP 的实施给企业的业务活动定义了精细的流程和分析、统计、预测手段，但是由于缺乏及时、精确的项目基础信息，ERP 系统的作用不能有效发挥，BIM 的普及应用可望解决为 ERP 系统提供项目基础信息的问题。

同时，BIM 也为可持续发展需要的各类分析研究提供项目基础信息。

最后我们回到施工企业各级主管关心的基本问题，BIM 和《建筑施工企业信息化评价标准》定义的信息化之间到底是什么关系呢？表 5-9 是作者对此问题的认识。

BIM 和《标准》中要求的信息化的关系　　　　　　　　　　　表 5-9

比较内容	BIM	《建筑施工企业信息化评价标准》中要求的"信息化"（ERP）
信息化范畴	技术信息化＋管理信息化	主要是管理信息化
驱动力	市场外部力量驱动：战略、市场、顾客、创新	企业内在力量驱动
主要作用和价值	接项目、做项目：技术升级、质量发展、核心竞争力强化、综合效益提升	管项目、管企业
价值实现方法和条件	技术→管理、单一功能→集成应用、项目→公司、企业→行业→社会	必须首先具备完整和全面的信息，才能实现价值
价值实现路径和意义	BIM 团队→项目部、质量技术部门专业人员→企业全员、公司内部管理→项目相关方管理、项目效益→公司效益→相关方效益，实现综合效益社会共赢	企业全员贡献信息→管理层和决策层受益→企业受益

5.12　施工企业 BIM 应用之头等大事：固化成熟 BIM 应用并实现"全员"普及

作者曾经从 BIM 应用的受益大小、动力大小和技术力量大小三个方面对业主、设计、施工三类项目主体的 BIM 普及顺序可能性进行过一个简单分析，得出了国内 BIM 应用普及最有可能首先在施工企业实现这样一个不是那么明显的结论（三者分值差距不明显），原因是因为 BIM 普及和当年的 CAD 普及不同，业主、设计、施工三类企业的差距没有 CAD 普及一定在设计企业首先发生那么明显（三者分值差距明显），见图 5-20。

BIM普及顺序可能性	业主	设计	施工	说明
受益	3	1	2	3表示最高，
动力	1	2	3	1表示最低，
技术力量	1	3	2	合计分最高表示最有可能
合计	5	6	7	

CAD普及顺序可能性	业主	设计	施工	说明
受益	1	3	2	3表示最高，
动力	1	3	2	1表示最低，
技术力量	1	3	2	合计分最高表示最有可能
合计	3	9	6	

图 5-20　BIM 普及顺序可能性分析

有意思的是王新先生（微博：http://weibo.com/bimclubchina）也发过一条讨论同一个问题的微博，回忆的竟然是他跟我之间三年前的对话（图 5-21）。

大家知道，总体来说国内设计企业 BIM 应用早过施工企业，那么施工企业 BIM 应用普及果真会快过设计企业吗？让我们一起来看看国内施工企业 BIM 应用处在一个什么样的现实环境下（图 5-22）。

@BIM俱乐部

#BIM推广与交流# 昨天才讨论了，为何业主不要求设计方采用，而比较多的要求施工方应用。各方观点不一。记得3年前，@heguanpei 老师的一次讲座中，我提到：中国有可能与美国类似，即施工BIM应用快过设计方。 最近的与开发商的交流中，发现很多对于国内设计阶段的BIM实践不认可。 真是这样的现象吗？

10月16日 05:28 来自iPhone客户端　👍(1) | 转发(64) | 评论(24)

图 5-21　王新对不同类型企业 BIM 应用思考的微博

要对国内施工企业 BIM 应用的现实情况做一个持续和完整的分析本身就是一个不小的课题，作者负责的 2010～2013 年连续 4 年行业 BIM 应用研究报告，其中后两年把注意力完全放在了施工领域，这些报告可以作为同行深入了解国内施工 BIM 应用的一个资料来源，本节在此不作详细探讨。

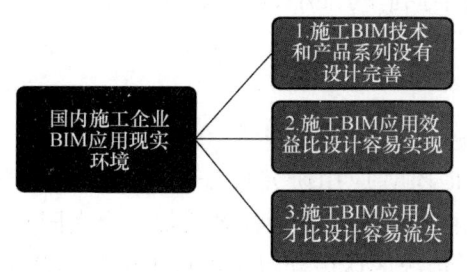

图 5-22　国内施工企业 BIM 应用现实环境

如果站在施工企业决策层的角度要对目前施工企业 BIM 应用的现实情况做一个整体高度概括而且只能归纳成三点的话，可以用图 5-22 的三句话：

（1）施工 BIM 技术和产品系列没有设计完善：一个证据是，IBC（Institute for BIM in Canada，加拿大 BIM 学会）2011 年 4 月对全球 BIM 产品的统计结果表明，所有统计的 79 款软件中可用于设计的有 62 款，可用于施工的有 25 款。其实这个事实不言自明，今天施工 BIM 用到的大部分软件产品本身当初是为设计阶段研发的，设计阶段基本上已经存在完整的 BIM 软件产品系列完成所有的设计任务，但施工阶段的 BIM 软件产品还没有比较完善的体系。

（2）施工 BIM 应用效益比设计容易实现：根据我们的经验，只要目标明确和组织实施得当，每一个项目的施工 BIM 应用都可以得到满意的投入产出直接效益（这里不包括间接效益）。

（3）施工 BIM 应用人才比设计容易流失：上一条是这一条的因，这一条本质上是上一条的果。目前施工企业的决策层最担心的事情不是 BIM 应用投入没有效益产出，而是企业培养的 BIM 应用人才很容易流失。

无论是业主、设计和施工之中的哪一类企业，从投入产出的角度都可以把 BIM 应用作如图 5-23 所示的分类。

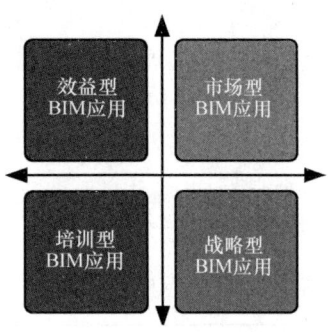

图 5-23　BIM 应用类型划分

不同类型 BIM 应用的目的是不同的，效益型重在 BIM 应用的直接回报，从做好项目的角度获益；市场型重在建立品牌，从拿到更多项目的角度获益；培训型重在企业 BIM 生产力建设，从人才队伍的角度获益；战略型重在企业核心竞争力，从未来发展的角度获益。

当然理想状况最好是一个项目的 BIM 应用能同时满足效益、市场、人才和战略的需要，但是现实往往无法理想化，这并不可怕，因为在这一点上所有企业都一样。可怕的是我们看到现实中有从效益型 BIM 应用上要市场、从战略型 BIM 应用上要效益等这样做法的企业不在少数，从而生发出施工企业 BIM 应用五花八门的各种问题。

基于之前的分析，国内施工企业 BIM 应用的头等大事可以集中在两个点上：其一是规范化或固化成熟即直接效益好的 BIM 应用，争取用了 BIM 就能见直接效益；其二是把成熟的能直接见效的 BIM 应用进行"全员"普及，实现企业整体效益提升和技术升级，同时解决上文施工企业 BIM 应用现实环境中的第 3 个问题——人才流失问题。

5.13　国内施工企业能从国外同行的 BIM 应用统计资料中得到什么对自己有价值的信息？

McGraw Hill2014 年发布了名为 "The Business ValueofBIM for Construction in Major Global Markets2014" 的全球主要市场施工 BIM 应用研究报告，图 5-24 是该报告目录的主要部分也即报告的核心内容（图中红框和中文注释为作者所加，全文同）。

根据个人对目前国内施工企业整体 BIM 应用情况的认识和对这份报告内容的理解，感觉这个报告对国内施工企业参考价值最直接的部分应该是 "BIM 活动和实践"（即上

07 **Data**

图 5-24　McGraw Hill2014 年 BIM 价值报告部分

图黑框内的内容），特将报告这部分的主要调查结果加上中文注释和国内施工企业同行分享如下：

（1）BIM 应用的项目类型（图 5-25）

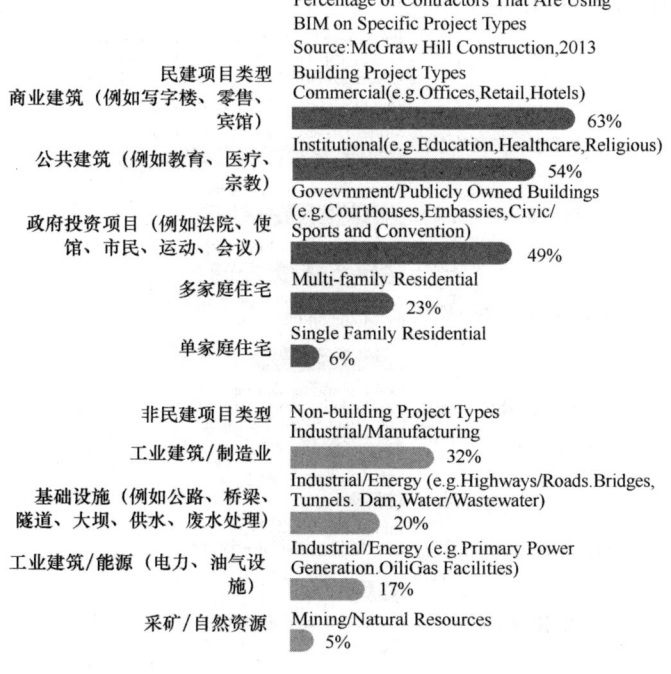

图 5-25　BIM 应用的项目类型

（2）设计和施工准备阶段的主要 BIM 应用（图 5-26）

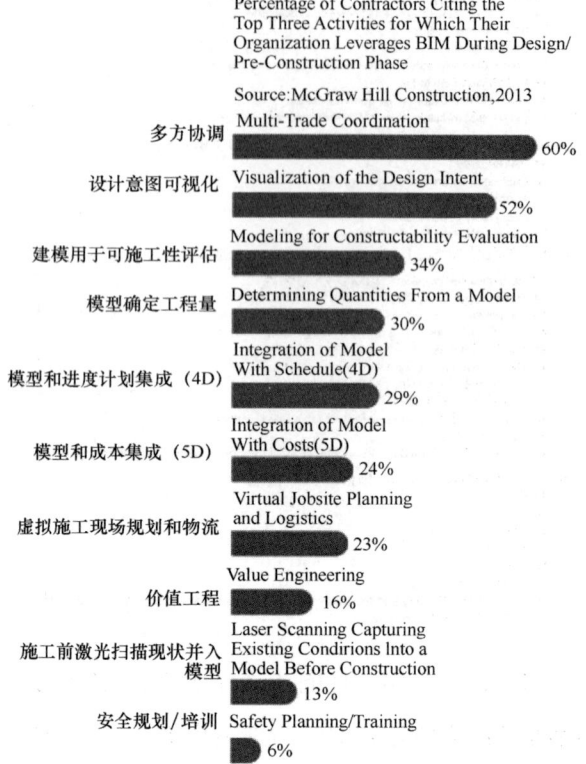

Percentage of Contractors Citing the Top Three Activities for Which Their Organization Leverages BIM During Design/Pre-Construction Phase

Source:McGraw Hill Construction,2013

多方协调　Multi-Trade Coordination　60%

设计意图可视化　Visualization of the Design Intent　52%

建模用于可施工性评估　Modeling for Constructability Evaluation　34%

模型确定工程量　Determining Quantities From a Model　30%

模型和进度计划集成（4D）　Integration of Model With Schedule(4D)　29%

模型和成本集成（5D）　Integration of Model With Costs(5D)　24%

虚拟施工现场规划和物流　Virtual Jobsite Planning and Logistics　23%

价值工程　Value Engineering　16%

施工前激光扫描现状并入模型　Laser Scanning Capturing Existing Condirions Into a Model Before Construction　13%

安全规划/培训　Safety Planning/Training　6%

图 5-26　设计和施工准备阶段的主要 BIM 应用

（3）施工阶段的主要 BIM 应用（图 5-27）

Percentage of Contractors Citing Activity as One of Top Three Ways Their Organization Leverages BIM During Construction Phase

Source:McGraw Hill Construction,2013

模型驱动的场地布置　Model-Driven Layout in the Field　59%

模型驱动的预制加工　Model-Driven Prefabrication　43%

现状/进展监控　Status/Progress Monitoring　40%

增强现实(AR)可视化模型和现状　Augmented Reality to Visualize the Model and Existing Conditions Together　32%

施工过程激光扫描验证跟模型是否一致　Laser Scanning During Construction to Validate Compliance With the Model　23%

供应链管理　Supply Chain Management　13%

模型和GPS集成控制现场施工机械　Integrating Model With GPS to Control Construction Equipment Onsite　12%

现场模型驱动机器人　Model-Driven Robotics Onsite　7%

图 5-27　施工阶段的主要 BIM 应用

（4）施工完成以后阶段的主要 BIM 应用（图 5-28）

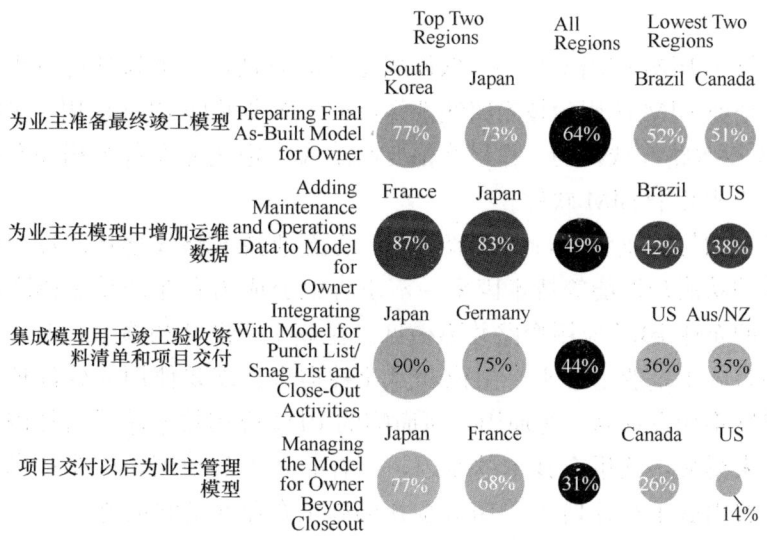

图 5-28　施工完成以后阶段的主要 BIM 应用

（5）可持续建筑方面的主要 BIM 应用（图 5-29）

"BIM 活动和实践"是该报告里面最偏技术性的部分，因此也是不同地区和国家差别最小的部分，其他三个部分"BIM 用户，BIM 效益、投资回报率和投资，地区和国

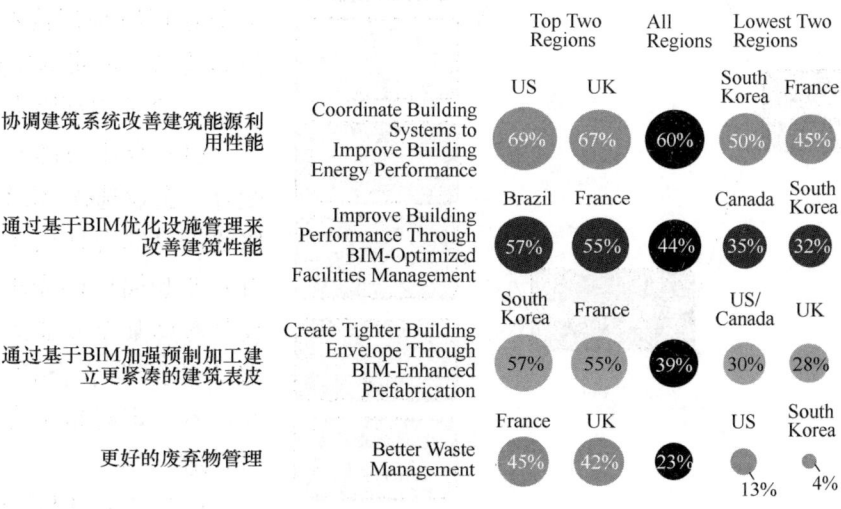

图 5-29　可持续建筑方面的主要 BIM 应用

家情况"涉及市场、经济、管理、金融、政策等多个方面，地区或国家之间的差别比较大，相对来说其对国内施工企业的参考价值也没有那么直接。

5.14 施工企业 BIM 应用技术路线选择的非技术因素分析

当企业了解了 BIM 应用不是一个软件能完成的而且每一类软件也不止一个产品可以选择以后，企业 BIM 应用的技术路线选择就成了企业开展 BIM 应用首先需要解决的问题，而 BIM 技术路线选择的工作最终都要归结为决定企业在各个相关专业或岗位上具体使用哪一个或几个 BIM 软件。

根据作者长期与企业和同行的交流发现，在企业技术路线选择的过程中，除了价格以外，软件的功能和性能等技术因素一不小心就会成为企业产品选择决策的决定因素，由此引起的企业 BIM 应用弯路并不少见。在业主、设计和施工企业三类项目主体之中，比较而言施工企业由于本身岗位和专业种类多、需要使用的软件种类和数量多并且总体成熟度不如设计软件等原因，所面临的 BIM 应用技术路线选择困难也要比业主和设计企业来得大，这里有技术的原因，也有非技术的原因，而非技术因素则最容易被忽略，需要引起正在计划开展 BIM 应用的施工企业的足够重视。

施工企业 BIM 应用技术路线选择的非技术因素包括专业岗位配合、项目特点、人员技能构成等企业内部因素以及业主要求、与设计企业配合、施工总包分包配合等企业外部因素两大类，图 5-30 是影响施工企业 BIM 应用技术路线选择的主要非技术因素。

接下来我们对图示影响施工企业 BIM 应用技术路线选择的非技术因素简单分析如下：

1. 企业内部因素

（1）企业内部专业或岗位配合：企业选择 BIM 应用技术路线需要综合评估企业内部所有专业和岗位的需求，而不仅仅是考虑某个专业或岗位的需求，对企业最合适的技术线，不一定对每个专业或岗位最合适。

（2）人员 BIM 能力构成：BIM 是人的工具，因此企业人

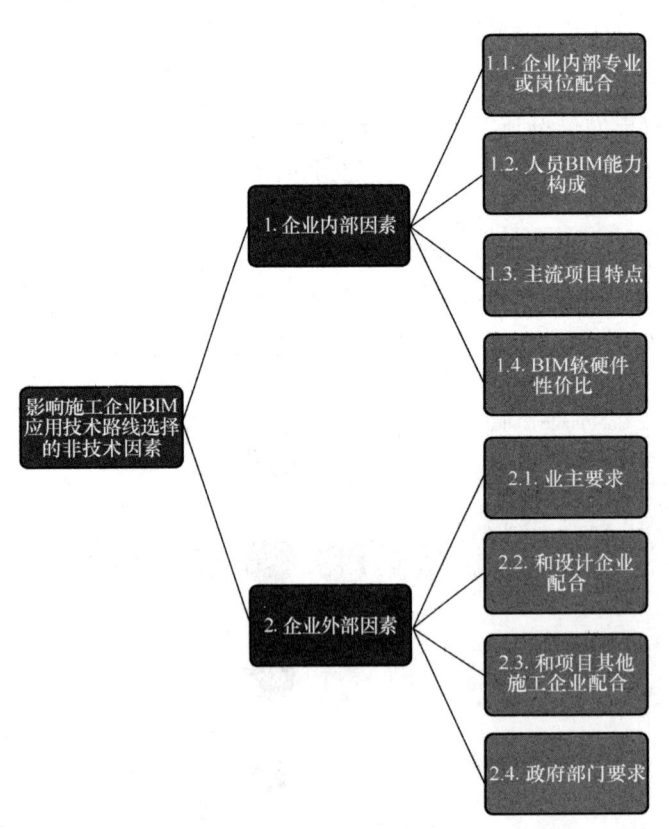

图 5-30 施工企业 BIM 技术路线选择非技术因素

员的 BIM 能力构成和获取直接影响到企业 BIM 应用技术路线的选择，人员不同 BIM 能力的形成和提高都需要相应的时间和资源投入。

（3）主流项目类型：跟其他所有产品一样，每一个 BIM 软件都有自己的适用范围和突出优缺点，因此企业选择 BIM 技术路线要考虑企业本身所面向的主要项目类型，以及不同项目类型的配比等因素。

（4）BIM 软硬件性价比：不同软件需要的硬件不同，不同软件和硬件的性价比也不一样，这也是企业在选择技术路线时所必须考虑的。

2. 企业外部因素

（1）业主要求：对 BIM 没有了解的业主施工企业可以根据自身的技术路线向业主提出建议，随着业主对 BIM 技术应用的深入了解，业主为了协调所有项目参与方的 BIM 应用，一定会对每个项目的 BIM 应用规定相应的技术路线，从而影响所有项目参与方。

（2）和设计企业配合：施工企业的 BIM 应用技术路线与项目设计企业的技术路线匹配程度如何，从某种程度上决定了施工企业对设计 BIM 成果的应用可能和程度。

（3）和项目其他施工企业配合：无论施工企业在一个项目中承担工程总承包、施工总承包还是专业分包的哪个角色，都有跟上下左右环节其他施工企业配合的问题，情况跟上一条类似。

（4）政府部门要求：随着 BIM 技术的普及应用，政府部门有可能会在施工质量、安全监督管理以及项目资料验收归档等环节提出跟 BIM 技术路线有关的要求。

5.15 我们能从《施工企业 BIM 应用研究报告 2012》的调研结果中得到什么启发？

中国建筑业协会工程建设质量管理分会主持的《施工企业 BIM 应用研究报告 2012》课题组于 2012 年 4 月 1 日～2012 年 6 月 30 日对全国施工企业进行了为期 3 个月的 BIM 应用情况调研，共回收有效问卷 388 份。此次调研内容包括单位基本资料、对 BIM 的一般了解程度、施工阶段 BIM 应用价值、BIM 的应用计划或期望、企业 BIM 实际使用情况及其他等六个部分，共设置问题 34 个，地域覆盖 24 个省级行政区，其中特级资质企业占 29%，一级资质企业占 59%。

作者在报告中发现了几个很值得施工企业深思的统计结果，估计不同的同行可以从同一个统计结果背后得到不同的理解和启发，因此把其中几个统计结果和作者的理解分享给大家，供大家讨论交流。该报告 2013 年初由中国建筑工业出版社出版。

1. 大专院校成为企业培养 BIM 人才的最后选择

图 5-31 是问题"4-5：贵单位在培养 BIM 人才时选择培训机构的优先顺序是什么？"的统计结果（图 5-31 和图 5-32 中数字为选择对应答案的问卷数量）。

统计结果反馈施工企业培养 BIM 人才选择的培训机构顺序依次为：

（1）BIM 社会培训机构（186，注：这个数字为选择该项答案的有效样本数量，下

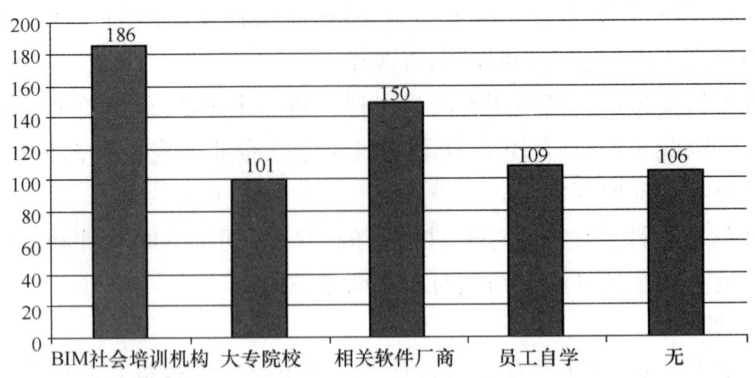

图 5-31　施工企业对 BIM 培训机构的选择情况

同）

（2）相关软件厂商（150）

（3）员工自学（109）

（4）大专院校（101）

大专院校排在了最后，甚至排在了员工自学的后面。这个顺序从一个侧面反映了受访企业对我国大专院校在 BIM 技术教育培训上相对滞后局面的总体认识。

2. 政府要求不是企业使用 BIM 的主要动力

图 5-32 是问题"4-10：贵单位在项目中使用 BIM 技术的主要动力是什么？"的统计结果：

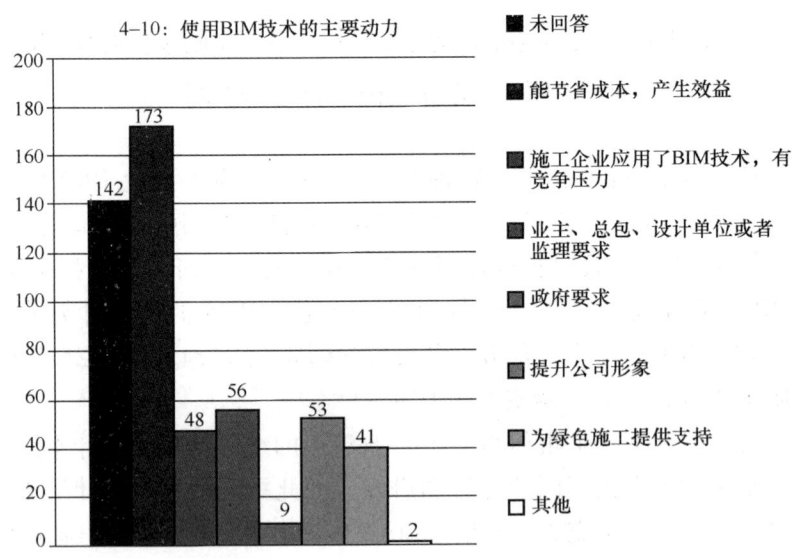

图 5-32　施工企业使用 BIM 的主要动力

统计结果显示企业使用 BIM 的主要动力依次为：

（1）能节省成本产生效益（173）

（2）其他单位要求（56）

（3）提升公司形象（53）

（4）有竞争压力（48）

（5）为绿色施工提供支持（41）

（6）政府要求（9）

由于政府要求而使用 BIM 排在所有答案最后，而且样本只有 9 份，从一个侧面反映了施工领域已经进入高度市场化这样一个现状。

3. 用过 BIM 的企业近 9 成在持续使用

图 5-33 是"问题 5-1：贵公司第一次使用 BIM 的时间是哪一年？后来是否持续使用 BIM？"的统计结果。

统计结果显示曾经用过 BIM 的企业 89％还在继续使用 BIM，这个统计结果从另外一个侧面说明了施工企业对 BIM 应用价值和效益的认可。

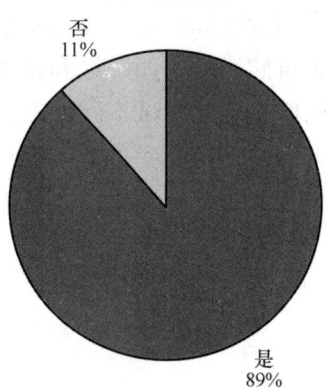
5-1：是否持续使用BIM

否 11%

是 89%

图 5-33　用过 BIM 的企业是否持续使用

5.16　基于 BIM 的运维管理目前主要有些什么样的实现方法？

BIM 在工程项目的设计和施工阶段得到实际应用后，进一步研究和实践 BIM 在项目运维阶段的应用可以说是再正常不过的事情了。

比较早期发布且具有一定影响力的 BIM 运维应用资料是澳大利亚 Cooperative Research Centre for Construction Innovation（合作研究中心之建筑业创新研究计划）在 2007 年发布的 *Adopting BIM for facilities management-Solutions for managing the Sydney Opera House*（《BIM 设施管理应用——悉尼歌剧院运维管理解决方案》[7]），其中主要的技术方案是"Bentley＋Maximo"。

2013 年出版的由 PaulTeicholz 编写的 *BIM for Facility Managers*（《设施经理 BIM 应用》[8]）一书选录了 6 个 BIM 运维管理应用的案例，主要技术路线是"BIM 建模软件＋现有设施管理软件"，前者包括 Revit/Tekla/CADpipe/CADduct 等，后者包括 FM：Systems/Maximo/ArchiBUS 等，主要工作内容包括两部分：首先是如何把 BIM 模型信息交换给运维管理软件使用，其二是改造或提升现有运维管理软件的 BIM 能力。

清华大学张建平教授团队和中建三局一公司合作基于基础图形引擎 OpenGL 开发了"基于 BIM 的机电设备智能管理系统"[9]并在深圳嘉里中心二期等项目（建筑面积 10 万 m²）中应用。广州优比建筑咨询有限公司基于专业应用引擎 Navisworks 开发了"优比 BIM 建设项目设备管线应急维护管理系统"[10]并在武汉国际博览中心一期项目（建筑面积 45 万 m²，该项目为华中科技大学 BIM 工程中心和广州优比建筑咨询有限公司联合服务项目）中应用。上海建坤信息技术有限责任公司尝试在原有 IBMS 系统上进行改造升级用于上海中心项目（建筑面积 58 万 m²）的运维管理[11]。

与 BIM 在设计和施工阶段的应用比较，BIM 运维应用无论是项目数量和类型、技术应用深度和广度、还是从事的团队和人员数量都还存在相当大的差距，因此其成熟度也自然远远不如设计和施工阶段的 BIM 应用。从上述为数不多的案例可以发现，不同的团队正在尝试不同的方法进行 BIM 运维管理方面的探索。那么，基于 BIM 的运维管理目前都有哪些可能的实现方法呢？图 5-34 是作者根据个人理解梳理的 BIM 运维管理实现方法图（数据库等已经普遍使用的实现方法不在本文讨论范围）。

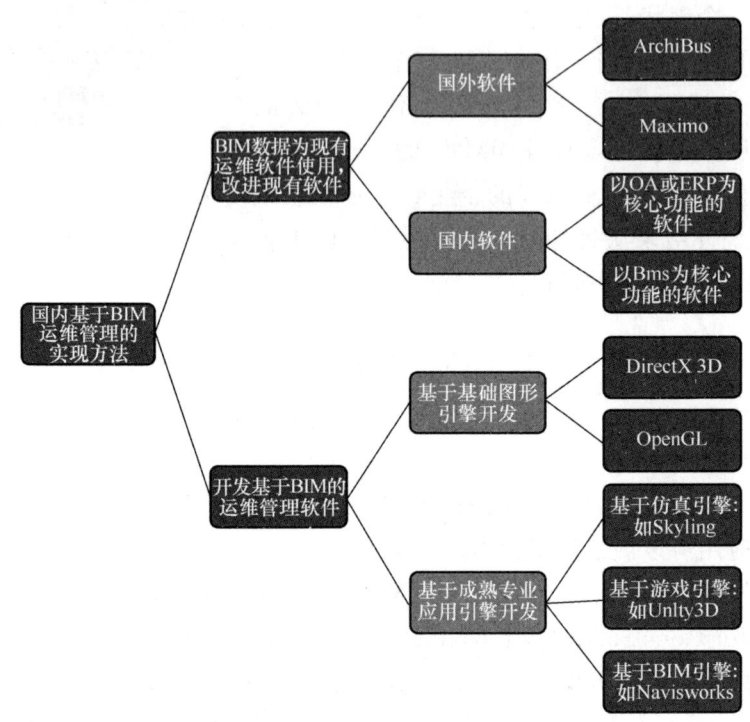

图 5-34　国内基于 BIM 运维管理的实现方法

首先可以把基于 BIM 的运维管理实现方法划分为两大类，第一大类是利用或改造升级现有运维管理软件，把 BIM 模型数据转换给运维系统使用，减少运维系统数据准备的工作量以及由此带来的可能错误，以及提升现有运维软件的 BIM 模型应用能力；第二大类是重新开发基于 BIM 的运维管理软件。

现有运维管理软件分为国外软件和国内软件两类，根据美国 Software Advice（http：//www.softwareadvice.com)[6]的资料，目前国外各类有实际市场应用的 CAFM（包括 CMMS，BAS，EAM，DMS 等）软件有 200 种左右，其中 Archibus 和 Maximo 在国内的实际应用相对多一些，知名度也相对高一些，但总体上用户数量都不大；国内运维管理方面的软件基本上也可以分为两个类型，一类是以 OA 或 ERP 为核心功能的，另外一类是以 BMS 为核心功能的，这两类软件占据着国内运维管理软件市场的主体，但厂商和产品数量相当多，市场极其分散，集中度不高。

重新开发基于 BIM 的运维管理软件的方法也可以分为两种类型，其一是基于基础图形引擎如 OpenGL 进行开发，其二是在成熟的专业应用引擎上进行开发，目前比较普遍的有仿真引擎、游戏引擎和 BIM 引擎等。

既然 BIM 运维管理有这么多不同的实现方法可以选择，那么大家自然想知道具体实施的时候到底应该使用哪种方法呢？这个问题没有放之四海而皆准的标准答案，跟项目特点、运维需求、企业软硬件和人员现状、计划投入以及未来目标等都有关系，需要根据实际情况进行分析和决策。作者对影响上述实现方法选择的有关指标进行了一个基于个人理解的列表供同行参考（表 5-10）。

不同类型运维软件实现方法的主要技术指标　　　　　表 5-10

实现方法 ＼ 相关指标	运维功能实现可能	模型可视化能力	大模型处理能力	系统稳定性	投资大小
使用国外现有运维软件	5	3	5	5	5
使用国内现有运维软件	5	2	3	4	3
基于基础图形引擎开发	5	4	3	3	3
基于成熟专业应用引擎开发	4	5	5	5	3
备注	（1）表中数据范围为 1～5，其中 1 表示该项数值低，5 表示高，1～5 为表中不同方法之间比较的相对数值 （2）基于非成熟专业应用引擎开发的情形可参照基于基础图形引擎开发				

需要说明的是，上述 BIM 运维管理实现方法的分类和不同实现方法有关指标的分值只是作者个人对这一领域现状的理解和分析，其系统性、全面性、准确性等都有待更多专家和同行补充、完善和更正。此外，如何应用 BIM 技术提升运维水平本身也是一个很大的课题，总体上目前只是处于初始探索阶段，需要走的路还很长，本文就算是一个引子吧。

6　如何成功实现企业 BIM 生产力建设

如果把 BIM 普及应用作为最终目标的话，那么企业 BIM 生产力建设一定是一个相当长期的过程，这里所谓的长期就是五年、十年到数十年，期间涉及基础理论研究、标准体系制定、软硬件工具研发、人员能力培养、项目建设制度更新等方方面面，影响到工程建设行业全体从业人员、所有项目利益相关方以及项目全生命期所有阶段，这中间还包括大量今天尚无法完全预测的不成熟和变化在里面，正如我们在 4.6 节中描述的那样，BIM 应用是一个目标明确但路线和步骤不确定的事业。

但从另外一个角度去分析，行业和企业的 BIM 普及应用也不会在某一个时刻自动从天而降，必须依靠大家不断的研究和实践一步一步去实现，因此在这样一个总体情形下，对绝大多数企业而言采取"不等、不急"的应对策略是比较合适的，主要原因见图 6-1。

千里之行，始于足下。企业 BIM 生产力建设的第一步对企业 BIM 应用而言也至关重要，企业完成 BIM 初始生产力建设的标志就是，有一个团队可以持续在不同项目的全部或局部应用 BIM 以提高生产效率和质量，为企业增加收益。

根据作者团队帮助中建、中铁、中冶、中交下属企业以及一些地方骨干企业建立初步 BIM 生产力的经验，这个过程大致可以分为策划、准备、实施和为提高做准备四个典型环节，且每个环节都有若干影响计划成败的关键因素需要考虑，见图6-2。

下面各节对图 6-2 中的关键因素进行详细说明。

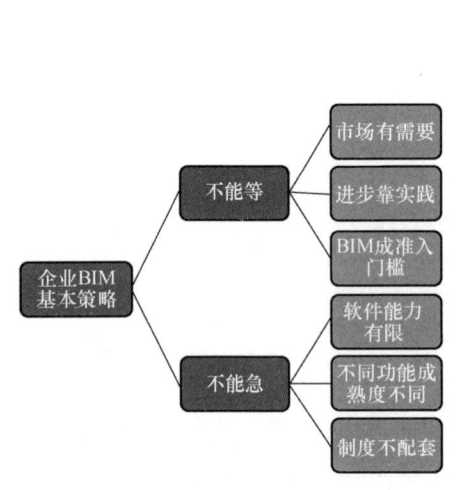

图 6-1　企业开展 BIM 应用的基本策略

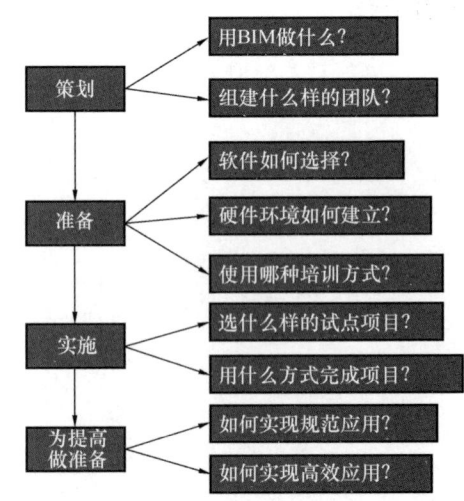

图 6-2　企业 BIM 初始生产力建设流程及关键因素

6.1 BIM 应用策划

时至今日，可以说策划的重要性已经被全社会认可，大家都知道一件事情开始之前必须先做好策划，具体落实就是每一项具体工作的策划究竟应该解决哪些关键问题。对企业 BIM 初始生产力建设的策划来说，确定用 BIM 做什么和组建什么样的团队去实施至关重要。

1. 用 BIM 做什么？

BIM 应用都从了解 BIM 是什么、BIM 能干什么以及 BIM 有什么价值开始，但这些内容只是与企业特点无关的一般性信息，并不是企业的决策结果。对企业而言真正重要的是要明确用 BIM 做什么才可以为项目和企业带来效益，什么样的应用方式投入产出比更好。

企业在决策用 BIM 做什么时一定要时刻记住这样一个事实，即 BIM 潜在的价值不等于今天能实现的价值，不同 BIM 应用的成熟度不一样，投入产出情况也不一样，基本上可以划分为效益型、市场型、培训型和科研型四类，因此企业必须根据自身特点来确定用 BIM 完成的工作。

此外，企业和项目碰到的问题并不一定都是可以通过 BIM 来解决的，需要进行针对性分析，基本流程见图 6-3。

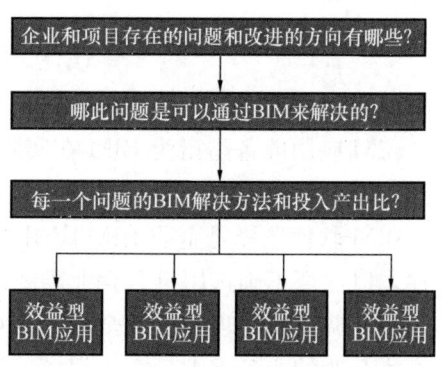

图 6-3　企业决策用 BIM 做什么的基本流程

2. 组建什么样的团队？

BIM 生产力建设从一个一定规模的团队开始是大部分企业选择的方式，区别在于这个团队成员的构成，其中最典型的有两种，第一种我们称之为"BIM 型 BIM 团队"，第二种我们称之为"项目型 BIM 团队"，详情请参见 4.6 节。

项目型 BIM 团队应该从各专业工程技术岗位抽调人员组成，然后根据企业和项目发展需要逐渐完善 BIM 团队组织架构，典型的项目型 BIM 团队成员主要岗位描述可参考表 6-1。

项目型 BIM 团队典型岗位组成　　　　　　　　　　　　　　　　表 6-1

岗位描述	主要职责	需要条件
企业级 BIM 应用人员	负责企业、部门或专业的 BIM 总体发展战略，包括组建团队、确定技术路线、研究 BIM 对自身企业的质量效益和经济效益	（1）企业各类技术或技术管理负责人 （2）对 BIM 应用的技术和效益有系统了解和深入认识 （3）不一定要求会操作 BIM 软件

岗位描述	主要职责	需要条件
项目级 BIM 应用人员	对 BIM 项目进行规划、管理和执行，保质保量实现 BIM 应用的效益	（1）专业级 BIM 应用人员经过 3～5 个项目的实际应用以后 （2）能够自行或通过调动资源解决 BIM 应用中的技术和管理问题
专业级 BIM 应用人员	用 BIM 技术完成相应岗位的工作，提高工作质量和效率	（1）具有 2～3 年以上企业技术和技术管理岗位的工作经验 （2）BIM 应用基础培训课程合格
BIMIT 支持人员	负责企业、部门、项目 BIM 软硬件环境建立和维护	（1）信息主管、IT 工程师 （2）能够解决 BIM 应用中的软件、硬件等 IT 问题

6.2 BIM 应用准备

BIM 应用准备是指为 BIM 在实际项目中的应用准备好软硬件环境和人员培训。

1. 软件如何选择？

BIM 软件选择是企业 BIM 应用的重要环节。在选用过程中，应采取相应的方法和程序，以保证正确选用符合企业需要的 BIM 软件。基本步骤和主要工作内容如下：

（1）调研和初步筛选：全面考察和调研市场上现有的国内外 BIM 软件及应用状况。结合本企业的业务需求、企业规模，从中筛选出可能适用的 BIM 软件工具集。筛选条件可包括：BIM 软件功能、本地化程度、市场占有率、数据交换能力、二次开发扩展能力、软件性价比及技术支持能力等。如有必要，企业也可请相关的 BIM 软件服务商、专业咨询机构等提出建议。

（2）分析及评估：对初选的每个 BIM 软件进行分析和评估。分析评估考虑的主要因素包括：是否符合企业的整体发展战略规划；可为企业业务带来的收益；软件部署实施的成本和投资回报率估算；工程人员接受的意愿和学习难度等。

（3）测试及试点应用：抽调部分工程人员，对选定的部分 BIM 软件进行试用测试，测试的内容包括：在适合企业自身业务需求的情况下，与现有资源的兼容情况；软件系统的稳定性和成熟度；易于理解、易于学习、易于操作等易用性；软件系统的性能及所需硬件资源；是否易于维护和故障分析，配置变更是否方便等可维护性；本地技术服务质量和能力；支持二次开发的可扩展性。如条件允许，建议在试点工程中全面测试，使测试工作更加完整和可靠。

（4）审核批准及正式应用：基于 BIM 软件调研、分析和测试，形成备选软件方案，由企业决策部门审核批准最终 BIM 软件方案，并全面部署。

现阶段常用的 BIM 建模、可视化和应用软件见表 6-2，常用的计算、分析软件见表 6-3，常用施工 BIM 应用软件见表 6-4。

常用 BIM 建模、可视化和应用软件　　　　　　　　　　表 6-2

软件工具			设计阶段		
公司	软件	专业功能	方案设计	初步设计	施工图设计
Trimble	SketchUp	造型	●	●	
Robert McNeel	Rhino	造型	●	●	
Autodesk	Revit	建筑 结构 机电	●	●	●
	Showcase	可视化	●	●	
	NavisWorks	协调 管理		●	●
	Civil3D	地形 场地 道路		●	●
Graphisoft	ArchiCAD	建筑	●	●	●
Progman Oy	MagiCAD	机电		●	●
Bentley	AECOsim Building Designer	建筑 结构 机电	●	●	●
	ProSteel	钢构			●
	Navigator	协调 管理		●	●
Trimble	Tekla Structure	钢构		●	●
Dassault System	CATIA	建筑 结构 机电	●	●	○
建研科技	PKPM	结构	●	●	●
盈建科	YJK	结构	●	●	●
鸿业	HYMEP for Revit	机电		●	●

注：表中"●"为主要或直接应用，"○"为次要应用或需要定制、二次开发。

常用的计算、分析软件　　　　　　　　　　表 6-3

软件工具			设计阶段		
公司	软件	应用	方案设计	初步设计	施工图设计
Autodesk	Ecotect Analysis	性能	●	●	
	Robot Structural Analysis	结构	●	●	●

软件工具			设计阶段		
公司	软件	应用	方案设计	初步设计	施工图设计
CSI	ETABS	结构	●	●	●
	SAP2000	结构			
MIDASIT	MIDAS	结构	●	●	●
Bentley	AECOsim Energy simulator	能耗	●	●	●
	Hevacomp	水力 风力 光学	●	●	●
	STAAD. Pro	结构	●	●	●
Dassault System	Abaqus	结构 风力	●	●	●
ANSYS	Fluent	风力	●	●	●
Mentor Graphics	FloVENT	风力	●	●	●
Brüel & Kjær	Odeon	声学	●	●	●
AFMG	EASE	声学	●	●	●
LBNL	Radiance	光学	●	●	●
IES	ApacheLoads	冷热负载	●	●	●
	ApacheHVAC	暖通	●	●	●
	ApacheSim	能耗	●	●	●
	SunCast	日照	●	●	●
	RadianceIES	照明	●	●	●
	MacroFlo	通风	●	●	●
建研科技	PKPM	结构	●	●	●
盈建科	YJK	结构	●	●	●
鸿业	HYMEP for Revit	机电		●	●

常用施工 BIM 应用软件   表 6-4

软件工具			施工阶段			
公司	软件	专业功能	施工投标	深化设计	施工管理	竣工交付
Autodesk	Revit	建筑 结构 机电	●	●	●	
	Navisworks	协调 管理	●	●	●	●
	Civil 3D	地形 场地 道路	●	●		

软件工具			施工阶段			
公司	软件	专业功能	施工投标	深化设计	施工管理	竣工交付
Graphisoft	ArchiCAD	建筑	●	●	●	
广联达 Progman Oy	MagiCAD	机电	●	●	●	
Bentley	AECOsim Building Designer	建筑 结构 机电	●	●	●	
	ProSteel	钢构			●	
	Navigator	协调 管理	●	●	●	●
	ConstructSim	建造	●	●		
Trimble	Tekla Structure	钢构	●	●	●	
FORUM8	UC-win/Road	仿真	●	●		
Dassault System	DELMIA	4D 仿真	●		●	
	ENOVIA	协同				●
Solibri	Model Checker	检查				
	Model Viewer	浏览	●	●		●
	IFC Optimizer	IFC 优化	●	●	●	●
	Issue Locator	审阅	●	●	●	
广联达	广联达 BIM5D	造价	●	●	●	●
鲁班	鲁班 BIM 系统	造价	●	●	●	●
RIB 集团	iTWO	进度 造价	○	○		○
建研科技	PKPM	结构	●	●	●	
盈建科	YJK	结构	●	●	●	
迈达斯	MIDAS	结构	●	●		
卓畅数码	SinoCAM	自动化控制			●	
飞时达	FastTFT	土方计算			●	

2. 硬件环境如何建立?

企业 BIM 硬件环境包括：客户端（个人计算机）、服务器、网络及存储设备等。BIM 应用硬件和网络在企业 BIM 应用初期的资金投入相对集中，对后期的整体应用效果影响较大。

鉴于 IT 技术的快速发展，硬件资源的生命周期越来越短。在 BIM 硬件环境建设中，既要考虑 BIM 对硬件资源的要求，也要将企业未来发展与现实需求结合考虑，既不能盲目求高求大，也不能过于保守，以避免企业资金投入过大带来的浪费或因资金投入不够带来的内部资源应用不平衡等问题。

企业应当根据整体信息化发展规划，以及 BIM 应用对硬件资源的要求进行整体考虑。在确定所选用的 BIM 软件系统以后，重新检查现有的硬件资源配置及其组织架构，整体规划并建立适应 BIM 应用需要的硬件资源，实现对企业硬件资源的合理配置。特别应优化投资，在适用性和经济性之间找到合理的平衡，为企业的长期信息化发展奠定良好的硬件资源基础。

　　图 6-4 和图 6-5 分别为项目级硬件配置和企业级硬件配置的典型方案，可以供企业在建立 BIM 应用硬件环境的过程中参考。

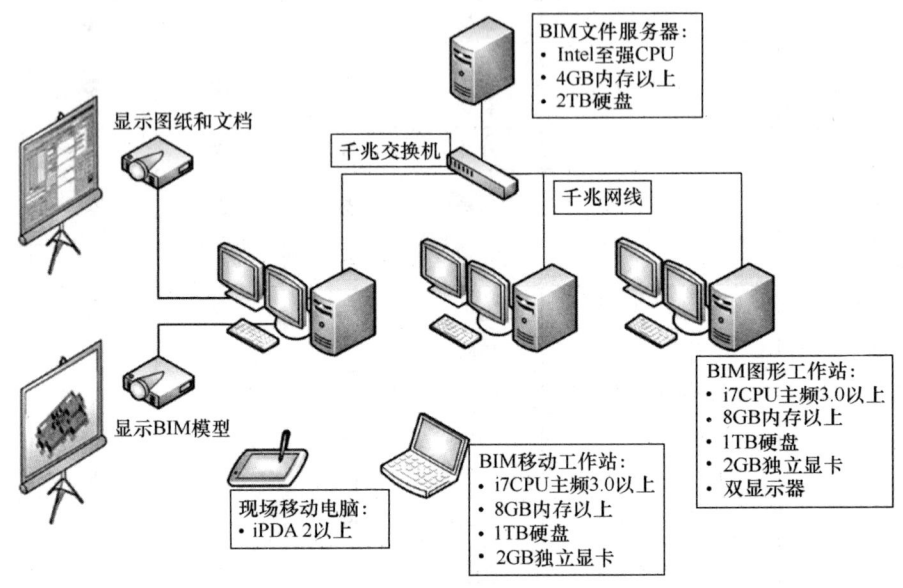

图 6-4　项目级硬件配置建议

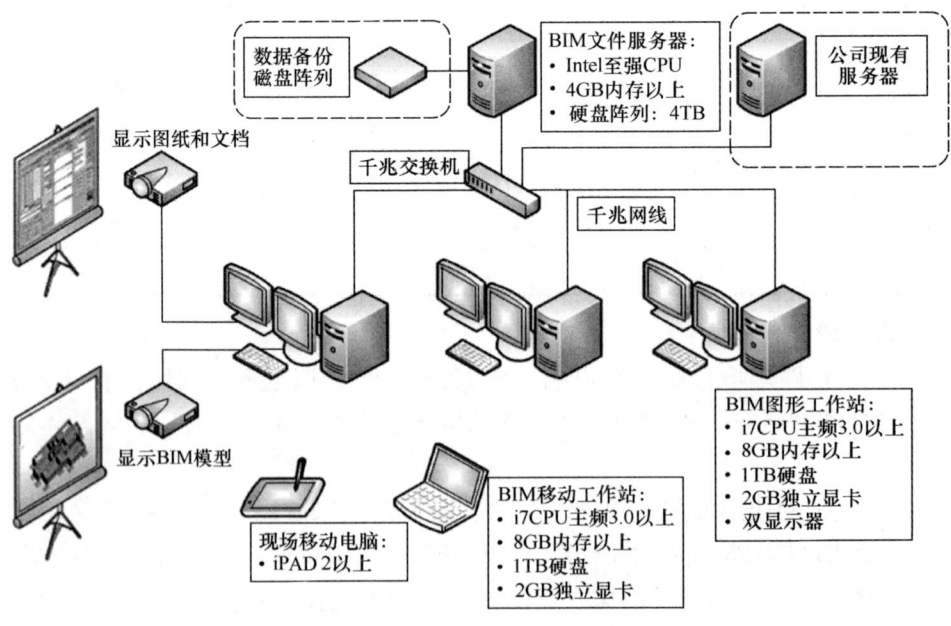

图 6-5　企业级硬件配置建议

3. 采用哪种培训方式？

要回答这个问题，首先让我们来看看，对于同样一个接受了 BIM 应用培训的学员来说，回到 BIM 应用基础不同的企业以后如何才能让 BIM 成为生产力，如图 6-6 所示。

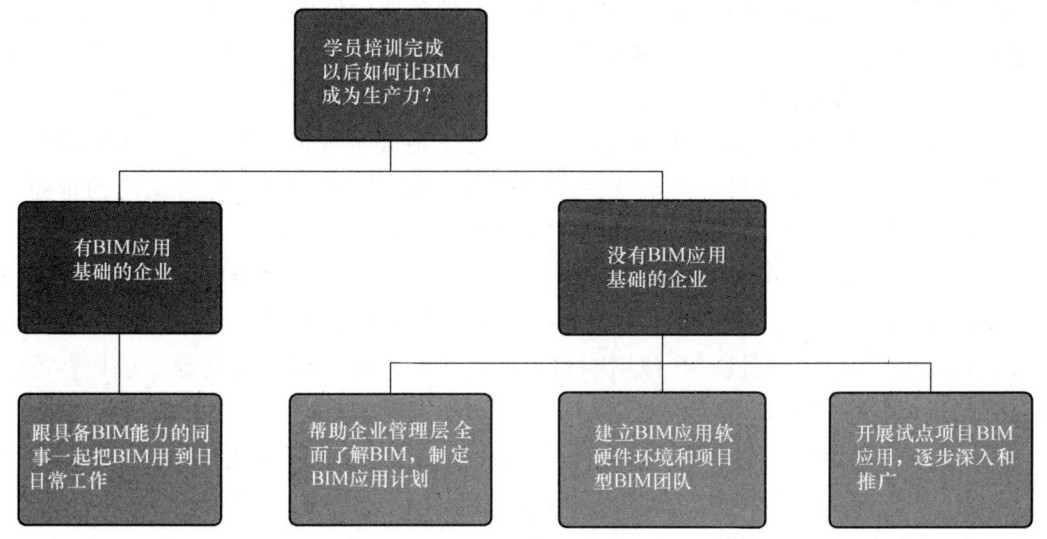

图 6-6　具备不同 BIM 基础企业的学员如何开展 BIM 应用

由此可知，不同企业需要不一样的培训方式，对于有 BIM 应用基础的企业，可以采取请进来、送出去等各种方式，只要个人掌握了一定的 BIM 应用能力，回到企业就可以跟其他成员一起把 BIM 应用到实际项目中。而对于没有 BIM 应用基础的企业，则情况完全不同，培训人数太少、培训内容不够、缺少 BIM 应用过程中的技术指导和支持、企业没有统一规划、领导不重视等任何一条都可能导致没法让 BIM 成为生产力。

2014 年中建股份对下属 100 多家三级企业的 BIM 应用情况进行了一次内部调研，图 6-7 是"什么样的培训方式效果好？"这个问题的统计结果。

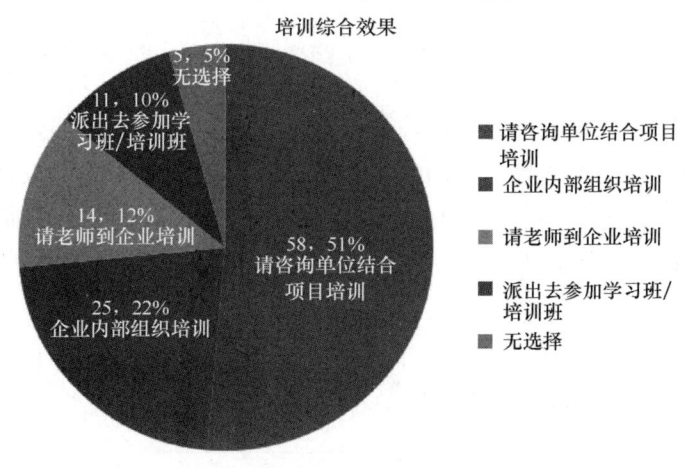

图 6-7　中建下属企业 BIM 培训效果调研结果

半数以上企业（58 家企业，占 51%）认为结合项目进行培训综合效果最好。

6.3　BIM 应用实施

BIM 应用实施要解决两个关键问题，第一个是选择合适的试点项目，第二个是确定完成第一个试点项目的 BIM 应用方式。

1. 选什么样的试点项目？

由于担心团队 BIM 应用能力问题，一般情况下绝大多数企业会选择简单项目作为 BIM 应用的第一个试点项目，甚至选择假的项目（即已完成项目）进行试点的企业也不在少数，这样的选择直接导致 BIM 应用价值和效益的无法体现。

在试点项目选择上我们的建议是，从第一个项目开始就反对使用假项目，不支持选择简单项目，而应该选择有规模、有难度、包含多种专业应用的项目，理由很简单，BIM 应用企业需要有专项投入，包括购买软件、更新硬件、培训人员等，选择合适的项目可以使企业在 BIM 应用上的投入在第一个试点项目上就能有合理回报。

对于企业 BIM 团队如何顺利完成第一个试点项目 BIM 应用并获得收益的问题应该从其他方面入手，而不可能通过选择简单项目或假项目来实现，如图 6-8 所示。

2. 用什么方式完成项目？

企业项目 BIM 应用基本上有四种模式，如图 6-9 所示：

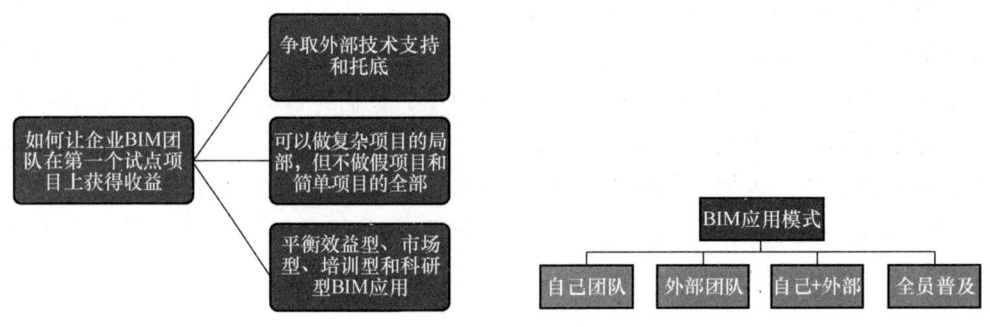

图 6-8　如何让企业 BIM 团队在第一个试点项目上获益　　　图 6-9　BIM 应用模式

全员普及是 BIM 应用的理想目标，不在这里讨论。其他三种都有可能成为企业开展第一个项目 BIM 应用的选择，我们的建议是从第一个项目开始就应该由企业自己的团队来实施，理由很简单，其一，对企业自己的 BIM 团队而言，不管从第几个项目开始自己做，永远有第一个项目；其二，外部团队永远创造不了企业自身团队应用 BIM 能够创造的效益。

6.4　企业 BIM 生产力扩展

若干项目团队完成了 BIM 应用培训和试点项目 BIM 应用实施以后，标志着企业已经有项目团队具备了初步 BIM 生产力，也即完成了企业初步 BIM 生产力建设，今后在实际工作中可以根据项目需要进行 BIM 应用了。接下来企业在 BIM 应用方面的各项工作可以称之为"企业BIM 生产力扩展"。

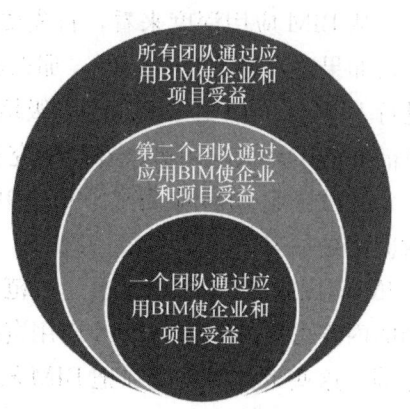

图 6-10 企业 BIM 生产力扩展

企业 BIM 生产力是指"企业至少有一个团队能够持续在实际项目的全部或部分应用 BIM 技术提高工作效率和工作质量，为企业贡献更多更好的经济效益和社会效益"。因此，企业 BIM 生产力的提升或扩展则意味着有更多的项目团队直至所有项目团队能够通过 BIM 应用为项目和企业获益，如图 6-10 所示。

由此可见，企业 BIM 生产力扩展可以从 BIM 应用广度和深度两个方向开展，图 6-11 是企业 BIM 生产力的常见扩展模式。

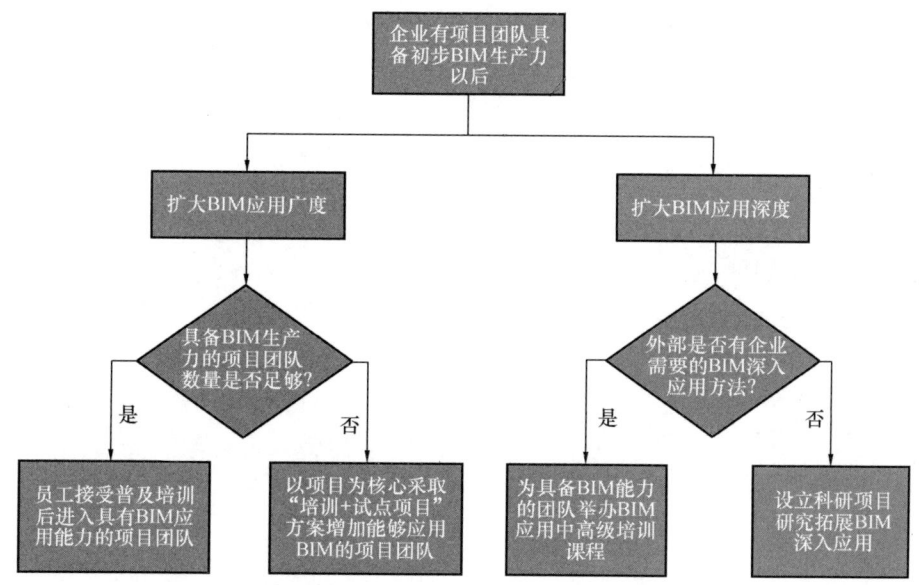

图 6-11 企业 BIM 生产力常见扩展模式

就 BIM 应用广度而言，如果企业已经有足够多的项目团队能够在实际项目中应用 BIM，那么就可以对其他员工采取诸如 BIM 软件操作应用的普及培训，培训合格的员工回到项目团队以后就可以作为项目的一份子和其他成员一起应用 BIM 完成实际工作了；如果具备 BIM 生产力的项目团队数量还比较少的话，那么前一种方式就很难生效，除非接受普及培训的员工回到具备 BIM 生产力的团队，否则，由于项目团队不具备BIM 应用条件，这些只是接受一般 BIM 软件操作培训的员工很难在实际工作中把 BIM用起来，学到的基本技能就会迅速遗忘，因此在这种情况下，企业仍然需要采用"BIM 生产力建设培训＋试点项目"的方法增加具备 BIM 能力的项目团队。

从 BIM 应用深度来看，首先要了解企业外部是否存在企业需要的 BIM 深入应用方法，如果这个答案是肯定的，那么就可以对已经具备初步 BIM 能力的项目团队和个人进行 BIM 深入应用方面的中高级培训和实际项目应用训练，否则，就需要针对这些企业需要的中高级应用进行专门研究和实践，例如采取设立 BIM 应用科研项目等措施。

提升企业 BIM 应用水平和应用效益有很多工作可做，其中实现 BIM 规范应用和高效应用是最基本的两项关键内容，支持实现企业 BIM 规范应用的内容可以统称为"BIM 应用制度"，包括标准、规范、指南、流程、合同等，支持实现企业 BIM 高效应用的内容可以统称为"BIM 应用资源"，包括构件库、模板库、样板库、知识库、专家库等。这些工作都需要在把 BIM 转化为生产力的过程中不断研究、实践、总结、提高。

附录 住房城乡建设部《勘察设计和施工 BIM 技术发展对策研究》课题研究结题报告 BIM 应用价值表

勘察设计阶段 BIM 应用价值 附表 1

勘察设计 BIM 应用内容	勘察设计 BIM 应用价值分析
设计方案论证	设计方案比选与优化，提出性能、品质最优的方案
设计建模	(1) 三维模型展示与漫游体验，很直观； (2) 建筑、结构、机电各专业协同建模； (3) 参数化建模技术实现一处修改，相关联内容智能变更； (4) 避免错、漏、碰、缺发生
能耗分析	(1) 通过 IFC 或 gbxml 格式输出能耗分析模型； (2) 对建筑能耗进行计算、评估，进而开展能耗性能优化； (3) 能耗分析结果存储在 BIM 模型或信息管理平台中，便于后续应用
结构分析	(1) 通过 IFC 或 Structure ModelCenter 数据数据计算模型； (2) 开展抗震、抗风、抗火等结构性能设计； (3) 结构计算结果存储在 BIM 模型或信息管理平台中，便于后续应用
光照分析	(1) 建筑、小区日照性能分析； (2) 室内光源、采光、景观可视度分析； (3) 光照计算结果存储在 BIM 模型或信息管理平台中，便于后续应用
设备分析	(1) 管道、通风、负荷等机电设计中的计算分析模型输出； (2) 冷、热负荷计算分析； (3) 舒适度模拟； (4) 气流组织模拟； (5) 设备分析结果存储在 BIM 模型或信息管理平台中，便于后续应用
绿色评估	(1) 通过 IFC 或 gbxml 格式输出绿色评估模型； (2) 建筑绿色性能分析，其中包括：规划设计方案分析与优化；节能设计与数据分析；建筑遮阳与太阳能利用；建筑采光与照明分析；建筑室内自然通风分析；建筑室外绿化环境分析；建筑声环境分析；建筑小区雨水采集和利用； (3) 绿色分析结果存储在 BIM 模型或信息管理平台中，便于后续应用
工程量统计	(1) BIM 模型输出土建、设备统计报表； (2) 输出工程量统计，与概预算专业软件集成计算； (3) 概预算分析结果存储在 BIM 模型或信息管理平台中，便于后续应用
其他性能分析	(1) 建筑表面参数化设计； (2) 建筑曲面幕墙参数化分格、优化与统计

勘察设计 BIM 应用内容	勘察设计 BIM 应用价值分析
管线综合	各专业模型碰撞检测，提前发现错、漏、碰、缺等问题，减少施工中的返工和浪费
规范验证	BIM 模型与规范、经验相结合，实现智能化的设计，减少错误，提高设计便利性和效率
设计文件编制	从 BIM 模型中出版二维图纸、计算书、统计表单，特别是详图和表达，可以提高施工图的出图效率，并能有效减少二维施工图中的错误

施工阶段 BIM 应用价值　　　　　　　　　　　　　　　附表 2

工程施工 BIM 应用	工程施工 BIM 应用价值分析
支撑施工投标的 BIM 应用	(1) 3D 施工工况展示； (2) 4D 虚拟建造
支撑施工管理和工艺改进的单项功能 BIM 应用	(1) 设计图纸审查和深化设计； (2) 4D 虚拟建造，工程可建性模拟（样板对象）； (3) 基于 BIM 的可视化技术讨论和简单协同； (4) 施工方案论证、优化、展示以及技术交底； (5) 工程量自动计算； (6) 消除现场施工过程干扰或施工工艺冲突； (7) 施工场地科学布置和管理； (8) 有助于构配件预制生产、加工及安装
支撑项目、企业和行业管理集成与提升的综合 BIM 应用	(1) 4D 计划管理和进度监控； (2) 施工方案验证和优化； (3) 施工资源管理和协调； (4) 施工预算和成本核算； (5) 质量安全管理； (6) 绿色施工； (7) 总承包、分包管理协同工作平台； (8) 施工企业服务功能和质量的拓展、提升
支撑基于模型的工程档案数字化和项目运维的 BIM 应用	(1) 施工资料数字化管理； (2) 工程数字化交付、验收和竣工资料数字化归档； (3) 业主项目运维服务

参 考 文 献

［1］ （德）艾宾浩斯著. 记忆的奥秘. 王迪菲编译. 北京：北京理工大学出版社，2013

［2］ 牛红亮. 图纸、图册文献的特点与管理. 图书馆建设，1999

［3］ 维基百科 http：//www. wikipedia. org/

［4］ 百度文库，《工程语言的特点》

［5］ 凯文·凯利. 科技想要什么. 熊祥译. 北京：中信出版社，2011

［6］ McGraw Hill，Understanding Perceptions and Usage Patterns of BIM Software Among Key Player Segments，2009

［7］ Cooperative Research Centre for Construction Innovation，Adopting BIM for facilities management Solutions for managing the Sydney Opera House，2007

［8］ Paul Teicholz，BIM for Facility Managers，2013

［9］ 胡振中等. 基于 BIM 的机电设备智能管理系统. 土木建筑工程信息技术，2013.（1）

［10］ 广州优比建筑咨询有限公司. 优比 BIM 建设项目设备管线应急维护管理系统，2011

［11］ 葛清等. BIM 第一维度——项目不同阶段的 BIM 应用. 北京：中国建筑工业出版社，2013

［12］ http：//www. softwareadvice. com

［13］ buildingSMART 国际官方网站：http：//www. buildingsmart. org/

［14］ National Institute of Building Sciences，United States National Building Information Modeling Standard，Version 1-Part1

［15］ 何关培谈 BIM 博客：http：//blog. sina. com. cn/heguanpei

［16］ Cooperative Research Centre for Construction Innovation，Adopting BIM for facilities management Solutions for managing the Sydney Opera House，2007

［17］ 中建《建筑工程设计 BIM 应用指南》编委会. 建筑工程设计 BIM 应用指南. 北京：中国建筑工业出版社，2014

［18］ 中建《建筑工程设计 BIM 应用指南》编委会. 建筑工程施工 BIM 应用指南. 北京：中国建筑工业出版社，2014

作 者 简 介

何关培：广州优比建筑咨询有限公司 CEO，邮箱：*guanpei@u-bim.com*

（1）国家标准《建筑工程信息模型应用统一标准》、《建筑工程施工信息模型应用标准》编委；

（2）2012 年住房城乡建设部《勘察设计与施工 BIM 技术发展对策研究》课题组成员，2013 年住房城乡建设部《关于推进 BIM 在建筑领域内应用的指导意见》课题组核心成员，2014 年住房城乡建设部《中国工程建设 BIM 应用发展报告》课题组副组长；

（3）中国工程建设标准化协会《商务写字楼等级评价标准》（CECS 368：2014）编委；

（4）广东省地方标准《广东省建筑信息模型应用统一标准》编委；

（5）中国房地产业协会商业地产专业委员会、中国建筑业协会工程建设质量管理分会《中国商业地产 BIM 应用研究报告 2010》、《中国工程建设 BIM 应用研究报告 2011》、《施工企业 BIM 应用研究报告 2012》、《施工企业 BIM 应用研究报告 2013》主编；

（6）中国建筑工业出版社《BIM 技术应用丛书》主编，已出版《那个叫 BIM 的东西究竟是什么》、《BIM 总论》、《BIM 第二维度——项目不同参与方的 BIM 应用》、《那个叫 BIM 的东西究竟是什么 2》、《BIM 第一维度——项目不同阶段的 BIM 应用》5 部作品，其中 3 部为本人主编；

（7）中国建筑工业出版社《BIM 技术实战技巧丛书》主编，已出版《Revit 与 NavisWorks 实用疑难 200 问》1 部；

（8）《建筑工程设计 BIM 应用指南》、《建筑工程施工 BIM 应用指南》副主编；

（9）BIM 专业博客 http：//blog. sina. com. cn/heguanpei 发表文章近 300 篇，访问人次超过 50 万。

张家立：广州优比建筑咨询有限公司副总经理，邮箱：*jiali@u-bim.com*

1995 年加入广州南方建筑设计研究院结构所，致力于应用 CAD 设计及制图优化工作，2000 年加入广州城市信息研究所后致力于 GIS 技术应用及与 CAD 集成。2006～2010 年任职 Autodesk 华中、华南区技术经理负责推广 BIM 技术应用。拥有丰富的 BIM 咨询服务经验，曾经为广州规划局、深圳市住房和建设局、佛山城乡规划与国土资源局、中国商飞集团、珠江投资、万科地产、招商地产、珠江实业、广东省建筑设计研究院、深圳建筑设计总院、华南理工大学建筑设计研究院、中建三局、中建四局、中建七局等企业提供过 BIM 技术服务。

程莉霞：广州优比建筑咨询有限公司教育培训总监，邮箱：chenglx@u-bim.com

　　6 年 CAD&3D 设计及软件培训＋8 年 BIM 人才培训及人力资源服务，优比咨询 BIM 生产力中心教育培训总监。曾先后任职中国勘察设计协会南方培训中心 CAD 教师、广州德赛科技公司建筑装修软件部技术支持工程师及培训经理、广州南方建筑设计研究院培训主管、广东省信息产业厅、佛山市政府与 Autodesk 共同成立的广东数字创新产业公共服务平台产业技能培训中心主管，多次外聘为高校、职业技术院校校外专家讲师，具有丰富的建筑业技术信息化人才培训管理及企业 CAD/BIM 实施人才服务经验。近年来服务过的企业包括：中建三局、中建装饰集团、中铁二局、中冶 19 集团、中交四航局、广东省城乡规划设计院、广州市政设计院、珠江外资设计院、深圳建筑设计总院、华发地产、鼎峰地产等，这批企业已成长为国内 BIM 技术应用领先机构。